MEDITAÇÕES DIRIGIDAS

Roteiros para meditar em
diferentes situações de vida

CB038600

Dados Internacionais de Catalogação na Publicação (CIP)
(Câmara Brasileira do Livro, SP, Brasil)

Levine, Stephen, 1937-
Meditações dirigidas : roteiros para meditar em dife-
rentes situações de vida / Stephen Levine ; | tradução Pedro
S. Dantas Jr. — São Paulo : Ágora, 1997.

Título original: Guided meditations, explorations and
healing.
ISBN 85-7183-521-7

1. Cura pelo espírito 2. Meditações I. Título.

96-5062

CDD-291.43

Índices para catálogo sistemático:

1. Meditações : Religião comparada   291.43

MEDITAÇÕES DIRIGIDAS

Roteiros para meditar em diferentes situações de vida

Stephen Levine

ÁGORA

Do original em língua inglesa
Guided meditations, explorations and healings
Copyright © 1991 by Stephen Levine
Publicado por acordo com Doubleday, uma
divisão da Bantam Doubleday Dell Publishing Group, Inc.

Tradução:
Pedro S. Dantas Jr.

Capa:
Alex Cerveny

Impresso na Gráfica Sumago

Todos os direitos reservados pela
Editora Ágora Ltda.

Rua Itapicuru, 613 – 7º andar
05006-000 – São Paulo, SP
Telefone: (11) 3872-3322   Fax: (11) 3872-7476
http://www.editoraagora.com.br
e-mail: editora@editoraagora.com.br

*A minha mãe e ao meu pai, que viveram tempo suficiente
para ver este livro iniciado e que, após tantos anos de
confusão e separações, morreram em meus braços.*

Este livro é fruto de um trabalho em conjunto com vários professores, alunos e pacientes. A todos aqueles com quem compartilhamos nesses últimos vinte anos, fazemos dez mil reverências de gratidão. E uma reverência especial a Maggie Adkins por seu labor nos manuscritos e seu grande amor pelo nosso "trabalho".

Sumário

Prefácio

Quando nossos editores sugeriram que agrupássemos em um único volume as meditações dirigidas e as técnicas mais utilizadas no desenvolvimento de uma percepção curativa, que havíamos difundido ao longo dos últimos vinte anos por meio de inúmeros artigos e livros, Ondrea e eu achamos a idéia muito boa. Em vista disso, deixamos de lado o livro que estávamos escrevendo no qual apontávamos os relacionamentos como o caminho para o despertar e nos dedicamos à nova tarefa que, acreditávamos, seria bastante fácil. Mas esse tipo de trabalho tem se expandido com rapidez e novas meditações dirigidas haviam sido desenvolvidas; além disso, grande parte do material antigo evoluíra de maneira considerável e, assim, a tarefa tornou-se bem mais ampla e intensa. Era grande a quantidade de material mais recente.

Ao longo dos anos de prática, aconselhamento e *workshops*, várias técnicas anteriores haviam se dissolvido desde sua publicação original. Na realidade, a meditação *Abrindo o Coração do Útero,* de início uma prática única, "amadurecera" e se transformara em três meditações individuais e progressivas. Além disso, novas meditações são aqui oferecidas, publicadas pela primeira vez: *Amorosidade, Autoconsciência, Ventre macio, Dor, Pesar, Cura, Comer, Resistência* e *Morrer.* Na verdade, o mesmo ocorre com a maior parte do material deste livro. Como nossa intenção é oferecer um manual das técnicas desenvolvidas enquanto ensinávamos meditação e trabalhávamos com a cura e com a morte, para os que estão familiarizados com os livros anteriores — *A gradual awakening, who dies?, Meetings at the edge* e *Healing into life and death* — algumas dessas meditações e várias outras idéias parecerão familiares, porém bastante desenvolvidas em relação às formulações originais. Este livro pretende ser o culminar e o destilar dessas "tecnologias do coração". Nós as apresentamos como experimentos da "cura para a qual nascemos".

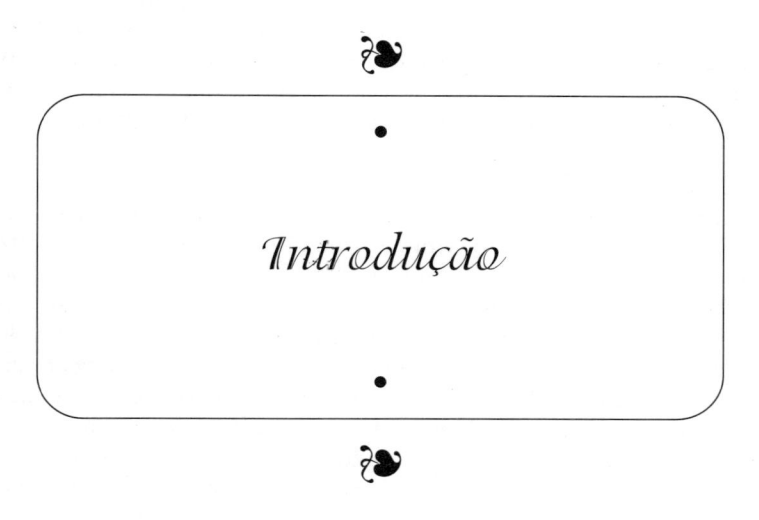

Introdução

Há, no momento, um sem-número de excelentes processos psicológicos e de cura ou regeneração, mas nenhum fará o que uma prática de meditação é capaz de fazer para conduzi-lo à sua verdade mais profunda. E tudo pode ser intensificado por sua força e grande clareza. Como dizia Freud: "O melhor que posso fazer é substituir a sua desgraça neurótica por uma infelicidade humana comum". A "infelicidade humana comum" é nosso pesar habitual diário. Mas o objetivo deste trabalho de cura que abraçamos é o de fazer frente a este pesar com amor e generosidade em vez de com medo e raiva de si mesmo. Na realidade, pode-se realizar um trabalho incessante na mente tentando desfazer o emaranhado de condicionamentos que tanto atrapalham e confundem nossas vidas. Isso, por si só, já tem um valor considerável, mas não parem por aí. A mente é só parte de nossa enormidade; ela insiste em resoluções e sofre intensa confusão. Mas o coração pede somente a integração de nossa dor à imensidão de nossa verdadeira natureza. Na realidade, o dilema psicológico que atrai nossa atenção pelo sofrimento que produz pode ser curado com maior facilidade por meio de um coração generoso do que pela mente com medo e que julga.

À medida que a mente se volta para o coração, ouvem-se murmúrios delicados. Passam a ser vivenciados aspectos mais sutis da existência. E surge então a questão: "Como faço para me aprofundar?".

Este livro foi organizado de maneira que a meditação Amorosidade fosse a primeira a ser oferecida. A escolha não se deu por acaso e sim porque ela fornece a base tanto para a prática interior quanto para a exterior. No desenvolvimento desta meditação, acumula-se considerável concentração ao se conectar um desejo de bem-estar do fundo do coração com o ritmo da respiração. O cultivo dessa concentração intensa leva a uma conscientização profunda e generosa, a essência de uma prática espiritual/curativa.

Usar a meditação é uma forma bastante hábil de desenvolver a concentração necessária para a investigação que liberta a consciência. A capacidade de concentração elimina a luz difusa da mente e a focaliza, dando-lhe um brilho capaz de iluminar mesmo a mais sutil nuance de cada instantâneo mental. Tal concentração permite que a percepção se mantenha focalizada no momento e nas tarefas à mão. Trata-se da qualidade a que mais nos referimos quando falamos de "força mental". Certa ocasião, em minha clínica, um mestre me deu um *blue kasina* (um disco de meditação) para me concentrar diversas horas por dia, de maneira a aguçar minha capacidade de focalizar. O objetivo não era "ver o círculo" mas, sim, "tornar-se o azul sem hesitação". Havia já algumas semanas que me dedicava a esta prática quando encontrei uma velha amiga curadora. Ao me abraçar ela comentou: "Quando te abraço só vejo azul!" e eu pensei comigo mesmo: "Por que meditar em uma *blue kasina* se posso concentrar todas as minhas energias com o uso de uma meditação Amorosidade, e emanar uma generosidade essencial tão necessária ao mundo, em lugar de uma pequena aberração do aparato mental?".

À medida que se começa a usar a meditação da Amorosidade como meio de concentrar a mente no coração ou, de forma mais exata, o âmago da mente (a essência de ser, percepção pura), as palavras são de grande utilidade. "Que eu me torne feliz. Que eu me liberte do sofrimento. Que eu encontre paz." As palavras representam uma forma de se voltar para si mesmo com um cuidado e um bem-estar raras vezes experimentados, em especial *a partir* de nós mesmos. Trata-se de um outro jogo. E um jogo não tão fácil de jogar ou não tão unilateral quanto desejáramos. De dentro de nós mesmos emerge muito material bloqueando a compaixão dirigida para o interior. Autocrítica. Medo. Dúvida. Negações profundas. Dessa forma, as palavras encontram um caminho cavalgando a respiração. A mente se torna focalizada pelas palavras e sensibilizada pela contínua percepção da respiração. A respiração e as palavras se fundem no coração para dirigir a mente em direção à clareza e à bondade curativa.

Tomar consciência das coisas cria uma sensação de presença. A concentração intensifica a sensação. Quanto mais concentrada a mente, mais intensa é a calma e mais profunda a sensação de simplesmente existir. A equanimidade surge, apesar de tudo o que se passa, mas que não pode macular a brilhante percepção.

Assim, a meditação da Amorosidade é uma técnica multifacetada na preparação para práticas mais profundas. Ela estimula uma considerável concentração tornando os objetos da concentração tão concretos quanto as palavras e tão palpáveis quanto os amplos movimentos da respiração à medida que esta entra e sai do corpo. Ela imita, na mente superficial, a natureza do coração profundo.

No início tentamos desenvolver a amorosidade. Depois a amorosidade nos cultiva. Desenvolver essa forma de meditação é também um modo de suavizar o caminho à medida que avançamos. Ela permite que ao aprofundar a percepção, questões que haviam sido suprimidas aflorem à consciência aberta. À medida que a prática com atenção integral evolui a partir dessa presença concentrada, grande parte do que havia permanecido inconsciente aflora à consciência. E podemos recorrer a todo tipo de ajuda à nossa disposição para permanecermos receptivos àquilo que expulsáramos. Mas quando a amorosidade é o espaço no qual surge o desamor, não nos amedrontamos com este momento: ao contrário, é com fascinação, gratidão e até mesmo com alegria que encaramos a cura, por vezes tão difícil. A amorosidade é a preparação perfeita para a batalha. Como veremos mais tarde, a batalha ocorria entre aspectos de uma mesma coisa e esta "coisa" o conduzirá a uma paz que transcende à simples compreensão.

Na concentração que desenvolvemos com as palavras e a respiração na meditação da Amorosidade, nos preparamos para uma prática mais profunda, expansiva, cujo objetivo é ampliar as bases sobre as quais serão erguidas todas as futuras práticas.

Após ter aprendido a meditação da Amorosidade, passamos para a meditação Ventre Macio. Na primeira, envolvemos internamente o corpo e externamente o mundo. Retomando vezes e vezes a Ventre Macio, pode-se perceber a prática concentrada na atenção profunda da respiração no abdômen. Pensamentos e sensações flutuam. Até mesmo a sensação de alguém a meditar se torna só outra bolha a flutuar no amplo espaço do ventre macio, generoso e aberto. E a amorosidade preenche o corpo e a mente, reunidos na respiração, flutuando a cada momento no amplo espaço do ser, imensidão que se encontra logo ali.

A seguir, a prática da atenção une-se à respiração e à concentração produzida e começa a focalizar o desdobramento, passo a passo, das sensações que acompanham cada inspiração, cada expiração. Em contraste com esse cenário mudo da sensação, os menores pensamentos, o primeiro murmúrio ou palavra, a primeira imagem trêmula, são detectados instantaneamente. Tudo o que não é respiração é notado em seu nascedouro. Bem antes de os pensamentos serem identificados em sua verdadeira forma de pensamento, a autoconsciência os encontra junto à porta pela qual eles entrarão, e os saúda. Mesmo os não convidados são admitidos, a autoconsciência deixa de lado qualquer resistência ou tentativa de controle de modo a poder analisar a natureza íntima dos pensamentos, para vê-los tais como são. Espontâneos. Transitórios. Vazios. Dolorosos, quando dominados.

A autoconsciência da respiração evolui até focalizar qualquer conteúdo passageiro — um instante de pensamento, de medo, de admiração, de desconforto, de orgulho, de desapontamento, de alegria. E o conteúdo da consciência é vivenciado de forma totalmente diferente ao se observar como terminam os pensamentos. Cada instantâneo mental tem começo, meio e fim, mais rápido do que o clarão de um relâmpago. O relâmpago dentro do relâmpago. O transcorrer da mudança constante. A mente se dissolvendo a cada momento.

À medida que observamos esse fluir de impermanência, *o processo* se torna quase evidente. Um instante de sentir dissolvendo-se em um instante de pensar, dissolvendo-se em um instante de ouvir, dissolvendo-se em memória, dissolvendo-se em outra sensação — acréscimos no processo desenvolvendo-se por sua própria conta. Um surpreendente fluxo impessoal de impermanência impulsionado por instantes anteriores de impermanência.

Assim, de início, observamos os conteúdos e, a seguir, o processo — uma identificação bastante curativa e gratificante. Ao passar a ver a própria vida, e a vida em si como estados passageiros da mente, o coração torna-se livre para procurar o instante "adequado", intuitivo, em vez de procurar responder a um mundo de confusão e dor selecionando um dos conteúdos condicionados há séculos.

Quando, então, o processo se torna o foco e é investigado, começamos a perceber o espaço dentro do qual ele se movimenta. Esse espaço acaba se tornando o contexto onde ocorrerá a cura mais profunda. Então, quaisquer que tenham sido os conteúdos a surgir, qualquer que seja o processo a transcorrer, ele é visto a flutuar no espaço da percepção pura, a imensidão de ser tão maior do que os fragmentos que passam flutuando.

À medida que aprofundamos nossa autoconsciência podemos encontrar porções de nossa vida antes paralisadas e rejeitadas na forma de ansiedade na mente ou endurecimento do ventre. Saudamos, então, nossa armadura enferrujada. Embora cientes de sua natureza passageira, parte deste difícil material possui força considerável. Como ele clama por cura, enxergamos o trabalho que precisa ser feito para enfrentar obstáculos e desobstruir o caminho para novos progressos.

Neste ponto, meditações como *Abrindo o Coração do Útero*, *Capacidade de Perdoar*, *Pesar*, e talvez até mesmo a meditação *Comer*, podem tornar-se úteis tecnologias de cura a serem incorporadas a nossa prática diária.

Embora a autoconsciência e a amorosidade talvez sejam práticas para toda a vida, no decorrer desta existência certas qualidades eventualmente exijam atenção mais imediata. Para tais circunstâncias oferecemos a meditação *Estado Carregado*, a meditação *Dor*, ou a *Cura*, ou ainda a *Resistência*. Tais práticas podem ser complementares e usadas em tempos de mal-estar físico ou mental ou quando a racionalidade ou a dúvida opõem resistência e sobrepujam a prática.

É possível verificar o progresso da prática quando se observa a natureza modificada de nosso pesar usual. De início, nos referimos a ele como o "meu sofrimento", mas à medida que aumentamos a participação em nossa vida, investigando a natureza da mente, dos pensamentos ou sentimentos que nos assaltam e que tomamos de forma tão pessoal, julgando-os sempre, são fatos que passam a ser encarados como espontâneos no transcorrer do processo. E passamos a perceber que não é a *nossa* mente que tanto nos abate e sim *a* mente. Que não se trata do *nosso* sofrimento, mas *do* sofrimento. O coração emerge do separado para se unir ao universal. E descobrimos que nossa resistência à dor, há muito tempo condicionada, é a causadora de *nosso* sofrimento.

Já tive oportunidade de observar tal progressão em pessoas que acorreram às nossas meditações em busca de cura. No princípio elas empregam essas técnicas para curar o "*meu* corpo" e a prática talvez seja encarada sob o ponto de vista da separação no interior da dor solitária e talvez do desamparo. Entretanto, quanto mais a mente se torna concentrada e o coração penetra mais fundo naquelas qualidades que convocamos para a cura, este senso de separação diminui e percebemos um penetrar profundo *no* "corpo" — uma participação no aspecto universal de existir e de curar. Não se trata mais do *meu* câncer, e sim *do* câncer, o câncer de que todos compartilhamos. É a linhagem de cura na qual nenhum de nós se encontra sozinho e, sim, em companhia de dezenas de milhares com o mesmo problema, nesse mesmo corpo.

E, no entanto, a maior das curas ainda aguarda. Ela surge quando não mais nos propomos a curar o corpo, mas sim buscamos penetrar *na verdade*.

Neste ponto buscamos ir além, até mesmo do universal, além *do* corpo, até atingir o Corpo *Verdadeiro,* o corpo de ser, o não-separado e indivisível, corpo inato e imortal da pura percepção. Esta é a cura para a qual nascemos. Curar, evoluindo de *meu* corpo para o Corpo *Verdadeiro,* o corpo da percepção através do qual tudo o mais é percebido. Na realidade, o Corpo *Verdadeiro,* nossa verdadeira natureza, é o que temos procurado durante toda a nossa vida.

As meditações finais destinam-se a fazer frente à morte e a transcendê-la. Elas nos dão a oportunidade de entrar em contato *imediato* com a enormidade de energia e luz libertadas quando o que não tem forma, de súbito, toma forma e retrocede para a imensidão. Esta é outra oportunidade para nos sentirmos inteiramente vivos, ultrapassando até mesmo a Roda do Nascimento e da Morte e atingirmos o espaço no qual ela gira, para se dissolver na espiral de energia de onde emana nossa luz.

Estabelecendo a prática

A meditação é um meio para se atingir a eternidade. Ela nos permite vivenciar a verdadeira natureza — curativa, incondicionada e imortal. Dessa inimaginável imensidão e claridade surgem a paz e a sabedoria que tanto almejamos. É o espaço para que nos aceitemos como "o que é" e reconheçamos nosso enorme poder regenerativo, direito que adquirimos ao nascer.

Inúmeras práticas, inclusive alguns dos "eliminadores de obstáculos" apresentados nessas meditações, permitem um aprofundamento maior, capaz de revelar bloqueios existentes na jornada para a nossa libertação. Esses bloqueios são percebidos e empurrados para as profundezas da percepção indulgente. Mas a meditação não pára em lugar algum, sabendo que qualquer lugar em que "nos fixemos" ou em que, por uma fração de segundo, coloquemos nossos pés, são também impermanentes e frágeis, incapazes de suportar nosso peso.

A meditação penetra na mente para curá-la, mas prossegue até aqueles níveis profundos e universais, que só podem ser descritos pela palavra "coração".

A meditação nos permite participar por inteiro de nossas vidas, em vez de vivê-las como se fossem reflexões.

Aprofundar a percepção equivale a despertar. Despertar é manter uma "continuidade do coração". Fazer frente a tudo o que surgir, não apenas ao confuso condicionamento da mente, mas também com a presença ampla e indiscutível que se acha além. A meditação não é negação de nada, nem deste condicionamento emaranhado e sempre conflitante, nem do eternamente curativo que existe logo além do horizonte. Ela é um tomar consciência por inteiro, com nitidez e compaixão. Trata-se de uma forma profunda de enxergar o que faz a dor transformar-se em sofrimento. E de como nos apegamos a esse sofrer em vez de deixar tudo fluir em direção ao vasto desconhecido. Em direção à liberdade inerente à nossa própria natureza. Sendo assim, exploramos a mente não para dominá-la, mas para não sermos dominados por ela. Não lutamos contra a mente, estamos em paz com ela.

Embora tenhamos enfatizado durante anos o valor da prática diária da meditação, pelas riquezas que ela trouxe às nossas vidas, acredito que o termo *prática usual* seja mais conveniente àqueles empenhados na "grande expedição". Na realidade, segundo um conceituado mestre de meditação, apesar de praticar há muito tempo, às vezes acho difícil manter um ritmo diário de recolhimento, fora dos retiros que dirijo regularmente. Supostas prioridades tomam conta da mente como se esta afirmasse: "existe algo mais importante a fazer". Para nossa grande surpresa, a mente possui uma mente própria! E nada como uma prática habitual para demonstrar isso de forma bastante curativa.

Fazemos o melhor que podemos. É mais importante ter um contínuo senso de confiança e disposição de investigar o presente numa incessante aplicação da percepção aos devaneios da mente/corpo e não deixar-se ficar aprisionado a alguma idéia de quem *deveríamos* ser e de como *deveríamos* praticar.

No afã de nos libertarmos, precisamos estar atentos à tendência de julgar (é a natureza de *tentar*) que surge no decorrer de qualquer tentativa de cumprir uma tarefa. Quanto mais desejamos ficar em posturas de silêncio, menos silenciosas nossas posturas podem parecer. Essa vontade, esse desejo de que tudo seja de outra forma, cria um estado de agitação. Mas, na meditação, nada nos escapa e nada é posto de lado; não tentamos fugir dessa resistência ou agitação, ao contrário, nos concentramos nela. Na realidade, o importante não é tanto o objeto que focalizamos e sim a qualidade da atenção que colocamos nesse momento. Poderíamos nos tornar "iluminados" examinando a raiva ou o medo com tanta rapidez quanto o faríamos se examinássemos qualquer outro estado de espírito. Pois, o que cura e liberta não são os conteúdos da mente e sim a qualidade da percepção que nela imbuímos. Nosso trabalho não é o de nos tornarmos santos, mas sim seres humanos completos.

Não se prenda a idéias de como fazê-lo: basta praticar. Ainda que tais idéias pareçam vir do livro que se encontra em suas mãos nesse instante, confie em seu próprio discernimento. Cultive uma relação duradoura com a mente, uma percepção contínua, pois elas em geral fazem-no acreditar que o solo em que você está pisando lhe indicará o próximo passo a ser dado.

Cada vez que focalizamos a percepção, condicionamos o momento seguinte em direção à clareza. Aprendemos a navegar de cor. Aos poucos, a antiga mente de velhos conceitos e padrões dissolve-se no processo; vozes magoadas recolhem-se e passamos a agir a partir do que é adequado e do que faz parte deste instante, deixando de lado as antigas e muitas vezes mal-sucedidas formas de vir a ser. Tudo que buscamos está presente — presença no sentido de sabermos que estamos vivos. É dessa alegria do puro existir que surge a cura na mente que nos conduzirá a salvo para o cerne da compreensão.

Segundo Kabir, o poeta, não há mais dúvida: para a pessoa que "ouviu o som da flauta", a canção de nosso verdadeiro coração, que viveu um instante em seu Verdadeiro Corpo, o corpo da percepção pura, existe apenas uma grande receptividade, um enorme "não sei" por onde navegar, ao longo de nossos pequenos conhecimentos até atingir a imensidão da existência. O espaço em que oscilam todos esses conhecimentos. A consciência ampla na qual esses objetos de percepção flutuam e se curam.

Quando perguntaram ao nosso mestre, Neem Karoli Baba, como desenvolver uma profunda percepção espiritual, ele respondeu: "Basta amar a todos". Estabelecer a prática equivale a desenvolver em você mesmo a compaixão e a percepção em benefício de todos os seres sensíveis.

Essas técnicas servem para "cuidar do seu jardim". Cada uma delas é uma ferramenta de jardinagem.

No início, quando abordamos a mente desconhecida, tudo parece uma área de terra agreste e descuidada. O que ali cresce assemelha-se a intrusos que vieram ao acaso e sem qualquer vínculo com circunstâncias anteriores. Em algumas delas, parasitas liquidam as flores. Em outras, o solo mostra-se árido e sem vida. Aqui e ali vêem-se sementes não germinadas. Por todos os lados, grandes emaranhados de árvores obscurecem o solo rico que se acha sob elas. Ao mesmo tempo, logo abaixo, as velhas raízes superficiais, que se desintegram com enorme lentidão, deixam pouco espaço para novos desenvolvimentos.

Algumas das ferramentas para meditação oferecidas neste livro são usadas no jardim para quebrar a dura superfície como, por exemplo, a meditação da Amorosidade e as práticas do Ventre Macio. Outras, como, por exemplo, a meditação Capacidade de Perdoar e a meditação Mãe de Misericórdia, destinam-se a preparar o terreno. Algumas servem para arar o solo e cavar mais fundo: são, por exemplo, as meditações da prática de Autoconsciência e da investigação do Corpo, continuamente empregadas para revitalizar o solo e capinar o jardim. Algumas poucas, entre elas as meditações Resistência, Dor e Alimentação, visam estimular a germinação e proteger com palha os novos brotos. Elas podem nos ser úteis nos "estreitos corredores" que encontraremos ao percorrer a trilha, cruzando o jardim. Cada uma delas cultiva, à sua própria maneira, as condições nas quais poderão desabrochar as flores silvestres do encantamento.

Este jardim passou longo tempo sem receber cuidados e, por isso, seu crescimento foi prejudicado. Tais limitações e obstáculos a novas germinações devem ser encarados com atenção. Muitas dessas práticas são para "remover obstáculos", e usadas para retirar rochas ou tocos de árvores, possibilitando com isso o melhor uso do solo fértil. Muitas dessas práticas, tais como a meditação Estado Emocional Carregado (emoção aflitiva), a meditação Coração do Útero, as meditações Dor ou as meditações Curadoras, são ferramentas especializadas em remover obstáculos específicos. Cada qual é adequada para algum aspecto da preparação, do plantio, e da colheita das floradas surpreendentes que surgirão espontaneamente no processo de nossa libertação. Esse processo, que se iniciou no coração, expande-se para a mente e corpo e retorna, fechando o ciclo, para o coração. Cada meditação tem o poder de limpar outra camada de obstruções entre o coração e a mente.

A Autoconsciência e a Amorosidade são práticas fundamentais, assim como sol e água para o jardim. A aplicação habitual intensifica o crescimento e aprofunda as raízes do coração.

Deve-se começar pelo coração de forma a suavizar o caminho para que a mente e o corpo possam ser vividos integralmente sem medos ou julgamentos. À medida que abrimos o coração, certos obstáculos tornam-se evidentes no sofrimento da mente ou do corpo. Para abordar cada sofrimento com percepção e sabedoria curadora, apresentaremos medicações específicas,que acolherão aquele momento com mais suavidade, compaixão e compreensão. E o processo prossegue sem esforços. Comentando este desdobramento sem esforço, diz Zen: "A primavera chega e a relva cresce por si mesma".

Muitas vezes, a evolução inicial é lenta, pois a concentração ainda está se desenvolvendo, e talvez leve certo tempo até se aprofundarem. Mas a libertação é um processo e cada passo é precioso. Na realidade, ao começar tais meditações, seja por sua própria conta ou com o auxílio de um mestre experiente, podem surgir dificuldades. Em grupos grandes, após uma dessas meditações dirigidas, é comum uma pessoa mencionar passagens extraordinárias. Outros, sentam-se ao lado de alguém, pensam em silêncio: "Por que será que nada aconteceu comigo? Que droga! Todos estão ficando esclarecidos menos eu", mas, com freqüência, aqueles que de início acreditaram que "não iam conseguir" adquirem mais tarde *insights* significativos acerca do que impede sua felicidade. A nitidez com que chegam a compreender a natureza daquilo que limita a percepção, ou a compaixão, ou o "deixar rolar", pode vir mesmo a ser maior do que a daqueles que num "momento de sorte" tornaram-se, por uma fração de segundo, capazes de ir além das virtudes que estavam avaliando. Em muitas ocasiões, é quando "a coisa não parece funcionar" que se é capaz de definir com maior precisão o trabalho a ser feito.

Faça dessas meditações algo de seu. Experimente! Descubra a linguagem e as frases que são adequadas a você. Acredite em seu próprio dom de curar. Deixe o coração escolher o que é recomendável nessas meditações. Para determinada pessoa, somente uma ou duas dessas sugestões pode bastar. Trabalhe com aquelas que fazem você se "sentir bem", não com aquelas que "deveria trabalhar". Deixe o coração ser o curador da mente e do corpo. Deixe essas meditações se tornarem suas.

Nos últimos trinta anos, nossa prática básica tem consistido das meditações da Autoconsciência e Amorosidade. Mas houve também períodos em que uma prática suplementar aprofundou minha habilidade e a de Ondrea para aplicar aquilo que fora descoberto na meditação. As práticas de Cura e Dor têm sido parte de nosso carma particular e, por vezes, foram praticadas com grande intensidade durante longo tempo e com êxito considerável.

Tal como ocorre com qualquer meditação ou técnica de cura, não significa que nossa técnica seja melhor do que outra, porém que algumas práticas são mais adequadas para determinado tipo de temperamento. Na realidade, não é a prática que liberta, mas sim a intenção, a motivação, o esforço autêntico com o qual ela é aplicada. Mesmo numa prática como a Autoconsciência, cujo fundamento é o desenvolvimento de uma percepção sem escolhas e com compaixão, por vezes surge certo orgulho ou julgamento, fruto de um falso senso de controle que retarda a cura. Do mesmo modo, se as práticas que fazem o corpo transpirar forem feitas não com o espírito de descobrir e sim como fruto de uma "necessidade de conquistar", poderão surgir dificuldades adicionais. Qualquer prática tem o poder de se transformar numa armadilha se não a usarmos como forma de aprofundar a compaixão e diminuir as censuras.

Quanto mais uma prática for realizada, em função do senso de que "deveria", mais *self* (senso de separação, medo, isolamento) ela irá criar. Quanto maior o *self*, maior o sofredor. Na realidade, existem práticas centradas na dor que, se efetuadas com pouca habilidade, podem gerar uma guerra sagrada na mente e no corpo, uma tentativa de matar a dor que só leva a maiores sofrimentos. Ao praticar, por exemplo, a meditação da Dor, por vezes trabalhamos durante quinze minutos no verdadeiro núcleo do mal-estar, mas em seguida paramos e, qual um surfista numa onda perfeita, cavalgamos a respiração.

Tudo não passa de um ato de equilíbrio. Palavras como "deixar correr"* ou "render-se" são facilmente mal interpretadas pela mente antiga. Tais idéias precisam ser corretamente contrabalançadas.

Portanto, cada técnica precisa ser feita com equilíbrio e empenho, de tal forma que a prática possa conduzir a pessoa além do método propriamente dito. Assim, a pessoa não será apenas o que medita, mas a própria meditação. Curar é um ato arriscado, é equilíbrio de energia e esforço, ou concentração e receptividade, sabedoria e compaixão, percepção e misericórdia, *insight* e "deixar rolar", das aparências com o que há por trás das aparências. É o equilíbrio entre aquilo que denominamos nascimento e o que chamamos de morte, bem como de tudo aquilo que precede e ultrapassa cada um deles.

Eventualmente, você poderá trabalhar com poucas dessas práticas no início e demorar meses ou mesmo anos até ser chamado a desenvolver outras. Acredite na "ainda pequena voz em seu interior" com a qual o coração informa à mente qual deve ser o próximo passo.

Após ter usado repetidas vezes essas meditações, até sabê-las "de cor", você talvez perceba sua utilidade para outros. Assim, as meditações da Cura, da Dor, do Estado Carregado e da Morte (bem como a maioria das práticas deste livro) são de especial importância para um paciente ou ente querido. Porque o trabalho que realizamos em nós mesmos é quase que literalmente em benefício de todos os seres sensíveis. Tornamo-nos mais espaçosos. Nos tornamos uma lição de cura e "deixar correr". Porém, deve-se notar que muitas pessoas com problemas na questão de controle (jamais se trata de outra pessoa, é sempre uma outra parte de nós mesmos) não gostam de "serem guiadas". Ao oferecer tais ferramentas, lembre-se de que alguns estados mentais resistem até à melhor das intenções. Para alguns, fazer tudo sozinho é uma questão de dignidade própria. Não tente ser curador. Seja misericordioso. A atemporalidade é fator importante na apresentação dessas práticas para outro ou para você mesmo.

Deixe sua flor abrir-se, mas não se prenda de forma alguma ao fruto. As sementes devem cair e germinar no solo segundo sua própria e bela natureza.

Tenha-se em alta estima.

Esses *insights* e processos contínuos são apresentados em prol de todos os interessados em realizar um exame interior.

---

* No original, *letting go*. Não existe em português tradução exata para esta expressão. Aqui ela é usada no espírito Zen do "deixar rolar" e nós usaremos "deixar correr", "deixar sair" ou "deixar rolar". (N. do T.)

Embora tenhamos adquirido mais luz em virtude de nossa prática, não somos iluminados e, por isso, estamos ainda num processo bastante semelhante ao de todos os leitores deste livro. Estamos todos descobrindo nossos limites. Estamos todos nos aproximando do desconhecido, no qual o verdadeiro crescimento tem lugar.

O único objetivo é o de tornarmo-nos mais conscientes e termos mais vida, para com ela viver mais plenamente cada momento.

Mais importante do que se tornar bom meditador é ser meditativo. Olhar para o interior em busca da verdade e também da verdade que se encontra por baixo dela, sem parar em lugar algum, prosseguindo a investigação. Viver um momento de cada vez, um minuto por vez, uma hora de cada vez, um dia de cada vez, uma vida de cada vez.

Quando a meditação deixar de ser um exercício mental de curta duração, e tornar-se um desvelar da alma, que inunda até o mais aborrecido de nossos dias, aí então teremos feito da meditação algo nosso. Quando a sabedoria fortaleza a compaixão, teremos nos tornado a meditação.

Confie no processo.

O uso das meditações dirigidas

É com a prática que se aprende as meditações dirigidas. Após terem sido repetidas por diversas vezes, elas são internalizadas e se tornam parte da própria pessoa. Portanto, é do âmago da experiência direta e não destas páginas que vem a direção.

Leia as meditações em silêncio para você mesmo ou lentamente para algum amigo. Ou experimente gravá-las com sua própria voz, deixando as palavras percorrerem a respiração, mantendo espaço entre cada linha de direção. Muitas dessas meditações, embora ocupando somente algumas páginas datilografadas, devem ser praticadas por cerca de meia hora cada uma. Gravadas em fita por você ou por um amigo, essas meditações dirigidas permitem-lhe ver a partir do interior a natureza daquilo que obscurece a mente, bem como a natureza daquilo que dispersa e cura a densidade.

Como a repetição contínua é objetivo dessas meditações, alguns *insights* são "programados" de forma a estimular e aprofundar a sabedoria. À medida que se "trabalha" com esses *insights*, eles passam a fazer parte integrante do coração de maneira bastante curadora.

Se enquanto você ainda estiver fazendo os primeiros usos dessas meditações, desenvolvendo-as em seu coração, perceber que sua mente se fixa em determinadas direções — por exemplo, num conceito ou idéia que tenha provocado certo tipo de pensamento reativo —, observe qualquer "ligação" que você tenha com essas idéias, e reflita mais tarde sobre isso.

Use essas idéias, que atraíram seu pensamento, como um objetivo de contemplação. Trabalhe com elas durante o dia. Penetre nelas por inteiro para descobrir se por lá existe algo de útil. Investigando-as como ensinamento, a meditação jamais se interrompe. E seu dia torna-se magnífico.

Existem três níveis de utilização para cada uma dessas práticas.

No primeiro, você as lê para si mesmo, como se o coração falasse para a mente na forma de "bons conselhos". Quando a pessoa começa a trabalhar com essas técnicas, talvez lendo-as em voz alta, descobre estar no caminho da cura. Estas leituras fazem com que a mente se familiarize com o processo e encorajam o coração a participar.

A segunda maneira de usar essas práticas é na forma de objeto de contemplação. Usando essas práticas no nível contemplativo, a pessoa intensifica o valor de sua aplicação. Tais contemplações aumentam a confiança na nossa própria capacidade de trabalho, apesar da escuridão e sombra das emoções dolorosas que, por vezes, bloqueiam a luz de nossa verdadeira natureza. Essa reflexão em estado de contemplação tem também a habilidade de "trabalhar" com um *insight* e transformá-lo numa "ofensiva", refletindo acerca de seus significados em nossas vidas. Deve ser observado com olhar fixo e profunda concentração aquilo que se acha defronte da mente, para então transportá-lo para o coração. A capacidade de intensa reflexão ajuda-nos a descobrir *nosso* caminho em *o* Caminho.

Essas meditações ainda podem ser úteis de uma terceira forma: como meditação que penetra por inteiro na consciência, para se ver com nitidez o que é *tal como é*. Este é o mais profundo dos três níveis oferecidos em cada meditação. Entrar por inteiro na mente e curar, rumo ao coração. Para ir além do conhecido e do "conhecedor", atingindo a verdade que permeia todas as coisas.

A diferença entre meditação e contemplação é que a meditação nos permite penetrar por inteiro no processo do qual surgirão o *insight* e a verdade, ao passo que na contemplação usamos nossos próprios *insights,* ou os de outra pessoa, como forma de extrapolar a verdade.

Assim, essas práticas são utilizadas de três maneiras diferentes. Primeiro, ler em voz alta para si mesmo ou para os outros, tal como seria feito com um manual de instruções ou com um poema de amor, em que as palavras vão conduzindo a respiração, limpando o caminho para uma prática mais intensa. Segundo, como uma contemplação e internalização da prática. E terceiro, como exame da natureza do ser a partir do seu interior. Cada nível faz a pessoa se aproximar mais da verdade. Cada um deles torna mais intensas suas riquezas disponíveis. Concluindo, esse processo impele a pessoa a se entregar ao âmago da experiência e apenas passar a ser. É na forma de meditação dirigida, terceiro nível de compreensão da experiência, que essas meditações produzem a cura mais profunda. A pessoa aborda a verdade lentamente, com firmeza, até que o que busca e o que é buscado desapareçam na própria busca. E a busca desaparece nessa vastidão, à qual, na falta de um termo de maiores dimensões, damos o nome de Deus.

A primeira informa a mente. A segunda se reflete nesta mente. A terceira vai além da mente atingindo o âmago da questão.

Explorando o coração

A prática de analisar a mente e aquilo que se encontra para além dela começa e termina com o coração.

O primeiro passo é desenvolver a compaixão natural do coração. A meditação começa com a prática da não-agressão, um desejo intenso de pôr fim ao sofrimento existente no mundo e em nós mesmos. Na realidade, é quase impossível manter-se vivo em um corpo sem causar dor a outros seres e espécies, mas nossa *intenção* pode ser a de criar o mínimo de dor e usar a vida em benefício de outros. A não-agressão é uma intenção, um guia para a mente vindo da natureza do coração.

Nós nos alimentamos. Nós amamos de maneiras confusas. Nós viajamos e tropeçamos em diferentes estados mentais. E aprendemos a arte do equilíbrio. Para suportar as transformações, o coração faz sugestões sem se tornar agressivo em relação à mente. Estamos aprendendo a viver de maneira sagrada.

O indispensável não é força ou aquiescência e sim a participação no momento, a receptividade para permitir a entrada da cura. Quando perguntado acerca da "resistência passiva" que ele vinha ensinando por toda a Índia, Mahatma Gandhi respondeu: "Não há nada de passivo em minha resistência. Ela é apenas não-violenta". A "não-violência" de Gandhi é um meio habilidoso de dirigir-se à serenidade da mente ou ao mundo pacífico. A violência se origina na mente. A cura, no coração.

Assim, o coração e sua "ainda pequena voz interior" são tomados como mestre no caminho para a libertação. E a não-agressão é seu atributo mais óbvio. A não-agressão vai desde a capacidade de perdoar a si mesmo até o fim da fome no mundo. Quando começamos a praticar a não-agressão, a mente que censura fica exasperada com nossa "tentativa", pois pode dar respostas ofensivas sem provocar intensas reações em nossa percepção misericordiosa. A não-agressão significa tratar os outros — e a nós mesmos — como o sujeito de nosso coração em vez de objeto em nossa mente.

Não se trata das máximas dos Dez Mandamentos que induzem a julgamentos. Trata-se de compromisso com a cura e a purificação — vontade que leva à ação clara. Como nos preceitos budistas —, tais como não matar, não roubar, não mentir, não ter comportamento sexual inadequado, — a não-agressão e a compaixão não são regras divinas encravadas na pedra; elas não passam de reflexos mentais da natureza do coração, usados para reforçar a estabilidade e o equilíbrio ao longo da jornada. São memorizadores delicados, guias instrutores no iluminado caminho por entre o que parece, por vezes, tratar-se de opostos deslumbrantes.

Não se trata aqui da moralidade em que a pessoa odeia a si mesma e que transforma *a* dor em *minha* dor. É mais um "senso de adequação", que brota com naturalidade de níveis de percepção mais profundos do que nossas máscaras e atitudes, do que nossas personalidades, ou mesmo de nosso eu adquirido. Ao entrar por inteiro em nosso ser essencial — o âmago da questão —, nossa "bondade natural" manifesta-se sem cessar. A ação clara prepara o caminho para ações ainda mais claras. A bondade acalma a mente.

Introdução à amorosidade

Para preparar o caminho, relacionamo-nos com a mente a partir do coração. No nível conceitual — o que dá nomes às coisas — as imagens mentais tomam o lugar do momento presente vibrante e vivo do "eu sonhador".

A meditação da Amorosidade trabalha com esse nível de pensamento — de nome e forma, de dualidade, da percepção do "Eu" e do "outro" — como meio de transformar a separação há muito condicionada, na plenitude indiscutível do ser. Na meditação da Amorosidade a cura concentra-se em um nível da mente que costuma obscurecer o coração. Na realidade, nosso trabalho não é tanto o de abrir o coração — o coração, como o sol, está sempre brilhando, porém sua luz muitas vezes fica ofuscada — e sim o de abrir a mente, possibilitando que a intensa luminosidade de sua essência atravesse livremente com seu brilho.

Ao desenvolver a amorosidade naquele aspecto da mente que, em geral, vive a vida como uma reflexão posterior, mudamos o contexto de nossa existência. Passamos a viver por inteiro. Despertamos.

Talvez a meditação seja a forma mais apropriada de usar-se a visualização mental orientada por palavras. Ela transforma os obstáculos em aliados.

A diferença entre receber o pensamento com o coração aberto e ficar perdido em pensamentos é a mesma que existe entre liberdade e servidão .

A amorosidade intensifica as respostas e, ao mesmo tempo, suaviza a reatividade.

A amorosidade não é a única que, por sua habilidade, deve ser cultivada. Somos capazes de desenvolver qualquer atributo mental. A maioria de nós intensificou seus medos e raivas, por longo tempo, por considerar que os conteúdos da mente representam tudo o que somos. Na realidade, a prática aperfeiçoa, e nós aperfeiçoamos nossos medos até um nível assustador. Exercitar a inveja ou a raiva estimula o renascer da indignação e do ressentimento. Exercitar a amorosidade encoraja o ressurgimento da compaixão, da percepção e da atitude de abandonar ao coração os obstáculos — o egoísmo, o medo, a separatividade, a censura —, tudo o que limite nossa participação completa no mistério.

Na mente dominada flutua uma bolha-de-pensamento chamada "eu" e uma bolha-de-pensamento chamada "você", mas na realidade existe somente um leve murmúrio de ser, uma semelhança. E nos acreditamos capazes de distinguir a diferença. Mas o pensamento é assim! Para a mente crítica, para o promotor desalmado, todos, inclusive nós mesmos, somos o "outro" e, tal como julga os outros, ele julga a si mesmo. Aí reside o espírito curador da afirmação de Jesus: "Não julgues para que não sejas julgado".

A compaixão é o oposto do julgamento. Trata-se de uma receptividade calorosa e não de uma postura indiferente. Ela estabelece um senso de adequação. A compaixão, essência da responsabilidade, oferece-nos amplas possibilidades às quais responder, em oposição às contidas reações limitadoras-de-vida. Reagir quer dizer representar, seguidamente, nossa dor interior com o mesmo antigo sofrimento. A compaixão une; o julgamento separa. A compaixão é a voz daquilo que une, de nossa "bondade natural". O julgamento é o vento frio que sopra no abismo entre o coração e a mente. A compaixão não censura sua própria ausência. Ela se acha aberta até a nossa própria tendência ao retraimento. O julgamento encara tudo com idêntica falta de compaixão. O julgamento fere; a compaixão cura.

Para alguns, a compaixão é definida como piedade, mas a piedade é fruto do medo — ela não deseja vivenciar a dor do outro ou de si mesmo. Quando tocamos a dor com medo, isto é piedade. Quando tememos nossa própria dor, isto é autopiedade. Mas quando tocamos a dor com amor — isto é compaixão. A compaixão é uma bênção. A piedade, uma resistência.

Aprendemos a nos tornar amorosos, observando como somos pouco amorosos. Ao identificar as características dolorosas do medo e da raiva, e ao vivenciar a insuportável tendência ao retraimento existente na mente e no coração, observamos como se torna obscuro nosso espaço natural. Ao sondar as áreas de ressentimento e culpa, a linha divisória entre os outros e nosso *self* mais profundo, compreendemos a importância da prática.

Começamos a meditação, procurando cuidar de nosso bem-estar voltados totalmente para nós mesmos, e usando expressões como "Que eu possa ser feliz", "Que eu possa me libertar do sofrimento". De início, as palavras parecem algo mecânico, só palavras. Essas palavras, quem sabe, no princípio, vão deparar-se com a falta de compaixão há muito instalada, ou com a sensação de serem insuficientes e inúteis: "Ah, isso é muito comodismo, que besteira!". Na primeira tentativa de atrair o amor para nós mesmos, com freqüência a idéia de que não o merecemos torna-se bastante evidente. O costumeiro aborrecimento apresenta vários argumentos, procurando nos dissuadir de nos aprofundar. O medo tenta distrair a busca, o deixar sair, a paz curadora. Esses argumentos são fruto de condicionamentos que vale a pena observar. Eles nos alertam para o que está nos impedindo de chegar à perfeição, à luminosidade desse momento. É o apego a essas intensas manifestações que não nos permite encarar nossa própria beleza e tenta nos convencer de que não somos dignos. Que somos incapazes de refletir a "iluminação". Que somos seres fragmentados e iremos permanecer assim para sempre. Esses pensamentos dolorosos foram repetidamente estimulados e cultivados. Agora estamos criando algo para expulsar a dor. Estamos admitindo que uma forma mais frutífera de consciência assuma o lugar de nossas falsas crenças negativas. Essas qualidades positivas são de tal natureza que, por si só, substituem com facilidade as energias menos compensadoras.

Um bom modo de desenvolver a amorosidade em si mesmo é pensar nas próprias qualidades positivas, pensar acerca de si mesmo com delicadeza. Já tivemos oportunidade de trabalhar com pessoas que diziam:

— Não possuo virtudes. Não há nada em mim que seja digno de ser amado.

Nós respondemos:

— Deve ser terrivelmente doloroso sentir-se assim, tão pouco amado e tão pouco merecedor de amor.

— Sim, é realmente terrível não ser capaz de amar ninguém, nem sequer a mim mesmo, pelo menos um pouco.

— Deve haver milhões de pessoas que se sentem assim.

— Pobres infelizes. É terrível alguém sentir-se assim, tão solitário, tão isolado.

— Seria maravilhoso se pudéssemos ajudá-los.

— Meu Deus, claro que seria! Gostaria que alguém fosse capaz de ajudá-los.

É incrível como se sentem compadecidos pela triste condição humana. Eles falam com amor sobre o seu estado, quando se referem aos outros, revelando com isso uma preocupação pelos não-amados, jamais observada anteriormente, em virtude do receio de aceitar-se a si mesmos. Eles identificaram agora as necessidades do outro e, de repente, esse outro revela-se ser eles mesmos. E dirigem sentimentos de atenção e bondade àquelas partes fragmentadas deles mesmos, que desejam tanto ser uma coisa só. Buda afirmou: "Ainda que procurasse no mundo inteiro você não acharia nenhum ser mais merecedor de amor do que você mesmo".

E exatamente assim se faz essa meditação. Dirigimos um foco de amor concentrado a esse ser, tão carente e merecedor de amor. Em seguida, essa energia de amor e a preocupação com o bem-estar dos outros são irradiadas para todos os seres sensíveis em qualquer lugar que estejam.

Há tempos, quando comecei a realizar essa prática, se ficasse agitado ou contrariado com alguém, punha-me a enviar amorosidade não tanto "para com eles", mas sim "a eles". Eu acreditava ser capaz de "acalmá-los", pensando "como medito bem". Mas eu estava com raiva. Na realidade, o que eu precisava enfrentar era meu próprio sofrimento. Quem precisava da amorosidade era eu. Com o passar do tempo, aprendi: era preciso gerar amor para mim mesmo antes de poder me abrir para o outro. Enviar amorosidade a alguém de quem eu tinha raiva era uma antiga demonstração de superioridade, cujo único resultado era mais afastamento. Eu não estava lhes fazendo favor algum. Minha ação deixava o gosto amargo da egoísta superioridade espiritual — usar o amor e a espiritualidade para suprimir o outro, encarando-o como inferior. Dominação e "desempenho teatral". Mas à medida que fui abrindo espaço em meu coração para mim mesmo, gradualmente desenvolvi a habilidade de me relacionar com minha raiva e frustração sem ser ameaçado por elas. E, ao aceitar isso, pude, por vezes, fazê-lo com uma compaixão capaz de dissolver a cola da dolorosa auto-imagem que mantém unidos os nossos sofrimentos. E talvez à outra pessoa fosse então também permitido um espaço maior no qual pudesse deixar sair sua raiva. Para mandar amor para alguém precisamos primeiro viver em nossos corações.

O poder da amorosidade é enorme, e quando a projetamos de forma concentrada nos outros, muitas vezes eles a sentem. Trata-se de uma energia sutil porém tangível que, tal como a percepção no coração, ou o sol através de uma lente de aumento, é passível de ser dirigida conscientemente a um ponto brilhante de luz.

À medida que a prática prossegue, vivenciam-se instantes de grande receptividade e também momentos de razoável fechamento. A ironia é que, quanto mais o coração se abre, mais ele precisa avançar para se fechar. Assim, quando o coração em receptividade se fecha, a pessoa sente como se nunca tivesse se fechado tanto anteriormente. Mas a prática de meditação busca sempre novos e mais profundos níveis de aprendizado de forma a manter o coração aberto — aberto até mesmo para o fato de o coração se fechar. Sente-se capaz de tocar o não-amado com amorosidade. É a cura dentro da cura.

Muitos afirmaram que gostariam de se tornar mais amorosos. Eles se queixam de que, para ser "bem honestos", seus corações acham-se receptivos apenas alguns poucos instantes por dia — e isto já é considerado um bom dia!

Temos pouca compaixão por nós mesmos. Qualquer quantidade de amor nesta vida de negligência e violência é um milagre. Qualquer quantidade de amor neste mundo tão carente de cura e paz é uma verdadeira graça. Uns poucos instantes de paz, de amorosidade, transformam-se em triunfo sobre o medo e sobre as antigas limitações.

Com toda a nossa suposta indignidade e medo, com todas as nossas dúvidas e desejos, é duro ser amoroso o tempo todo. Porém é mais difícil não ser amoroso.

Essas práticas de meditação sobre a amorosidade são apresentadas como exemplo do poder que tem o coração de nos conduzir para além do segregacionismo da mente. É uma prática fundamental para que possamos nos abrir para nós mesmos, para nossos entes queridos, para este mundo de sofrimento e alegria no qual vivemos. Essa meditação, se experimentada durante quinze minutos por dia, ao longo de algumas semanas, tem a força de expandir nossas vidas e ampliar nossa sensação de brincar nos campos do espírito. Inúmeras pessoas vêm usando-a com regularidade há anos.

A amorosidade permite que se dirija a mente de forma concentrada para o coração. À medida que a atenção aos poucos vai se agrupando, as palavras, repetidas com suavidade, tornam-se sincronizadas com cada inspiração e expiração. Elas começam a cavalgar a respiração numa delicada perseverança que limpa o caminho que conduz ao coração.

Tal como acontece com todas as meditações e práticas oferecidas, à medida que a pessoa incorpora o processo, as palavras tornam-se delas próprias. A amorosidade, assim como a meditação da autoconsciência, é uma prática fundamental. Trabalho para a vida toda. Brincadeira para a vida toda.

Uma meditação dirigida de amorosidade

(Para ser lida lentamente para um amigo ou, em silêncio, para si mesmo.)

Sentado confortavelmente, preste atenção, aos poucos, em sua respiração.

A respiração indo e vindo por si só, penetrando no corpo.

Permita-se alguns momentos para que a atenção se adapte ao ritmo cadenciado da respiração.

Voltando-se suavemente para o interior, comece a dirigir, a atenção para o seu próprio bem-estar.

Comece a olhar para você mesmo como se você fosse seu filho único. Sinta compaixão por você.

Silenciosamente, no coração, diga: "Que eu me liberte do sofrimento. Que eu viva em paz".

Limite-se a sentir (a respiração) respirando dentro do coração, à medida que se relaciona consigo mesmo com bondade e cuidado.

Permita que o coração, silenciosamente, murmure as palavras de compaixão que curam, que abrem. "Que eu me liberte do sofrimento. Que eu viva em paz."

Permita-se ser curado.

Murmurando para você mesmo, envie votos para seu próprio bem-estar:

"Que eu me liberte do sofrimento. Que eu viva em paz".

Com cada inspiração, repita suavemente para o coração: "Que eu me liberte do sofrimento". Com cada expiração: "Que eu viva em paz".

Com a próxima inspiração: "Que eu me liberte do sofrimento". Com a próxima expiração: "Que eu viva em paz".

Repita essas palavras lenta e suavemente, com cada expiração. Não como quem fica orando mas sim como a extensão de um cuidado amoroso por você mesmo.

Observe o que quer que limite esse amor, essa compaixão, essa vontade de ser uma unidade, de ficar curado.

"Que eu me liberte do sofrimento. Que eu viva em paz."

Continue com esse ritmo, esse aprofundamento da alegria e da amorosidade incorporadas em cada inspiração, expandindo-se em cada expiração.

"Que eu me liberte do sofrimento. Que eu viva em paz."

Deixe a respiração prosseguir com naturalidade, como um ato de compaixão por você mesmo, sua única criança, que é esse ser interior.

Embora de início tudo isso possa soar apenas como palavras ecoando na mente, prossiga com suavidade. Aqui não pode haver esforço. A força fecha o coração. Deixe o coração receber a mente com nova ternura e compaixão.

"Que eu me liberte do sofrimento. Que eu viva em paz."

Cada onda de inspiração aprofunda o calor aconchegante do contato consigo mesmo, com a amorosidade e a compaixão. Cada expiração aprofunda a sensação de paz, expandindo-se no espaço do ser, desenvolvendo a paciência profunda que não espera que as coisas sejam diferentes, mas relaciona-se com amorosidade às coisas tal como elas são.

"Que eu me liberte do sofrimento. Que eu viva em paz."

Deixe a cura penetrar em cada onda de inspiração. Dê permissão à sua própria natureza espaçosa.

Prossiga, através das inspirações, para o seu interior, abrindo-se à amorosidade. Relacionando-se com você mesmo com grande ternura, enviando bem-estar para sua mente e corpo, envolva-se por essas doces palavras de cura.

E agora, cuidadosamente, traga para a mente alguém por quem você tem um sentimento afetuoso e de bondade. Talvez uma pessoa amada, um mestre ou um amigo.

Imagine essa pessoa amada em seu coração. Com cada inspiração murmure para ele ou ela: "Que você se liberte do sofrimento. Que você esteja em paz".

Com cada onda de inspiração traga a pessoa amada para seu coração: "Que você se liberte do sofrimento".

Com cada expiração encha a pessoa com sua amorosidade: "Que você esteja em paz".

Com a próxima inspiração, traga o coração do outro para mais perto do seu.

Com a próxima expiração, estenda à pessoa amada um desejo pelo bem-estar dela: "Que você esteja em paz".

Prossiga com a suave respiração em conexão com o desejo delicado por sua felicidade e plenitude.

Deixe a respiração ser inspirada com naturalidade, suave e delicadamente até o coração, em harmonia com suas palavras, com seus sentimentos concentrados de amorosidade e de carinho.

"Que você fique livre de qualquer sofrimento. Que você compreenda os mais profundos níveis da paz."

Envie amor para eles, sua compaixão, sua atenção.

Respirando, deixe-os chegar até seu coração.

"Que você se liberte do sofrimento. Que você possa conhecer sua mais profunda alegria, sua maior paz."

E quando você as sentir em seu coração, perceba todo esse mundo que deseja ser curado, que deseja conhecer sua verdadeira natureza e viver em paz.

Diga para você mesmo: "Assim como eu desejo ser feliz, o mesmo ocorre a todos os seres sensíveis".

E em seu coração, a cada nova inspiração, e a cada expiração, murmure: "Possam todos os seres ficar livres do sofrimento. Possam todos os seres viver em paz".

Deixe sua amorosidade se expandir até atingir todos os seres, tal como ela o fez em relação a seu ente amado, sentindo todos os seres que necessitam de cura, que necessitam da paz de sua verdadeira natureza.

"Que todos os seres vivam em paz. Possam todos ficar livres do sofrimento."

"Possam todos os seres sensíveis, até mesmo aqueles que acabam de nascer, ficar livres do medo, livres da dor. Que todos possam curar-se e atingir sua verdadeira natureza. Que todos os seres possam conhecer a alegria absoluta do ser absoluto."

"Que todos os seres, em toda parte, vivam em paz. Que todos os seres libertem-se do sofrimento."

O planeta inteiro é como uma bolha flutuando no oceano de seu coração.

Cada onda de respiração aspirando o amor que cura o mundo, que aprofunda a paz que todos buscamos.

Cada onda de respiração alimenta o mundo com a compaixão, o calor e a paciência que acalma a mente e abre o coração.

"*Que todos os seres possam libertar-se do sofrimento. Que todos os seres vivam em paz.*"

Deixe o ar penetrar com suavidade. Deixe o ar sair com suavidade. Desejos de bem-estar e de compaixão, de atenção e de amorosidade, abrangendo o mundo de que todos nós compartilhamos.

"*Que todos os seres possam viver livres do sofrimento. Que todos os seres possam habitar o âmago da cura. Que todos os seres vivam em paz.*"

*Existe um fantasma
neste sonho doloroso
do qual gostaríamos de ser
o* self *imaginado.*

*Não se deixe enganar
por um pensamento
acreditando (outro pensamento)
que você é menos
do que Deus.*

Ventre macio

Somos condicionados a sofrer. A sociedade, constituída por aqueles que portam o ventre endurecido e sentem dores intensas, ajusta-se a esta baixíssima condição. Vagamos rijos e perdidos ao longo de nossas vidas, até despertarmos com um profundo suspiro com o qual nos soltamos e suavizamos o caminho da compaixão.

Tendo o crescimento como prioridade, o ventre macio é agora o modelo que usaremos para nos soltar. Observando a relativa complacência ou contensão precisa do ventre, temos um *insight* sobre quando e como retemos nossas dores. Quando o ventre acha-se endurecido, estamos retendo. Na tentativa de exercer controle, ocorre certo grau de resistência e de luta. Talvez você precise retornar ao ventre macio dúzias de vezes em uma hora.

O ventre é um ótimo meio de diagnóstico. Ele mostra o encouraçamento do coração na forma de tensão no abdômen. Quanto mais intensa for nossa relação com o abdômen, mais cedo descobriremos se estamos retendo algo na mente ou nos abrindo para o coração. O que é doloroso enrijece o ventre. O que é doloroso estimula a censura. Com freqüência o ventre rijo é ventre que censura. Até mesmo a tentativa de compreender o que está sendo dito agora pode endurecer o ventre.

Não tente apenas compreender. Entre no processo. Com o ventre macio permita que a compreensão surja, por ela mesma, por sua própria natureza.

Para além da mente encontra-se tudo aquilo que você deseja conhecer na mente. Mas eis aí a grande ironia da busca espiritual: o que estamos buscando é o própio sujeito que olha.

É difícil se ver, mas não impossível. É necessário certo esforço para se deixar de lado as formas antigas de ver. Suavizar o ventre é um começo.

Na realidade, fomos programados para agüentar nossas dores, para transformá-las em sofrimento. Ensinaram-nos a endurecer o abdômen, a ocultar o fato de ele estar cheio, arredondado e volumoso. As mulheres em especial foram programadas para se tornar "atraentes". Encorajadas a usar roupas de baixo que comprimem o ventre e diminuem a sensação de volume. Os homens, também, muitas vezes são surpreendidos "encolhendo a barriga" para se tornarem aceitáveis. Uma cultura que confunde enrijecimento com beleza os compele a ter o ventre enrijecido. Esta é, por certo, uma forma perigosa de viver, se a pessoa deseja viver plenamente.

Quanto mais ele e ela acreditam *ser* o corpo, mais rijo ficará o abdômen em certas ocasiões. Há inúmeras maneiras de "deixar sair", alcançando a enormidade do ser, mas quando há retenção no abdômen, o coração não fica tão disponível.

Já de longa data Ondrea e eu realizamos essa prática. E até hoje, por vezes, observamos que o ventre precisa ser lembrado que ele instintivamente se retesou diante daquilo que desejamos que permaneça inconsciente. Assim, você inspira pelo abdômen. E expira através do coração. E o ventre amolece e você acha lugar em seu corpo para a cura, para ser, para a libertação. Quanto mais macio o abdômen, maior a capacidade de permanecer presente e desperto durante o profundo sonho dos estados mentais carregados. O ventre macio estimula a investigação dos padrões corporais que acompanham tais estados. Permite que se busque, sem que se fique atraído por familiares e sedutores padrões de pensamento. Impossível exagerar a importância de tornar macio o ventre.

Alguns anos atrás, Ondrea e eu nos entreolhamos e dissemos: "Sabe, acho que chegou a hora de parar de nos submetermos a testes. Já conseguimos o emprego!". Vivemos nos submetendo a constantes testes por parte das pessoas de quem desejamos amor. Nossos pais, nossos filhos, nossos amantes, nossos colegas de trabalho, nossos companheiros. O ventre endurecido equivale a viver sendo sempre testado, sempre assumindo uma pose, colocando-se de forma a ter controle. Mas, aí está. Você já conquistou o emprego. Você já conseguiu a encarnação. Agora, aperfeiçoe o ventre macio para criar espaço em sua vida, para sua vida.

Meditação dirigida do ventre macio

(Para ser lida lentamente para um amigo ou, em silêncio, para si mesmo.)

Concentre-se em seu corpo.
Permita que a percepção chegue ao nível da sensação no corpo.
Experimente as sensações de estar em um corpo.
Sinta o apoio do traseiro na cadeira ou onde estiver sentada. A força da gravidade.
Sinta o movimento em seu peito, a respiração.
Sinta o pescoço, o peso da cabeça.
Sinta esse corpo que você ocupa.
Aos poucos, dirija sua atenção para o ventre.
E comece a relaxá-lo. Abra espaço no ventre para a respiração.
Ao inspirar, o ventre aumenta.
Ao expirar, o ventre diminui.
Relaxe para receber a respiração lá embaixo, no ventre.
Permita que a respiração se faça por si mesma no ventre macio.
A cada inspiração, amolecendo, abrindo, soltando.
Ao inspirar, o ventre aumenta, enchendo-se com suavidade.
Ao expirar, o ventre se recolhe, libertando tudo que estava contido.
Expandir e contrair o ventre.

Ventre macio.

A respiração se faz por si mesma, delicadamente.

Deixe o caminho livre para o ventre. Em vários níveis de suavidade.

Tanto pesar retido no ventre, tanto medo e encouraçamento.

Deixe tudo isso flutuar no ventre macio.

Não o endureça para o sofrimento. Deixe-o apenas estar em compaixão, no ventre macio.

Observe como até mesmo um único pensamento tensiona o ventre, endurece-o para a separação, para o pesar, convertendo-o numa couraça.

Abra-se a cada inspiração, relaxando o ventre.

Abra-se a cada expiração, fazendo espaço.

Com cada expiração, ponha para fora a dor. Deixe-a sair.

Ventre macio. Ventre com compaixão.

Vários níveis de relaxamento.

Vários níveis de abandono.

Há bastante espaço para a libertação. Bastante espaço para viver com o ventre macio.

Sinta a compaixão por si mesmo. Relaxe a cada onda de respiração.

Amoleça o ventre para revelar o coração.

Deixe sair do ventre o antigo represamento que bloqueia o coração.

A cada expiração deixe sair a dor. Expulse com a respiração a dureza, o encouraçamento. Crie espaço para sua vida no ventre macio.

Expectativa, julgamento, dúvida. Velhos pesares agrupam-se no ventre. O amolecimento permite-lhes que se dispersem, se dissolvam no ventre macio. Dores, medos, dúvidas se diluem, se diluem na suavidade, no amplo espaço do ventre misericordioso.

Deixe tudo flutuar no ventre macio. Tenha compaixão. Vários níveis de relaxamento encontrando-se neste momento.

Vários níveis de ser no ventre macio.

Inspirando, expirando com o ventre macio.

Ainda que surja certa dureza no meio da crescente maciez, limite-se a observar como ela flutua através do ventre. Deixe a dureza flutuar na maciez. Não há nada a mudar, não há pressões no ventre macio. Deixe a pressão flutuar na maciez. Na compaixão e percepção do ventre macio há lugar até para a dor.

Deixe-se atravessar pelo som destas palavras. Não se atenha a nada. Acredite no processo.

Tudo aquilo que surgir deve poder atravessar o ventre macio, agora volumoso.

E permita que seus olhos se abram devagar.

E, à medida que eles se abrem, observe em que ponto o ventre endurece novamente. Em que ponto o "outro alguém" reafirma-se e você sente a necessidade de proteção. Em que ponto a couraça restabelece sua antiga presença?

Solte-se com os olhos bem abertos para o mundo.

Solte-se para a dor que todos compartilhamos e para o legado da cura exposto na maciez intensificada.

Meditação do ventre macio voltada para a respiração

(Para ser lida lentamente para um amigo ou, em silêncio, para si mesmo.)

Quando o ventre estiver macio e aberto para a percepção, será possível notar a respiração interior. Esse contato com a respiração é o próximo passo. Abrimo-nos para a consciência total.

Permita que sua atenção se concentre no seu corpo.
Deixe-a atingir o nível da sensação no corpo.
Sem pensar na sensação, mas sentindo no mesmo instante os múltiplos movimentos de mudanças de sensação que ocorrem no corpo.
Sinta a força da gravidade. As mãos quando elas tocam. Os pés, quando fazem contato com o chão. As sensações de estar em um corpo.
A percepção e a sensação encontrando-se a cada momento.
As oscilações da sensação. As pulsações vibratórias, o formigamento, as sensações de pressão, de peso ou leveza, de frio ou calor. As sensações de viver em um corpo.
Observe as sensações no peito produzidas pelo processo de respirar. Os músculos se expandindo e contraindo.
Observe como a respiração cria sensações em várias partes do corpo.

Sinta a respiração à medida que o ar penetra nas narinas. Examine qualquer sensação perceptível na garganta à medida que o fluxo de ar a percorre.

Sinta os músculos do peito expandindo-se e contraindo-se em cada respiração. Observe como os amplos músculos planos das costas se esticam e soltam com cada inspiração e cada expiração.

Perceba a respiração no corpo.

Observe as sensações no abdômen, como ele se enche e esvazia a cada respiração.

Tenha consciência da respiração no corpo todo.

Deixe a percepção encaminhar-se totalmente para o ventre.

Receba as sensações que acompanham cada onda de respiração à medida que o ventre se enche a cada inspiração. Observe a alteração no fluxo de sensações à medida que o ventre naturalmente se esvazia em cada expiração.

Ventre subindo. Ventre descendo.

Inspirando, expirando no ventre macio. No ventre volumoso.

Deixe o ventre amolecer para que possa receber toda a respiração.

Quando inspirar, observe a inspiração. Observe o ponto no qual a respiração que entra é libertada e exalada. Fique ciente de que você está expirando.

Preste atenção cuidadosa à respiração do ventre.

Sem pensar na respiração, procure vivenciá-la no mesmo instante como uma sensação flutuando no ventre macio. Num ventre cheio de compaixão.

Ventre volumoso.

Observe bem o começo, o meio e o fim de cada inspiração.

Observe o espaço entre elas.

Identifique o começo, o meio e o fim de cada inspiração. E o espaço entre elas.

Identifique o exato primeiro momento em que se inicia a respiração quando ela começa a se dirigir para o ventre espaçoso. Há um fluxo de sensações em constante transformação, acompanhando cada onda de respiração.

Ventre macio.

Ventre receptivo.

Observe a respiração se fazendo por si mesma a cada novo momento.

As sensações fluindo com suavidade.

Inspirando.

Expirando.

Muito simples.

A percepção e a sensação encontrando-se a cada novo momento. Mudando continuamente com cada nova onda de respiração.

Sem esforço algum.

Se a mente vagar, traga-a de volta suavemente para as sensações que acompanham a respiração no ventre.

Sem controlar a respiração, limite-se a recebê-la com clara percepção focalizando o ventre. Se outras sensações por uma fração de segundo predominarem — a força da gravidade no corpo, um mal-estar passageiro —, observe essas sensações flutuando e retorne a percepção diretamente para as sensações da respiração fazendo-se por si mesma no ventre macio.

A sensação surgindo e se dissolvendo a cada novo momento no fluxo de respiração recebido no ventre.

Pensamentos surgem sem que tenham sido convidados. Observe-os à medida que chegam. Observe-os à medida que se vão. Não há nada a que se apegar. Os pensamentos flutuam como bolhas através da mente, surgindo e se dissolvendo. Volte vagarosamente às sensações que acompanham cada inspiração, cada expiração.

Mantenha a autoconsciência na respiração do ventre macio.

Concentre a percepção para receber mais e mais das sutis sensações que oscilam em cada dilatação, em cada achatamento do ventre.

Observe as sensações no ventre macio que acompanham cada inspiração, cada expiração. Delicadamente. As sensações de cada novo momento. A respiração de cada novo momento. Pense, sinta, flutue no ventre macio junto com cada respiração.

No ventre macio há lugar para tudo isso.

Espaço para renascer. Espaço para se curar.

E a respiração se faz por si mesma na amplidão.

Inspirando o sopro divino

O conceito do Espírito Santo baseia-se na idéia do sopro divino (tradução do original grego). É a respiração que estabelece a conexão entre o corpo externo e denso com o corpo interno e leve (ver a meditação da Morte). Um objeto que arranha os nervos do corpo denso é recebido pelo corpo da percepção, o corpo leve interior, como sensação. A respiração permite que o corpo da percepção permaneça em nosso corpo de nascimento. Ele mantém e sustenta seu perfeito embalar interior. Quando a respiração pára, a conexão se rompe e o corpo leve flutua livre, à medida que o corpo denso se contrai na gravidade. A respiração é tão sagrada quanto a vida.

Em geral confia-se tão pouco na vida e no momento seguinte que a respiração de certa maneira fica contida. O medo tende sutilmente a moldar a respiração. Ele retém aqui, empurra ali. Limitamos a profunda entrada da respiração, mantendo-a bem próxima da mente. É raro uma "respiração natural".

Uma amiga, que vem fazendo meditação há algum tempo, deparou-se em sua prática com um período de dificuldades que aparentemente se intensificava, à medida que ela insistia inutilmente em livrar-se delas. Ela logo percebeu que sua resistência a esses estados mentais inconfortáveis e aflitivos encorajava-os a permanecer. Apego negativo. Assim, segundo ela mesma conta, ela caminhou durante algumas horas, "apenas para 'respirar naturalmente'". Por certo tempo ela caminhou atentamente para cá e para lá em seu quarto até que sua mente submergisse no coração. E, indo além até de sua autoconsciência, na realidade indo mesmo além de sua mente, o coração despertou na respiração que ocorria espontaneamente através do corpo. Sua mente aquietou-se e as dores nas pernas e no peito diminuíram. Foi um momento de intenso restabelecimento: por um instante, o interno e o externo se uniram em equilíbrio, conectados por inteiro, sem que nenhum "intermediário mental" acreditasse que a respiração ou o corpo fossem separados do sagrado.

Quando a respiração ocorre sem uma ajuda consciência, ou engano, fica totalmente desimpedida a conexão entre o corpo externo e a percepção interna, entre a mente e o coração. Os fluxos naturais da respiração flutuam na vastidão sagrada. Aquele que respira morre na respiração. Não mais existe sequer a idéia de respiração, somente o fluxo do ser que se desdobra. Apenas respirar; respirar por si mesmo. Todos os nomes desaparecem em um único verbo: ser — eterna similitude absoluta.*

E embora o ser seja ele mesmo auto-existente, nossas experiências desta espacialidade dependem de diversas qualidades mentais que estão em constante fluir. Sintonizados com a respiração, penetramos no corpo da percepção dentro de nossa carne e ossos.

Um único sopro divino limpa o corpo e a mente de suas fixações momentâneas.

Inspirar o sopro divino equivale a permitir que a similitude do ser (podemos chamá-la de Deus, mas sem deixar jamais de analisar) entre de forma espontânea e sem palavras na consciência.

No grande suspiro de "deixar sair", o ventre se abre e inspiramos o sopro divino.

---

* O autor utiliza inúmeros termos formados com o sufixo -ness que corresponde a "qualidade", "condição de"; na maioria desses casos não existe tradução exata para o português. Assim, *suchness* foi traduzido por *similitude absoluta* (qualidade de ser semelhante). (N. do T.)

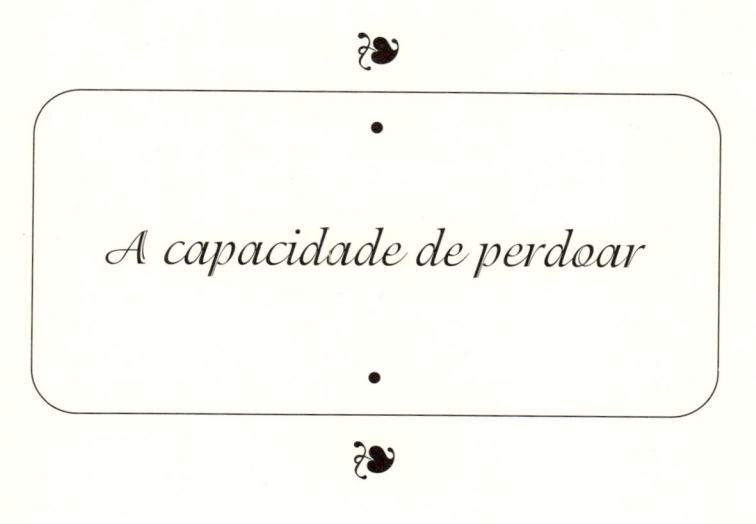

A capacidade de perdoar

O princípio do caminho da libertação é pôr fim à vida não vivida. É terminar os negócios não terminados. Finalizar negócios não equivale à apuração de um resultado final e sim a pôr fim a relacionamentos entendidos como negócios. Não significa esperar a aceitação ou o perdão dos outros. Trata-se de aceitá-los e a nós mesmos, tal como somos — ainda que este "tal como somos" inclua o fato de eles não nos aceitarem. Quando tocamos o outro com o perdão verdadeiro, não esperamos mais nada em troca. Nosso negócio está feito. Ingressando em nossas vidas como absolutos principiantes, inspiramos cada onda de respiração como se fosse a primeira; observando cada pensamento como se ele fosse o último. Tornando-se completamente vivo.

Um dos primeiros passos no caminho da libertação é a intensificação da capacidade de perdoar. Trata-se de adentrar o mundo dos trabalhos mais profundos da amorosidade. A capacidade de perdoar suaviza o caminho e facilita a continuação do progresso. É um "deixar sair" o ressentimento doloroso que brotou naturalmente entre os diferentes sistemas de desejos. É a profunda resolução de conflitos entre indivíduos, bem como entre aspectos opostos de nós mesmos.

O negócio com o outro terminou, da mesma forma que se completou em nosso interior. Trata-se de encontro entre o que não se acha curado, com a cura cheia de compaixão, uma intensa capacidade de perdoar e de "deixar sair" no âmago da questão. É como completar o que um músico à beira da morte chamaria de "sinfonia inacabada". Os sonhos e os anseios logo abaixo da superfície de nossa *persona* mundana. O que não se completou, que não se preencheu, a sempre ressentida herança de uma vida só parcialmente vivida.

Abordando velhos apegos e assuntos há longo tempo sem solução — sentimentos de ser traído pelo corpo, por amigos, pelo mundo — sentimos dificuldade em apenas "deixar sair". Tão contraída tornou-se a resistência e o apego em torno do não-resolvido e não-abordado, que é agora necessário grande esforço para devolver tudo isso à sua espontaneidade natural. Mas a capacidade de perdoar permite que o ainda-apegado se solte e escape com leveza.

Em teoria, seria ideal "deixar sair" apenas os estados carregados tais como o ressentimento, o medo ou a culpa. Mas na prática descobrimos que o movimento inercial considerável de nossa identificação com tais sentimentos criou raízes profundas que não são extirpadas com tanta facilidade. Antes de nos acharmos totalmente aptos a "estar apenas atentos" a tais sentimentos, a deixá-los flutuar livremente em estado de compaixão sem a mínima tendência a se apegar ou condenar, será de grande utilidade examinar a prática da capacidade de perdoar. Ela exemplifica o potencial de "deixar sair" — é uma aceitação cabal que oferece *compaixão* ao julgamento rigoroso por vezes bastante cruel feito pela mente. É como uma cura inesperada.

A capacidade de perdoar permite-nos deixar sair parte de nossos pesares — as cortinas do ressentimento e do medo filtram tudo menos o que na mente é superficial e irrecuperável. A capacidade de perdoar diminui o apego e permite que a mente agitada mergulhe um pouco mais no coração curador.

O desenvolvimento da capacidade de perdoar acena com a possibilidade de libertar os antigos aprisionamentos da mente crítica. A capacidade de perdoar permite que a raiva flutue em percepção misericordiosa. Tal como o ventre macio, ela abre lugar para nossas vidas. É a expressão natural do coração desobstruído. Ela resolve a separação e permite à mente ir além dela mesma. Tal como a amorosidade, é como aprimorar na mente a mesma disponibilidade de espaço que há no coração. Praticada diariamente, a capacidade de perdoar abre a mente para a compaixão natural do coração.

Ao se iniciar a prática da meditação da Capacidade de Perdoar, é necessário que de início se verifique que o sentimento de culpa surge sem ser convidado. É importante utilizar a capacidade de perdoar não como meio de neutralizar o sentimento de culpa, ou mesmo de manobrar a contento a incapacidade de perdoar de outra pessoa, mas sim como meio de eliminar os obstáculos. De início, ao contemplar determinada situação, você pode ter uma forte sensação de não ter feito nada de errado: "então, por que pedir ou enviar o perdão?". Mas as emoções não são assim tão racionais. Na realidade, é irracional esperar que as emoções sejam racionais; elas têm vida própria. Pedimos perdão e oferecemos perdão não só por conta de injúrias ou injustiças, feitas ou recebidas, mas por nosso próprio bem-estar. Não mais podemos carregar o peso de nossas mágoas e sentimentos de culpa, por tanto tempo suportados.

Mas, no princípio, é de importância fundamental investigar aquilo que a capacidade de perdoar é capaz de restabelecer. Não se deve tentar *submergir* a raiva ou o medo por meio de uma técnica de capacidade de perdoar. Forçar a capacidade de perdoar, tentar tocar com capacidade de perdoar aquilo de que mal podemos nos aproximar com plena consciência, não melhora nossos esforços. A técnica da capacidade de perdoar é bastante potente quando usada no devido tempo. Em primeiro lugar, precisamos estar atentos e investigar a origem da nossa raiva, nossa desconfiança, nosso apego, antes que a força enorme da capacidade de perdoar atinja as profundezas que é capaz de atingir. Não se deve utilizar a capacidade de perdoar *em lugar* da tarefa de investigar aquilo que comprime o coração, mas sim como instrumento adicional, aliado nesta cura.

Se a princípio a capacidade de perdoar lhe causar estranheza, por favor, lembre-se de que ela não significa fechar os olhos a um ato que causou prejuízos, mas se condoer do agente da ação com *compaixão* e amorosidade. É impossível tolerar o assassinato, porém, com o tempo, podemos nos tornar capazes de olhar o assassino com certa compreensão, diminuindo nosso próprio medo e abrindo um pouco mais nossas vidas. A capacidade de perdoar beneficia a própria pessoa e não só o outro. Ela toca, em nós mesmos, com uma nova *compaixão* e compreensão, aqueles mesmos níveis espirituais que censuramos no outro. Certas características que perdoamos nos outros são as mesmas pelas quais vivemos a nos censurar. A capacidade de perdoar regenera nossos corações.

Embora nos leve a abrir nosso coração ao outro, ela é primordialmente uma forma de autocura. Na realidade, a capacidade de perdoar pode ser sentida ou até identificada a milhares de quilômetros de distância, mas este não é o objetivo principal desta meditação. De fato, esperar tal identificação é exemplo de como perpetuamos questões não-resolvidas. Esperar algo é alimentar sensação de "coisas inacabadas". A capacidade de perdoar completa as questões não-resolvidas, liberando a armadura que separa nosso coração de um outro coração. Como disse um mestre: "Enquanto existirem dois, haverá questões mal resolvidas. Quando os dois se tornarem um, o coração murmura para si mesmo em todas as direções".

Trabalhando com cada uma dessas meditações, nossa inata sabedoria identifica outros níveis ainda mais profundos de cura, em cuja direção elas podem ser orientadas. Elas nos auxiliam a usar nosso grande poder de curar e nossa nostalgia de Deus para nos guiar. Embora a capacidade de perdoar seja bastante poderosa na forma que vem sendo mais praticada, descobrimos através das meditações outro aspecto de sua capacidade de cura: quando pacientes com quem vínhamos trabalhando começaram a focalizar a capacidade de perdoar diretamente no centro de seus males, eles sentiram um profundo relaxamento seguido de grande abertura. Muitos doentes se sentem traídos pelo corpo. Por isso, tratam de bani-lo do coração. Exilam suas doenças. E então, tocando com a capacidade de perdoar aquilo que tantas vezes abandonaram com raiva e ressentimento, eles permitiram que o delicado milagre da capacidade de perdoar permeasse seu corpo e mente. Fizeram da prática algo seu, e começaram a enviar a capacidade de perdoar para seus tumores, doenças degenerativas do coração, ou Aids, e encontraram paz onde anteriormente só havia lutas. Sem confiar no passado, eles penetraram profundamente naquilo que era necessário penetrar e *como* era necessário fazê-lo. O oceano de percepções apagou suas pegadas, e sob seus pés só restou o solo. E naquele mesmo instante tudo o que se buscava foi encontrado.

Consideramos resolvidas nossas questões, quando podemos receber um antigo objeto de ressentimento, com *compaixão* e ventre macio. Enquanto aguardarmos algo em troca, ainda que apenas aceitação ou compreensão, a questão permanecerá insolúvel. Mas quando não quisermos mais nada em troca e aceitarmos as pessoas — nós mesmos, inclusive — como elas são, ainda que não nos aceitem, então nada mais separa nossa mente de nosso coração, ou do de qualquer outra pessoa.

Desenvolver a capacidade de perdoar abranda os apegos da mente e rompe as amarras do corpo. Ela personifica a cura.

Nos estágios mais profundos da capacidade de perdoar, descobre-se que na realidade não existe o "outro" a quem dirigir a capacidade de perdoar, mas apenas um sentimento compartilhado de ser. Vivenciamos então a única mente, o único coração, no qual todos flutuamos.

Muitos anos atrás, durante um período difícil de minha vida, sentado sozinho à beira de uma lagoa numa floresta de sequóias e praticando a meditação da capacidade de perdoar, então, desaparecia o praticante, e tudo se convertia na capacidade de perdoar: as árvores eram capacidade de perdoar, as rochas, a lagoa, a salamandra se arrastando sobre meu tênis. O mundo se transformava num imenso amor de plena aceitação. E uma voz em minha mente murmurava que eu estava perdoado por tudo aquilo que fizera. E minha mente respondia: "Sim, mas... isto não é possível. Aconteceu tanta coisa". E o coração retrucava: "Você está completamente perdoado, está tudo terminado. Se você quiser retomar o assunto, vai depender de você, mas será tudo seu a partir de agora". Como era difícil aceitar, permitir que tamanha bondade penetrasse em meu coração — mas como era libertador!

A beleza da meditação Capacidade de Perdoar é que ela jamais pode ser feita de forma errada. Seja paciente com esse processo. De início, escolha alguém que não lhe tenha feito sofrer muito. Sem valentias! Se a capacidade de perdoar não fluir imediatamente, por certo aquilo que a bloqueia logo se tornará mais evidente. Identificar os bloqueios do coração, reconhecê-los e abrir-se a eles, é o restabelecimento que se faz necessário. À medida que se prossegue com a prática da capacidade de perdoar, uma nova confiança renasce. Cada vez mais sentimos a força de tudo aquilo contra o que nos defendemos, por causa do medo e da sensação de não estarmos inteiros interiormente. A capacidade de perdoar é uma prática que por vezes nos faz acreditar que "nada é bom demais para ser verdade!". A capacidade de perdoar é um presente do coração para a mente.

Meditação dirigida à capacidade de perdoar

(Para ser lida lentamente para um amigo ou, em silêncio, para si mesmo.)

Para começar, reflita por alguns momentos acerca da expressão "capacidade de perdoar". O que vem a ser capacidade de perdoar? O que poderia significar trazer a capacidade de perdoar para nossa vida, para nossa mente?

Devagar, comece a trazer à mente a imagem de alguém contra quem você guarda algum ressentimento. Lentamente, deixe emergir um quadro, sentimento ou uma percepção de tudo isso; permita que tudo se reúna em sua mente.

Em seguida, convide essa imagem a entrar em seu coração, apenas nesse instante.

Observe qualquer medo ou raiva que venham a surgir, impedindo ou limitando a entrada dessa pessoa e, com delicadeza, amoleça tudo o que diz respeito a tais obstáculos. Não force nada; trata-se de uma mera experiência acerca da verdade, no qual convidamos a pessoa em questão a entrar.

Silenciosamente, em seu coração, diga a essa pessoa: "Eu o perdôo".

Abra-se para a sensação da presença dela e diga: "Eu o perdôo por quaisquer males que porventura me tenha causado no passado, intencio-

nalmente ou não, por meio de suas palavras, pensamentos, ou ações. Por maior que tenha sido o mal que me tenha causado no passado, eu o perdôo".

Sinta por um momento o espaço do coração que sempre contém a possibilidade de perdoar.

Deixe cair aqueles muros, aquelas cortinas de ressentimento, de maneira que seu coração possa ficar livre, de maneira que sua vida possa se tornar mais leve.

"Eu o perdôo, não importa o que você tenha feito para me causar dor, intencionalmente ou não, através de suas ações, através de suas palavras, através até de seus pensamentos, não importa o que tenha feito, não importa o que tenha deixado de fazer. Por mais que a dor tenha vindo através de você, eu o perdôo. Eu o perdôo."

É doloroso pôr alguém para fora de seu coração. Deixe sair essas dores. Permita que elas sejam tocadas nesse momento ao menos pela possibilidade do perdão.

"Eu o perdôo. Eu o perdôo."

Deixe ao menos que a pessoa permaneça ali na placidez, no calor e na benevolência do seu coração. Permita que seja perdoado. Deixe a distância entre vocês dissolver-se em compaixão.

Permita que seja assim.

Agora que problemas mal resolvidos se dissolveram no perdão, deixe aquele ser prosseguir seu caminho. Não o retenha nem expulse do seu coração, mas deixe-o prosseguir seu próprio caminho, tocado por uma bênção e pela possibilidade de seu perdão.

Dando-se o tempo que for necessário, permita que a pessoa se vá, e observe quaisquer sentimentos que apareçam no momento em que ela partir.

Agora, devagar, traga para a mente a imagem, a impressão de alguém que tem certo ressentimento contra você, alguém cujo coração esteja fechado para você.

Convide-o, só por um momento, para que entre em seu coração. Observe quaisquer impedimentos à sua entrada e suavize-se acerca dessa rigidez. Deixe flutuar.

Com compaixão, convide-o e diga: "Eu peço seu perdão".

"Eu peço seu perdão."

"Peço que me deixe entrar novamente em seu coração. Que me perdoe não importa que tipo de dor eu possa ter lhe causado no passado, intencionalmente ou não, através de minhas palavras, minhas ações, até mesmo através de meus pensamentos."

"Por mais que eu tenha lhe machucado ou ofendido, por maior que tenha sido a perturbação, por maior que tenha sido a dor causada pelo medo que teve de mim, eu lhe peço perdão."

Deixe-se tocar pelo perdão que vem dele. Deixe-se perdoar. Deixe-se entrar novamente no coração dele.

Tenha compaixão por você. Tenha compaixão por ele. Permita que ele o perdoe.

Sinta-se tocado pelo perdão dele. Receba esse perdão. Jogue-o em seu coração.

"Eu lhe peço perdão por maior que seja a dor que eu tenha lhe causado no passado — com minha raiva, minha cobiça, através de meu medo, minha ignorância, meu esquecimento, minha cegueira, minhas dúvidas, minha confusão. Por maior que tenha sido a dor que eu lhe tenha causado, peço que me deixe entrar novamente em seu coração. Eu lhe peço perdão."

Deixe-se ficar. Permita-se ser perdoado.

Se a mente tenta bloquear a capacidade de perdoar com acusações impiedosas, recriminações, julgamentos, observe a natureza desse cruel estado de espírito. Veja como somos impiedosos conosco mesmos. E deixe esse apego cruel derreter ao calor e paciência da capacidade de perdoar.

Permita que seja assim.

Sinta o perdão agora, à medida que ele o toca.

Se a mente quer regredir, julgando que merece sofrer, observe esta mente impiedosa. Deixe-a mergulhar no coração. Permita-se ser tocado pela possibilidade da capacidade de perdoar.

Receba a capacidade de perdoar.

Deixe-se ficar.

Com delicadeza, dê adeus àquela pessoa e com uma bênção deixe-a prosseguir seu próprio caminho tendo, ainda que por um milésimo de segundo, compartilhado com ela do único coração que se encontra além da confusão das almas aparentemente separadas.

Agora, delicadamente, dirija-se a você mesmo em seu coração e diga: "Eu o perdôo".

É doloroso expulsarmos a nós próprios de nossos corações.

Diga: "Eu o perdôo" para você mesmo.

Gritando para você mesmo em seu coração, usando seu primeiro nome, diga: "Eu o perdôo".

Se a mente intervir com pensamentos severos, argumentando que perdoar-se é puro comodismo ou, se ela a censurar ou perseguir, limite-se apenas a sentir tal estupidez até que ela apare suas arestas. Apenas observe a mente cruel e permita que ela seja tocada pelo perdão.

Deixe-se novamente entrar em seu próprio coração. Deixe-se perdoar por você mesmo.

Deixe o mundo voltar para seu coração. Deixe-se perdoar.

Deixe a capacidade de perdoar preencher todo o seu corpo.

Sinta o calor e o cuidado que desejam seu próprio bem-estar. Veja-se como se fosse seu filho único; deixe-se envolver por essa compaixão e bondade. Permita-se ser amado. Veja sua capacidade de perdoar aguardando que você volte definitivamente ao próprio coração.

Somos cruéis conosco mesmos. E quão pouca compaixão sentimos. Solte-se.

Permita-se abraçar a você mesmo com perdão.

Deixe-se amar.

Deixe que você mesmo seja o amor.

E comece a compartilhar esse milagre do perdão, da compaixão e da percepção. Permita que esse milagre se estenda a todos os que o rodeiam.

Permita que todos eles sejam tocados pelo poder de perdoar, todos esses seres que passaram pela mesma dor, que tenham também com idêntica freqüência se colocado, bem como a outros, para fora de seus corações, que com freqüência tenham se sentido isolados, perdidos.

Encoraje-os com sua capacidade de perdoar, com sua compaixão e amorosidade, que eles possam ser curados tanto quanto você deseja sê-lo.

Sinta o coração do qual todos compartilhamos, preenchido com capacidade de perdoar, de forma que todos nos tornemos um único ser.

Deixe a compaixão continuar a se irradiar para fora até que ela englobe todo o mundo. Deixe todo o planeta flutuar em seu coração tal qual uma bolha; o mundo inteiro a borbulhar no oceano da compaixão infinita.

Que todos os seres sensíveis se libertem do sofrimento, da raiva, da confusão, do medo, das dúvidas.

Possam todos os seres conhecer a alegria de sua verdadeira natureza.

Possam todos os seres ficar livres do sofrimento.

O mundo inteiro a flutuar no coração. Todos os seres com os corações abertos, as mentes claras. Todos os seres em paz.

Que possamos curar o mundo, tocando-o mais e mais com nossa capacidade de perdoar. Que possamos curar nossos corações e os corações daqueles que amamos nos fundindo em perdão, nos fundindo na paz.

De quem é a vida, afinal?

À medida que abrimos o coração, nossa sabedoria tradicional nos relembra que devemos manter o equilíbrio, que devemos investigar a fonte. "De quem é o amor, afinal?"

Inclinando-se como um Mestre Zen, a sabedoria tradicional indaga: Quem é você?

Quando você responde: "Eu sou", a que isto se refere?

Qual é sua verdadeira natureza?

Tudo o que já experimentamos na vida mudou. A cada pensamento, emoção, sensação, relação amorosa, dúvida, discussão, cada respiração teve começo, meio e fim. O corpo muda. A mente muda. Tudo tem sido apenas uma breve e momentânea experiência exceto uma: — o "Ah" de ser. Este é o sentido de presença que supomos ser a razão de nossa existência.

Examine sua própria experiência. Examine-a por inteiro. Será que o "Ah" tem começo e fim? Ou terá ele um interminável sentido de similitude absoluta, imortalidade ou eternidade?

Desde que percebemos que percebemos, passamos a ouvir um zumbido subjacente de existência. É indescritível, mas pode ser facilmente experimentado.

Será que o "ah" nasce? Será que ele morre? Ou será ele o oceano onde nascem essas ondas e no qual todas elas se depositam?

A sensação latente desta presença, esse "ah", é a única experiência inalterável de toda uma vida. Constitui o espaço no qual flutua a transformação.

Quando investigamos o significado do "Eu sou", buscamos o "Eu" e discernimos um constante vir-a-ser, incessante apego a alguém ou a alguma coisa, a ser. Medo, velhice e morte. Tempo. No "Eu" nada permanece real por muito tempo. Mas ao penetrarmos na qualidade do "sou", existe o puro existir, o apenas ser. Não *ser isto* ou *ser aquilo*. Não ganhar ou perder. Nem triunfos nem desesperos. A qualidade do "sou" é uma constante similitude absoluta. Ou, como às vezes é chamada, a "Essência Absoluta"* — a imortalidade, a essência do ser que não tem nascimento ou morte. Até mesmo chamá-la de "ah" implica tender para a guerra santa. O impulso de dar nome ao inominável representa nosso vício mental, pelo mental; é o aspecto do frágil "Eu" que anseia por controle.

O "Eu" de cada um é diferente. A qualidade de "sou" é a mesma. Existem bilhões de *indivíduos* e dezenas de "Eus" em cada *indivíduo*. Mas a qualidade "sou" é única. Na realidade, a experiência da qualidade "sou" tem sido a mesma para todos os que já viveram. Apenas "ah".

Acreditamos que vamos morrer porque fomos convencidos de que nascemos. Não aceite nada de segunda mão. Investigue por sua própria conta este "ah" essencial de ser. Será que ele morre? Terá sido ele gerado com o nascimento do corpo? Ou terá sido o corpo gerado a partir dele?

Acreditamos depender do corpo para nossa existência — mas é exatamente o oposto. Para existir, o corpo depende de nós, da plenitude de ser, nossa verdadeira natureza. E quando a centelha de luz o abandona, o corpo transforma-se em lixo e um problema de remoção.

Trata-se de uma reciclagem divina, na qual o recipiente é descartável mas os conteúdos são retornáveis.

Onde estava nosso "ah" antes de nascermos? O que habita esse oscilante campo de sensações a que damos o nome de "nosso corpo"? Qual é nosso Corpo Verdadeiro, nosso corpo inato? Nosso corpo imortal?

O corpo que nasceu está para o Corpo Verdadeiro assim como o pensamento está para a mente. O Corpo Verdadeiro não é corpo em hipótese alguma. Ele é o corpo da percepção.

Ele ilumina a consciência e reside em tudo aquilo de que temos consciência.

Ele produz o "ah" do ser. É a única força inabalável de uma vida. Na realidade, é a força a partir da qual foi criada esta vida fugaz.

Trata-se de algo tão imenso que nem o céu nem a religião podem transformar em algo pequeno.

Thus-ness. (N. do T.)

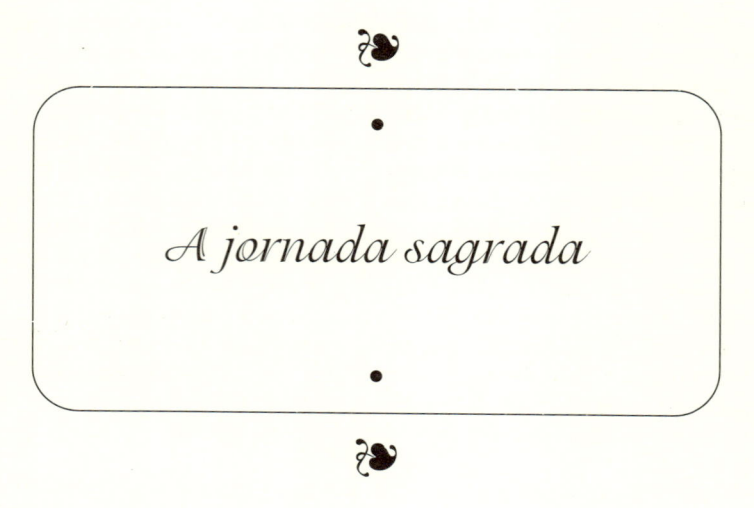

A jornada sagrada

Cada um de nós nasceu para percorrer uma jornada sagrada. É a Grande Cura.

Somos pesquisadores do sagrado que não conhecemos, da verdade que resta quando toda nossa desesperada tentativa de agarrar a verdade se aquieta.

Estamos numa peregrinação sagrada que investiga nossos limites e os ultrapassa. Investiga o processo e o espaço no qual o processo está flutuando. Estamos mapeando as fronteiras imprecisas que separam o conhecido do desconhecido. E avançamos, tal como o fizeram Buda ou Madame Curie, superando o medo que se encontra nos portões, até atingirmos o espaço que transcende nosso conhecimento. Passo a passo, avançamos rumo ao território desconhecido, onde tem lugar o pleno crescimento. Aproximamo-nos da verdade e da cura que surgem do coração, quando avançamos para além da mente.

Fizemos nascer este pequeno corpo cintilante e trêmulo para descobrir o corpo no corpo, a partícula brilhante em torno da qual a pérola se formou.

Aproximando-nos desta essência, penetramos na respiração dentro da respiração, aquilo a que Kabir se referiu quando falou de Deus.

E descobrimos que nossa verdadeira natureza não é nem mesmo a centelha que ilumina nosso corpo com consciência, mas sim o fogo do qual se originou a centelha. O "ah" sem forma de ser não é diferente da pura percepção.

Nascemos para analisar nosso pequeno corpo e para descobrirmos nosso verdadeiro corpo. Nascemos para analisar nossa pequena mente, para descobrir nossa verdadeira mente. Nascemos para analisar nosso pequeno coração, para descobrir nosso verdadeiro coração. Nosso verdadeiro coração, nossa verdadeira mente, eis nosso Corpo Verdadeiro.

Uma investigação sagrada nos aguarda. É uma jornada do aqui para o agora! E ela aguarda num "apenas isto", neste mesmo instante, neste milissegundo do ser. Significa descobrir o que existe no nosso interior. Mas no interior do quê? Não se trata de se tornar Buda ou Jesus, trata-se de vir a ser a luz a que cada um se referiu ao dizer "Eu".

Usando o nome de Deus

Sinto-me bastante à vontade ao usar a palavra Deus, pois, embora não tendo a mínima idéia do que ela queira dizer, não vejo lugar algum em que ela esteja ausente. E não posso negar que a palavra faz meu coração cantar de alegria.

Buda sabia da ilusão do "Eu" superficial e da veracidade da plenitude do ser, e, não obstante, continuou a usar a palavra "Eu" por conveniência. Da mesma forma, embora admitindo não existir conceito grande o bastante para conter nossa verdadeira natureza, uso a palavra "Deus" por conveniência para significar a alegria que a verdade emite. E se você seguir o "Eu" ou "Deus" até sua fonte original, a descoberta final será idêntica.

Não entendo Deus como um paternalismo subornável que está no céu, mas como o espaço no qual flutuam estes pensamentos. É a energia que permite estes pensamentos. A energia que move os pensamentos através da mente é exatamente a mesma que faz as estrelas se moverem no céu. Sinto na alegria de Deus mais gratidão do que em qualquer sensação de posse ou atenção especial que me possa ser dispensada pelo "patrão".

Utilizo com freqüência a palavra "Deus" para exprimir o inexprimível. Para muitos, o uso dessa palavra tornou-se abusivo e carregado de velhos pensamentos. É fácil substituí-la pelas palavras "natureza original" ou apenas "natureza". Para alguns, "Tao" ou até mesmo "processo" representa o mistério e a vastidão.

Em "Deus" encontra-se igualmente nossa alegria de ser, nossa "bondade natural" e a canção celestial de nossa imensa natureza. É um termo de inexcedível prazer. Já no "Eu" acha-se o aprisionado e o perdido, a autoimagem, o separado e dolorido. a luta, a confusão. Nenhum dos termos é "verdadeiro". "Eu" não é a verdade; "Deus" não é a verdade. A verdade é a verdade. Entre nela por inteiro. Vá à essência de cada um.

O caminho da prática

No início da prática espiritual, embora tivesse lido algo acerca do budismo, o Bhagavad-Gita era meu companheiro diário, e muitas de minhas meditações bastante informais eram práticas do coração dentro da tradição hindu.

Logo descobri mestres ou, melhor dizendo, eles me descobriram, e, por alguns anos, prossegui com essas práticas.

Foi um período muito proveitoso e começou a alargar minha visão interior. E ainda que esse alargamento fosse curador, algo em meu coração pedia um comprometimento ainda mais profundo. E, uma vez mais, a prática me encontrou.

Foi através de um velho amigo e poeta; ele voltara, após ter passado três anos como monge budista na Tailândia, e trazia consigo os ensinamentos de Mahasi Sayadaw acerca da prática Vipassana, ou autoconsciência. Logo senti que essa maneira mais formal de praticar poderia ser necessária se pretendesse que minha mente mergulhasse finalmente em meu coração. Embora admitindo que antigas tendências poderiam recorrer a quaisquer técnicas como mecanismo de controle e de postura — atrás das quais esconderia minha confusão e sofrimento — senti que a autoconsciência podia ser melhor aplicada a partir do coração do que, mais superficialmente, a partir da mente assustada e fragmentada.

Quando comecei a prática da autoconsciência, era como se eu estivesse sendo obrigado a pensar mais. Mas a autoconsciência é um meio de focalizar o momento que, sob uma nova luz, revela as maquinações da mente desconhecida. Para minha grande tristeza, eu descobria agora quanto minha mente estava mecanicamente engajada em pensar, e o medo pôsse a gritar, afirmando que a meditação talvez me enlouquecesse. Surgiu então o seguinte pensamento: "Bem, considerando o número de bobagens e criancices que você fez no passado, como os carrões envenenados, as brigas de bar, as drogas, e os problemas sexuais de sempre, que novo mal poderá provocar essa meditação?!". Fiz então um pacto comigo mesmo. Dei à prática três meses. Imaginei que se ela causasse dificuldades eu até lá já saberia. Porém, seis semanas foram o suficiente, e o contrato original que me dizia para continuar o experimento sem julgamentos havia desaparecido. A prática se estabelecera, ensinando-me apenas a observar com o coração a mente sempre-em-movimento.

É claro que minha primeira dúvida era qual posição adotar para sentar-me, durante longos períodos de meditação. Fotografias de iogues com as pernas em torno do pescoço desencorajavam-me. Mas a prática, propriamente dita, reconhecia que a função de "cada um encontrar sua própria posição" tinha, como único objetivo, manter o corpo imóvel, sem que ele exigisse uma atenção adicional. Considerando que todas as posições tendem a surgir do lugar onde nos colocamos, escolhi o modo mais simples e fácil de sentar-me — num banco de meditação.

Quando comecei a meditar usando esse banco de ajoelhar, descobri que era a posição melhor e mais fácil de ser mantida durante uma prática prolongada. Por muitos anos essa posição correspondeu perfeitamente às minhas necessidades. Mas, com o passar do tempo, meus joelhos começaram a enfraquecer e por fim descobri que a prática de me sentar com os joelhos dobrados sob mim no chão estava causando tensões nas articulações e tornando a posição extremamente desconfortável. Quando permanecia sentado por longos períodos, a dor nos joelhos se tornava tão intensa e a dificuldade em ficar de pé depois era tão pronunciada que decidi mudar de posição.

Há dois tipos de dor que surgem com a meditação. Uma delas que desaparece logo depois que ficamos de pé. Origina-se no profundo alívio e no relaxamento que por vezes podem ser bastante intensos, mas que se desvanecem quando termina a meditação concentrada. O outro tipo é a dor que costuma ocorrer quando o corpo fica tencionado por longos períodos de prática. Por ficar sentado durante toda a manhã, meus joelhos passaram a incomodar-me pelo resto do dia. Comecei então a experimentar um *zafu*, uma almofada Zen de meditação, que requeria que as pernas fossem dobradas na frente do corpo e não embaixo dele.

Funcionou bem durante alguns anos, e eu me senti bastante cômodo na chamada "postura Burmese", em que as pernas não são puxadas contra si mesmas, mas permanecem confortavelmente dobradas na frente da pessoa, no chão.

Porém, com o correr do tempo, começaram a reaparecer com intensidade meus problemas de coluna que me haviam acometido na juventude, e em função dos quais me submetera a uma cirurgia aos dezenove anos. Sentar, qualquer que fosse o intervalo de tempo, transformou-se numa meditação acerca da dor. Meditações úteis, por certo, mas bastante fatigantes.

Durante aquele período minha prática tornou-se irregular. Focalizei mais a dor daqueles com os quais havíamos tido contato quase que diário em nosso trabalho com pacientes terminais, e menos a dos que tinham apenas certo tipo de meta a atingir. Era mais uma meditação acerca da compaixão do mundo da dor do que uma prática de autoconsciência tradicional. A autoconsciência, entretanto, tem vida própria e uma vez estabelecida tende a continuar, não importa quais outras práticas — ou dificuldades — sejam acrescentadas à nossa vida espiritual. Assim, esse aprofundamento do coração também adicionava luminosidade.

Dessa forma, depois de mais de vinte anos de prática, tive de abandonar o zafu e sentar-me numa cadeira.

Observando a mente adolescente, assustado por deixar sair a imagem que tinha de mim mesmo como um "iogue em um zafu", senti-me um tolo sentado numa cadeira. Por vezes eu ria alto ao ver como a mente vacilava após deixar seu território seguro. "Como poderei praticar o não-apego se não posso me sentar da maneira a que estou habituado?!" Aparentemente, a meditação tornara-se bastante segura. Era agora mais um solo firme do que um território a ser explorado além de suas fronteiras. A mudança de posição revelara algumas atitudes sutis acumuladas em meu interior. Era tempo de morrer. De ir além de qualquer idéia de refúgio como "budista" e entrar no espaço não-fragmentado do coração. Abandonar o vir-a-ser e simplesmente ser.

Num lugar silencioso, quando o coração se volta para a verdade, nós *somos* o Buda. Somos a linhagem da auto-investigação e da cura.

Minha nova posição na cadeira, sentando-me com ambas as mãos dobradas no colo e os pés firmes no chão, respirando suavemente, observando tão intensamente quanto o momento permitia, tornou-se bastante satisfatória, aliás, bastante funcional. E, de vez que ela expandia a meditação mais e mais em minha vida diária, ela me produzia também inúmeros *insights*. Tão natural tornou-se para mim a nova posição que eu não mais podia me sentar numa cadeira sem lembrar-me da respiração e do espaço onde tudo flutuava.

À proporção que a meditação tornava-se aos poucos mais integrada com o coração, outro nível de prática evoluía. Minha vida tornou-se cada vez mais minha prática.

Transcorridos mais um ou dois anos sentando na cadeira, a condição degenerativa de minha coluna tornou-me impossível sentar-me, ainda que por cinco minutos, sem um constante reajustamento do corpo.

À medida que as condições do corpo se alteravam, embora a prática seja sempre a de encontrar a mente numa percepção compaixão, a *forma de praticar* evoluiu. Não mais sentando numa cadeira, continuei a meditar deitado de lado na cama.

Foi nesse ponto, alguns anos atrás, que comecei a aperfeiçoar-me e a aplicar com regularidade as meditações de cura que vínhamos utilizando com nossos amigos e pacientes. Diariamente eu enviava uma *prece* curativa e voltava a consciência completamente para a área do mal-estar. E meu corpo respondia, restabelecendo-se.

Agora posso mais uma vez sentar-me por longos períodos numa cadeira. E até mesmo numa almofada, por algum tempo. Mas não abandonei tudo aquilo que aprendi e continuo a meditar de lado na cama também. Observo se desperto com a inspiração ou a expiração e prossigo com mais intensidade de modo que a cada dia comece em plena consciência. E não estou nunca "esperando para meditar".

O que começou tão grande e com tanta expectativa — analisar a natureza do universo — tornou-se tão pequeno que apenas se ajusta ao "só até este ponto".

Escolhendo um mestre

É mais fácil ser santo do que tornar-se um ser humano completo. Isto significa que nada pode ser suprimido ou que não se escapa de nada. Representa absorver aquilo a que Zorba deu o nome de "catástrofe total".

Certa ocasião, psicólogos de Harvard foram à Índia munidos de testes psicológicos, com os quais pretendiam avaliar as psiques de diversos adeptos espiritualmente desenvolvidos. Eles logo descobriram que bem poucos mereciam "ser registrados". Seus problemas malresolvidos haviam sido "recobertos" por poderosas técnicas e por um poder de concentração há séculos acumulado. Eles haviam dominado a técnica de sua linhagem, mas não eram aquilo que se pode chamar de "seres humanos totais". Eram homens habilidosos em suas especialidades, mas com profundos problemas não resolvidos e não integrados acerca de sua infância, intimidade, controle, poder, sexualidade e medo. Eles não possuíam a expressão plena e fácil do coração aberto e da mente clara.

Krishnamurti dizia: "Os santos não eram seres humanos totais. Muitos eram bem neuróticos, e seu desenvolvimento, unilateral. Ensine aos jovens a arte de escutar e aprender, e a arte da observação. Se conseguir fazer isto, você terá ensinado tudo a eles".

Fui convidado a participar de um painel de debates durante três dias, sobre a psicologia da espiritualidade, com alguns dos mesmos psicólogos de Harvard e o Dalai Lama; lembro-me de ter sido repetidamente tocado pela afirmação dele: "Minha religião é a bondade". De fato, dizia ele, "Pode-se viver sem religião e sem meditar, mas não se pode sobreviver sem a afeição humana".

Em função da tendência que tem a mente humana de projetar a perfeição nos outros, da mesma forma que projeta a imperfeição em nós mesmos, sugerimos que ao escolher um mestre você conserve a profunda compreensão de que é o *ensinamento* e não o *mestre* que deve ser venerado. Para percorrer o caminho o coração é convocado, e é necessário saber que à medida que amadurecemos em espírito e "obtemos o ensinamento" há ocasiões em que é adequado abandonar o mestre, como fez Buda, e prosseguir até o próximo ensinamento. Mas alguns mestres, sutilmente empenhados na conquista de discípulos e em "manter sua platéia", recorrem a fantásticos contos das escrituras que falam de autoprivação agonizante e a termos carregados como *sangha* ou *satsang*. O Dalai Lama alertou: "Cuidado com tais mestres!".

De vez em quando, você ouvirá um mestre que seletivamente cita Buda, dizendo que "90% da prática é *sangha*" (a companhia de companheiros de viagem ao longo do caminho). Na verdade, existe grande valor, por vezes, numa "ação conjunta" com outros que estão também lutando para atingir sua meta. Mas 90%?!? Não acredito que seja assim. Todo nosso trabalho é feito "a sós", no coração. Talvez o desejo de um mestre em sobressair e nossa vontade de constituir uma família perfeita nos atraiam, ainda que sutilmente, a essa particular afirmação. É um bom conselho, mas algo exagerado.

Quando escolhemos com sabedoria um ensinamento, o mestre é respeitado, e não devemos refletir nele nosso ódio contra nós mesmos e nossa insegurança. Alexandra David-Neal viajou pelo Tibete no princípio deste século e viu que os mestres eram escolhidos por sua sabedoria e não por sua personalidade ou dotes sociais. Sempre gostei de suas afirmações, segundo as quais, se determinado mestre estivesse embriagado 40% do tempo, os discípulos encaravam aquilo como o problema do mestre, e praticavam com ele os outros 60%. Eles escolhiam a ensinança com sabedoria, e o mestre, com boa dose de prudente discriminação.

Meus mestres foram parte indispensável de meu crescimento, mas alguns, pelo menos uma vez, deram-me conselhos que não se ajustavam ao caminho de meu coração. Seus olhos, quase sempre muito claros, mostravam-se ocasionalmente cobertos de sombras, em virtude de suas inclinações fundamentalistas, medo de relacionamentos, rivalidades espiritualistas e necessidades pessoais. A cada um demonstrei profundo reconhecimento e, tal como o "God's Fool" (o bobo de Deus),* continuei o caminho com grande empenho.

---

*God's Fool, expressão usada por Mary Roberts Rinehart (1876-1958) em *Love Stories*. (N. do T.)

Ao escolher um mestre, lembre-se do trabalho árduo a ser feito e vá em frente. Na tradição budista do Sul, na qual exercitei-me durante vários anos, não se usa a palavra "guru", e sim um termo que equivale a "amigo espiritual". Um amigo espiritual, tal como um bom terapeuta, "conforta aquele que está perturbado e perturba aquele que está confortável", mas não fica nisso. Eles já percorreram o caminho que você tem pela frente, e apontam as armadilhas e os cenários inebriantes existentes ao longo da jornada. Eles modelam o contínuo processo, sugestionam o coração e tentam libertá-lo da mente. Mas se você projeta a perfeição na maioria dos mestres, irá se desapontar. Muitos deles, embora capazes de lhe oferecer "ensinamentos perfeitos" no momento, talvez não sejam seres humanos perfeitos. Recorrer às suas palavras pode ajudar seu crescimento espiritual, mas, ao negar algum sentimento que surge em seu íntimo, afirmando que eles ainda têm muito a percorrer, você estará se afastando da "sua ainda imatura voz interior". Acredite em sua intuição em relação àquele mestre. Você provavelmente está certo. Todos nós atuamos em nossos limites. Tome aquilo que nutre seu coração e deixe de lado o resto.

Quando você começa a tratar a si mesmo como seu filho único, quando sente compaixão por sua insensatez, quando vê em sua vida a oportunidade para crescimento, quando pensa mais em termos de "iluminado" do que de esclarecido, quando não se sente obrigado a se deter em lugar algum, sua jornada será clara e poderá levá-lo ainda para mais além daquilo que mencionei.

Já perto da morte, Buda ensinou: "Seja uma lâmpada dentro de você mesmo".

Você é o caminho.

Analisando a mente

Observamos a mente para saber quem *não somos*. Os pensamentos passam, os sentimentos passam, as recordações passam; a mente cresce e se dissolve a cada momento, inclinando-se desta e daquela maneira. Surgem imagens. Aromas esquecidos. Resíduos de emoções.

Nossa experiência é uma mudança constante — momento de cheirar, transformando-se em momento de saborear, dissolvendo-se em momentos de recordar, dissolvendo em julgamento, admiração, pensamento, desejo, sensação.

Ao analisar a mente, comece por seus conteúdos: os objetos da percepção que são observados — *o que* estamos cheirando, *o que* estamos falando, *o que* estamos ouvindo, *do que* estamos nos lembrando. Estamos investigando aquilo que chamamos "nós mesmos" — nossos pensamentos, sensações, desejos, medos. Investigamos "nossa mente".

Então, assim que nos familiarizamos com essas imagens mentais sempre em transformação, já capazes de abordar até o mais resistente de nossos apegos, algum pequeno fragmento de equilíbrio começa a descobrir a qualidade da própria mudança. Observando como terminam os pensamentos, como até a mais "pessoal" das imagens e sensações surge quase que mecanicamente e sem ser convidada, começamos a analisar "a mente". Vivenciamos por inteiro o constante evoluir de conteúdos, à medida que ela cria o processo. E penetramos no próprio fluxo da consciência. O processo torna-se o foco.

Quando o processo é explorado, descobrimos que a raiva não é o estado único da mente, mas seu múltiplo desdobramento: momento de frustração, momento de querer, momento de orgulho, momento de medo, momento de preocupação, momento de dúvida, momento de desconfiança, momento de agressão. E descobrimos também que todos os estados mentais têm a mesma complexidade.

E descobrimos que objeto após objeto vai ficando iluminado pela luz da percepção, da consciência criativa.

E finalmente exploramos o espaço em que tudo isso se passa, e a própria percepção se torna o objeto da percepção. E assim exploramos a Grande Mente.

Ao analisar a mente, o que vemos é o espetáculo passageiro do condicionamento. Tudo o que vemos é a mente antiga. O observado é o observador. E percebemos a vida de forma totalmente nova e diferente. Sem necessidade de fugir nem de ansiar por mais. Simplesmente vendo penetrar instantaneamente em nossas vidas uma alegria além de nossa imaginação.

Existe toda uma dinâmica inesperada em tudo isso. Quanto mais deixamos isso prosseguir, mais profunda se torna a experiência da realidade subjacente, a gigantesca plenitude do ser na qual nossos pequeninos pensamentos flutuam.

Esta matriz oca considera-se
sólida e muito ruidosa —
e ama pouco a si mesma —
flutuando na claridade.

Adentrando em nossa vida

Adentrar por inteiro em nossa vida equivale a ir tateando até descobrir o caminho que nos leva ao âmago deste exato momento. Parafraseando o quinto patriarca Zen, a experiência do que chamamos "nossa vida" é como um relâmpago numa nuvem de verão. Em geral, distingue-se a faísca à distância, e ficamos agradecidos por qualquer que seja a claridade. Restabelecendo-nos em busca da claridade, percebemos como é insatisfatório viver "de longe", ter nossa viva similitude absoluta colocada à distância por antigas formas de percepção da mente. Poucas vezes vemos de que forma estamos vendo.

Mas, por fim, a dor de viver a vida como "homem médio", colocado entre a mente assustada e cheia de atitudes e o coração paciente e aberto representa dualismo maior do que pode suportar até mesmo a mente com sua habitual tendência esquizofrênica de alternativamente amar e odiar. Padecemos para sermos um todo.

Então, a profunda percepção do coração aproxima-se atravessando a névoa e a fumaça de nosso condicionamento que torna a luz difusa. Por fim, penetramos na luz propriamente dita, e a ultrapassamos, atingindo até a própria energia da qual nasce a luz.

Em geral refletimos *o* momento, bem mais do que meditamos *acerca* dele. A mente salta de objeto a objeto. A percepção raramente tem lugar. Raramente sabemos o que estamos pensando quando estamos pensando.

Ao contrário, nos perdemos em pensamentos, confundindo as bolhas com a água do banho.

A mente antiga assume uma atitude assustada, escondendo-se bem atrás das trincheiras e buscando segurança em seu uniforme, em sua história enganosa. Interpreta o momento sem, no entanto, penetrar nele. Censura as notícias acerca dos campos de matança, assim como os maravilhosos cenários de céu.

Para penetrar por inteiro no momento, é necessário ultrapassar quaisquer limites que se anteponham à percepção completa. Para penetrar por inteiro é preciso analisar as coisas que tentam limitar nossa exploração. No primeiro estágio, ao se penetrar por inteiro, muitas vezes deparamos com a resistência a tal abordagem. O medo distorce o momento e duvida de tudo, menos de seu sofrimento.

Para penetrar por inteiro, é necessário penetrar de início naquilo que impede a entrada. No início, penetramos por inteiro na resistência, que se manifesta pelo nosso profundo desejo de permanecer adormecidos e indiferentes.

Quando nos abrimos à nossa tendência de nos fecharmos, tudo se transforma em agradável passatempo. Só então podemos começar a analisar o corpo, a receber por inteiro a sensação, e encontrar a sensação a cada momento no âmago da percepção. Enxergar que até "o corpo" é só outro pensamento na mente, e que a experiência completa do corpo não é constituída de conceitos ou pensamentos, de "braços" ou "pernas" ou "cabeça", mas de um campo vibrando de sensações.

Gradativamente, penetrando por inteiro em "meu corpo", ultrapassamos a separação e atingimos "o corpo", eliminando o desamparo e o isolamento. Entramos no corpo compartilhado por todos.

Quando penetramos diretamente nas sensações que compõem o "corpo vibrante", adquirimos a noção do amplo espaço no qual tais sensações nascem, pulsam e morrem. Observamos o corpo inteiro, a mente toda, pensamento e sensação, nascendo e morrendo a cada novo momento no Corpo Verdadeiro, o corpo da percepção.

Ao vivenciar por completo a natureza do corpo oscilante, nos sentimos encorajados a mergulhar mais profundamente, e a pesquisar os domínios ainda não explorados da mente. Um Fernão de Magalhães numa almofada de meditação. Não mais nos baseando nos relatos de outros, mas investigando diretamente.

No princípio, intimidados pelos bosques agrestes da mente, começamos lentamente a investigar o grande manto esverdeado. Em seguida, focalizando, investigamos cada folha e camada de mato. Examine os escuros sulcos nos cascos das árvores e as delicadas estruturas abaixo dela. Penetre por inteiro na vegetação rasteira da mente; certifique-se de que não são só as enormes árvores da floresta da consciência que representam problemas, mas também os jardins suspensos, as clareiras desaparecidas, os tocos de árvores com raízes profundas, que ainda representam obstáculo na escuridão. O que nos atrapalha não é o grito agudo de nossa dor, mas os sutis murmúrios do medo que mantêm o sofrimento. Sentados em silêncio nesses bosques profundos, observamos como o desejo engana nossa percepção clara. Compreendemos quanto a possibilidade de liberdade nos assusta. Nossa grandeza latente nos apavora. Tememos que a liberdade esteja além de nosso controle. Apavora-nos a hipótese de nos desligarmos de nossos laços familiares e das nossas justificativas. Evitamos nos assustar, permanecendo pequenos e medrosos.

Quando identificamos a resistência nesses lamentos e movimentos sutis, cortamos de vez as densidades da mente antiga e penetramos por completo no medo que é a base de nossa resistência. Penetramos a cada momento nas sutilezas de nosso terror e de nossa ânsia de segurança. Observamos célula a célula o apego que transforma a dor em sofrimento. E nos deixamos conduzir até o centro do universo.

E, por fim, observamos o "observador". Penetramos por inteiro na percepção, incondicionalmente, investigando sem fazer escolhas para descobrir como investigamos pouco até agora.

Para os antigos hebreus, mal se podia aproximar-se de Deus. Podia-se estar na presença, mas não fundir-se e "ser um só com Deus". Para encontrar Deus e compartilhar, é necessário refletir acerca da natureza e da natureza da natureza. Mas para *ser* Deus é preciso entrar diretamente na essência na qual flutua até mesmo aquele que se encontra em busca de Deus. Então, não "conhecemos" a verdade, nós somos a verdade.

A idéia de "Corpo Verdadeiro" é tão irreal quanto qualquer outro pensamento que cruza nossa mente, flutuando. Ou talvez eu devesse dizer que é tão real quanto qualquer pensamento, mas não *mais real*! Mas o próprio Corpo Verdadeiro não é um conceito. Ele não pode ser conhecido pela mente que desconhece; nem pela imaginação, ou pelo sonho inconsciente. Pensar sobre o Corpo Verdadeiro é mero pensar; é tentativa de possessividade confusa e separadora. Uma sombra num sonho. Mas penetrar por completo em nossa vigorosa natureza, nossa "verdadeira" natureza, equivale a estar liberto das cadeias de nossa identidade enganosa. É saber que aquilo que realmente somos não pode ser expresso em palavras. Nossa verdadeira natureza não é pequena o bastante para caber nos limites da mente. E o espaço, o enorme espaço do ser — como poderia a pequenina mente, tal qual uma bolha sobre uma onda gigantesca, descrever o oceano no qual flutua? Mas quando a bolha arrebenta (com amor e sabedoria) ela passa a ser o oceano.

Investigando o momento com consciência

A autoconsciência é a qualidade da percepção com a qual nos relacionamos com os conteúdos da mente, assim como o amor-total é a qualidade de compaixão e amorosidade com a qual nós respondemos às necessidades do mundo. Quando a autoconsciência é bem desenvolvida, a mente e o coração são um só.

Entrar por inteiro no momento, de forma que a vida não seja vivenciada como uma mera reflexão tardia ou recordação parcial do instante anterior, equivale a aprofundar a presença. A presença é a qualidade de não estar sempre defasado na vida.

Um despertar gradual foi escrito para elucidar o assunto sobre a prática da autoconsciência. Ela oferece de modo mais abrangente os meios pelos quais este exato instante pode ser totalmente apreciado. Ela investiga caminhos pelos quais pensar pode ser entendido como o pensamento, como a dor pode ser vista como sensações individuais, e sentimentos podem ser reconhecidos como múltiplos estados mentais em transformação. A autoconsciência é um meio de romper a aparente solidez do sonho inconsciente, e despertar completamente para o momento que é a vida.

Ao verificar que grande parte do que distorce a vida transformando-a em sonho é nossa íntima identificação com o pensar e o sentir (e a reflexão posterior do *self* que faz com que tudo pareça muito real), focalizamos a respiração para trazer a atenção para o presente no nível da sensação que flui. As sensações não são pensamentos; elas são características de ser em um corpo em constante transformação, são sentidas fisicamente, e não podem ser descritas em palavras. São o perfeito pano de fundo contra o qual se pode divisar até o mais sutil dos movimentos que ocorrem na mente.

Sintonizar-se no nível de sensação, em contato com a respiração, não quer dizer perder-se em pensamentos ou em reações emocionais. Se formos capazes de responder por inteiro, de ver o pensamento como uma bolha que atravessa a mente flutuando, de ver os sentimentos como nuvens num amplo céu de verão, construímos uma forma de apreciar o momento. Aqui, nada é abstração e tudo se converte em grãos que irão movimentar o moinho do despertar.

Pode-se observar a respiração tanto nas narinas quanto no abdômen. A meditação do Ventre Macio Voltada para a Respiração explora a respiração no abdômen. Concentrei minha atenção no abdômen por cinco anos antes de passar conscientemente para as narinas. Cada qual tem suas vantagens. Nenhuma das duas é superior. Em cada uma delas, tudo precisa ser feito. O importante ao escolhermos entre o abdômen e as narinas é não vacilar para frente e para trás durante a meditação. Escolhe-se uma delas e nela se permanece durante cinco anos, atento até às sugestões da mente infatigável que tenta nos obrigar a olhar para outro lugar. Não há nenhum outro lugar para onde ir. Todo o trabalho que precisa ser feito é feito pela própria percepção, não pelo objeto da percepção.

Deixe a atenção tornar-se presente no abdômen ou nas narinas, sentindo assim de forma singular a passagem de cada onda de respiração. Observe as múltiplas sensações que formam cada inspiração. Note o espaço existente entre cada uma e como a natureza odeia o vácuo: os pensamentos logo acorrem, surgem imagens. Note o movimento completo da expiração. Seu começo, meio e fim. Toda a onda de respiração em total percepção. De início, poucos são capazes de se concentrar em pelo menos meia dúzia de ondas de respiração consecutivas, pois à medida que os pensamentos se insinuam e as imagens se superpõem na tela da consciência, a mente tende a vagar e a segui-los rumo ao sonho. Mas quando a pessoa desperta para a vida não existem abstrações. Cada momento é visto de forma única, exatamente como ele é, apresentando-se totalmente numa percepção clara e absoluta. A percepção não segue para a frente, nem recua diante de nada. Não se apega e nem condena. Até o julgamento é encarado como mais um tique nervoso da persona, há tanto tempo condicionada, carregando sua antiga síndrome "fuja ou luta", sua eterna e fatigante mania de gostar ou desgostar de tudo aquilo que surge na tela.

Estar atento equivale a tomar conhecimento do que acontece, enquanto acontece. A autoconsciência não tenta controlar o clima da mente, sempre variando; ao contrário, limpa as janelas de nossa visão, permitindo-nos verificar se o dia é bom para uma cavalgada no campo ou se o aproveitaríamos melhor permanecendo em casa (no coração) a unir pontas ainda soltas.

Ao nos tornarmos conscientes de nossa respiração, penetramos em nossa existência no nível da sensação, observando por inteiro tudo aquilo que existe além da sensação — o menor dos pensamentos é percebido em sua origem, o estado mental mais denso é encontrado em sua frágil infância. Tudo é identificável quando observamos sem atribuir culpas, "o que é" unicamente como "o que é". Notando que numa quietude em desenvolvimento existem profundas tendências para controlar e julgar, a pessoa observa sem comentários o espetáculo que se desenrola. À medida que a percepção investiga as atividades mais notáveis da mente/corpo, ela vai aos poucos refinando-se, sendo então capaz de escutar os mais suaves murmúrios do pensamento, do sentimento, da sensação, e de descobrir a respiração no interior da respiração, o pensamento no interior do pensamento, o sentimento no interior do sentimento. A percepção rompe a ilusão de que há alguém pensando e observando nosso "estado absoluto de ser" e a reconhece como apenas outra bolha a flutuar ao vento.

Com delicadeza ela faz, repetidas vezes, a atenção errante retornar à respiração, tomando conhecimento e observando tudo aquilo que está acontecendo. E não se deixa surpreender pelos temores e dúvidas sutis que assomam no decorrer do processo. Desenvolve a coragem, paciência, concentração, autoconsciência, receptividade e clareza. Assim como a atenção precisa ser trazida de volta para amaciar o ventre dúzias de vezes por hora, da mesma forma a percepção, repetidas vezes, retorna dos pensamentos fugazes que por uma fração de segundo se interpõem entre a percepção e a respiração (sentimentos que surgem, recordações por associação, fantasias de futuro) às sensações da respiração que vêm e que vão.

Como auxílio para nos manter presentes, empregamos um modo delicado de conhecer, de *perceber* "aquilo que é" de fato. Quando surgir um pensamento, observe, em silêncio, com o coração o "pensamento"; quando for o medo, o "medo". E verifique que cada momento plenamente aceito tal como ele é, quase não provoca nossa curiosidade nem nosso sofrimento. Identificar um momento de julgamento pouco tem que sirva para instigar novos julgamentos. Observar o julgamento permite que ele permaneça sem ser julgado, e chegue a ser "apreciado" por sua capacidade de fracionar a mente.

Para manter-se ligado aos conteúdos variáveis do momento, muitos costumam usar esta técnica para reconhecer os conteúdos da mente como silenciosos murmúrios no coração, examinando o "julgamento" no exato instante em que a censura cruza nossa mente, ou a "dúvida", quando a desconfiança passa por nossa mente, ou a "raiva", quando o queixo ficou endurecido como couro cru e os dentes se apertaram, ou o tipo das constantes mudanças do estado de medo, quando ele ocasionalmente se insinua. Quando enxergamos essas características tal como elas realmente são, então o "medo" não amedronta, o "julgamento" não julga, a "alegria" não nos deixa ansiando tristemente por mais. Cada qual é "o que é", e tudo passa a ser manejável.

Mas aqui, novamente, é necessário observar as antigas tendências da mente. O objetivo da técnica não é o de se fixar na respiração, mas o de usar a respiração como meio de se voltar para o presente. A prática estabelece um relacionamento direto com a respiração. Se se pretende que a mente descubra o movimento inercial do medo ou da dúvida, prosseguindo por si mesma, a partir de si mesma, não se deveria lutar contra a respiração, mas permitir que a percepção entre totalmente no desdobramento de cada instante deste estado. É o procedimento idêntico àquele em que se tentou delicadamente permanecer durante as mudanças instantâneas que ocorrem na inspiração e na expiração, criando assim a percepção inquestionável. Por meio da autoconsciência da alegria não se chega mais rapidamente ao céu do que com a autoconsciência da raiva. Nenhum objeto da autoconsciência é preferível a qualquer outro, ou oferece mais liberdade. O céu é pequeno para o Corpo Verdadeiro, para nossa verdadeira natureza; na realidade, o reino do céu acha-se no interior da nossa natureza. Apegando-nos a qualquer momento passado, trocamos a verdade viva por algum sonho inconsciente cujo texto já foi determinado.

Observando estados mentais como o tédio ou a raiva, pode-se despertar enormemente. Na realidade, para muitos, só num estágio já bastante avançado de autoconsciência, o agradável pode ser observado com tanta acuidade quanto o desagradável. Em função da natureza sedutora que nos conduz à identificação, pode demorar um pouco o tornar-se capaz de permanecer momento a momento com a mesma receptividade de coração e mente equilibrada no evoluir de entusiasmo. Ficamos absorvidos no prazer.

Tudo aquilo que surge na autoconsciência acaba tornando-se um espelho perfeito para que possamos superar nossa antiga dependência dos conteúdos da mente e para que voltemos a receber a percepção refletida por cada objeto; e para que nos tornemos cônscios da própria percepção de maneira que a identificação não aprisione qualquer objeto na mente, nem o êxtase, nem o pesar. Nossa verdadeira natureza é revelada quando não mais tomamos erradamente os objetos da percepção pela percepção propriamente dita — tal como o sol, percebendo sua própria luminosidade, ao vê-la refletida pela lua.

Para alguns, a mente antiga pode se queixar de que uma autoconsciência pode suprimir a espontaneidade do espetáculo que se desenrola. Mas grande parte do que chamamos de espontaneidade não passa na realidade de espasmo compulsivo. Quando nos achamos totalmente presentes, surgem alternativas não visualizadas que amplificam o raio de ação em vez de estreitá-lo. Não se trata de hipnose, mas de uma "desipnose", como disse um amigo muito tempo atrás. Embora possa soar como se alguém fosse "aplainar" a experiência, na verdade a pessoa abre-se para níveis ainda mais sutis de existência, descobrindo que aquilo que sempre vivenciamos como a qualidade de "estar vivo" do pensamento não passa na realidade de cintilação da percepção que o recebe.

O inconsciente torna-se consciente porque não censura nada, nem a menor das manifestações dos materiais suprimidos. E nada limita o ilimitado. Não há palavras capazes de descrever a incrível alegria, liberdade e paz que experimenta a mente libertada. É sinônimo de coração aberto. Nada obstruído, ninguém sofrendo.

Ao longo da jornada vários participantes nos têm afirmado que repetir: "Observe a respiração, amacie o ventre, abra o coração" tornou-se um chamado de despertar para a autoconsciência e a compaixão, e que os tem feito ultrapassar a mente/corpo do sofrimento até atingir a intensa paz de sua cura.

Focalizar a respiração pode ser difícil no princípio. No passado cultivamos pouco a concentração e a autoconsciência. De início pode ser difícil permanecer até com uma só inspiração sem ficar perdido nos devaneios da mente planejadora, crítica e cheia de desejos. Mas, aos poucos, com paciência, este foco igualmente se desenvolve. E com ele uma vontade de receber o momento tal como ele é. Qual é a pressa?! Uma vez que se tenha colocado o pé no caminho da cura, a vida adquire outro significado, e o tempo não mais é nosso inimigo. Cada passo se torna cada passo, a cura dentro da libertação, a possibilidade de liberdade. E a vida torna-se excitante. A percepção a cada momento, encorajada e focalizada, permite à pessoa encontrar o prazer e a cor na mente/corpo e participar por inteiro no que existe sem acrescentar temores ou projeções. É olhar para si mesmo diretamente nos olhos, encontrando-se como se cada vez fosse a primeira vez. Equivale a entrar no fluxo da mudança constante: as pulsações, o tremular, o calor, o frio, a dureza, a maciez, são agora vivenciados como corpo. É um investigar das próprias sensações à medida que elas são geradas no ponto da investigação. É um testar da verdadeira base da experiência que chamamos de vida, exame da própria percepção e dos filtros através dos quais é canalizado tudo o que é sentido. Significa abordar a vida de forma original, sem modelos ou prejulgamentos. Entrar no momento com percepção misericordiosa e sem escolhas, com a receptividade aberta que não procura nada a não ser vivenciar a vida tal como ela é.

Significa abordar o momento no nível zero do "não sei". É o despojar-se das atitudes preconcebidas e das lentes coloridas, através das quais e por tanto tempo temos visto, ou visto com enorme dificuldade. Enxergar e examinar o enxergar. Sentir e examinar o sentir. Observar e examinar o observador. É o mesmo que penetrar por completo em nossa vida. Implica examinar incondicionalmente o condicionado. Indica que, ao buscar a amplidão sagrada, observamos a mente para descobrir quem não somos.

Quando vemos as coisas tal como elas são, diminuem as antigas identificações controladoras da mente. Cada vez mais, os objetos da consciência conseguem flutuar em clara percepção. Cada vez menos, os objetos da consciência são tomados por tudo aquilo que realmente somos. Pouco a pouco, a própria percepção pode ser vivenciada diretamente, enxergando o exato processo do qual deriva a consciência. Penetrando até a última raiz da consciência, encontramos de forma totalmente nova nossa natureza primordial.

Quando percebemos a dificuldade que é "apenas observar a respiração", entendemos a natureza daquilo que muitos chamam de "mente simiesca". A mente — qual macaco que salta de árvore em árvore, agarrando-se de galho em galho — move-se ao longo da floresta da mente em seu contínuo movimento de atingir o objeto seguinte, do qual logo em seguida saltará. E a extrema beleza do cenário formado pelas copas das árvores da floresta constitui-se num mero borrão indistinto e desconhecido.

Se a percepção é com freqüência estimulada a voltar com delicadeza ao instante, ela olha bem em frente e tudo passa a ser visto como se surgindo e partindo. A contínua impermanência de tudo aquilo em que estamos nos apoiando há tanto tempo é identificada em seus mínimos detalhes. Sem a menor necessidade de mudar nosso modo de ser, a percepção muda tudo por si mesma, e outro caminho surge para encontrar-se com cada novo passo.

À medida que a concentração se desenvolve, a percepção invade domínios de existência jamais percebidos. A jornada então não mais se parece com um lugar a que estamos nos dirigindo, e sim com uma apreciação de onde estamos. Tudo aquilo que procuramos encontra-se aqui, neste instante.

A mente antiga é mente simiesca. A mente antiga é pensamento. A mente antiga é reação compulsiva a estímulos desconhecidos. É o intruso, o mecânico, o instante entendido como sonho, como uma mancha de confusão e sofrimento. A mente nova é "apenas isto". Trata-se de um novo amor-total, no qual a mente não precisa ser diferente, porém o modo de se relacionar com ela é totalmente diferente. É a mente, toda mergulhada no coração. É vida renovada, vida como cura.

Já se disse que "se você pode ver 'apenas isto', você pode ver tudo". Se pudermos nos abrir por completo a este milissegundo, a este instante de existência, tudo nos será revelado. Se a vida é vivida unicamente como este instante, a vida será vivida em sua maior plenitude. Mas se "apenas isto" não for o bastante, a vida será insuficiente, e velhos sonhos ressurgirão.

Existem tantas formas de praticar a autoconsciência quanto as de tocar piano. À medida que se aprende, por exemplo, a tocar piano, pode-se viver na expectativa do "momento em que realmente saberei tocar" ou, então, sendo mais realista, pode-se apreciar a própria prática: a evolução diária na facilidade e na habilidade de se expressar. A alegria da música. Podemos martelar com impaciência as teclas, esperando que a música apareça, ou podemos, ao contrário, encantar-nos, experimentando a mesma nota repetidas vezes até "captar" a natureza do "piano". Alguns apreciam cada momento da prática, outros aguardam com ansiedade o momento de se tornarem virtuosos. E, é claro, não se trata aqui de pessoas diferentes e sim de aspectos diferentes de cada um de nós.

Assim também há inúmeras formas pelas quais a autoconsciência pode ser aplicada. Alguns atacam a mente de maneira impaciente, insistindo em que ela seja diferente do que realmente é. Outros, com profundo suspiro de reconhecimento, sorriem suavemente à alegria de cada instante de deixar fluir, de enxergar por inteiro. A tendência de atacar os objetos da mente e de tentar superá-los, de forçar a clareza, pode nos obrigar a focalizar a mente da maneira que um meditador de longa data chamou de "atenção não misericordiosa". A guerra contra a mente pode obrigar a pessoa a tornar-se impaciente e orientada em direção a certos objetivos, criando assim mais *self*, mais sofrimento. Contudo, acolhendo, mais do que atacando, os objetos percebidos, aos poucos nos movemos para adiante da mente, para adiante da morte, para adiante mesmo de "ser" até atingir os indescritíveis espaços da própria existência.

A tentativa de tentar fugir de nosso sofrimento, ao invés de enfrentar nossa dor, é observada na tendência de alguns meditadores em "agredir" os objetos da mente com intenção de fazê-los desaparecer. Este "endurecimento" da prática pode fazer com que a pessoa se sinta desconfortável com a vida, e pouco à vontade consigo mesmo. Suavizando-se com a prática, os objetos da mente passam a ser mais apreciados por seu vazio do que atacados por sua solidez. A percepção flutua, bem recebida. Nessa atitude de rumar com delicadeza em direção à mente, abordamos o processo de forma apreciativa, e estimulamos a compaixão necessária para abrir o caminho rumo ao coração. Quando a prática é tão leve quanto a respiração dentro da respiração, há um profundo elemento de compaixão que brilha dentro de uma receptividade absoluta. Ela não força a mudança mas permite que a mesma ocorra. Na realidade, ela observa a tendência de forçar as coisas com paciência, sem alarme ou condenação.

Como disse um mestre: "Não seja budista, seja Buda. Não seja cristão, seja Cristo. Não seja meditador, medite!". "Eu" é verbo, não substantivo. Existe bem mais a ser feito por nossa libertação do que somente a meditação. Como ensinou aquele mestre: "Não deixe a sua prática lá no local de meditação!". É uma oferenda ao sofrimento do mundo. É uma preparação interior para a Grande Cura, a libertação de todos os seres sensíveis "até a mais reles camada de mato".

Quando a autoconsciência tiver sido cultivada, uma percepção amorosa encontra-se com o mundo tal qual o peregrino de olhos bem abertos. Não censura ou não se surpreende com nada. Nada atrapalha sua percepção. Somente observa, não a partir de algum "centro", de algum "ponto de vista" que facilmente dá origem a uma idéia de existir um "observador", apenas mais *self* para sofrer — mas uma percepção espaçosa a partir do interior que aprecia o processo passageiro, abrindo-se a cada novo momento até atingir a "segura libertação do coração".

Uma meditação simples de autoconsciência — com ênfase na respiração e na observação

(Para ser lida lentamente para um amigo ou, em silêncio, para si mesmo.)

Escolha um lugar confortável para sentar-se com as costas retas, porém não rígidas.

Deixe o corpo respirar com naturalidade. Dirija sua atenção para as narinas, onde o contato do fluxo de respiração é mais fácil de observar.

Traga a percepção para as sensações produzidas pelo ar, entrando e saindo das narinas.

Mantenha a atenção num determinado ponto. Observe a sensação que acompanha cada onda de respiração. Quando inspirar, observe o "para dentro". Quando expirar, observe o "para fora". Permita que este observar mantenha você na trilha, no presente. Não se trata de pensar acerca do que é, mas um simples tomar conhecimento, murmurado pelo coração à mente.

Deixe a percepção instalar-se, atingindo o nível da sensação.

Se a atenção escapulir, traga-a de volta às sensações presentes nas narinas.

Para ajudar na identificação do que está acontecendo, enquanto está acontecendo, observe silenciosamente o estado que leva para longe a percepção, "pensando". Se surgir o julgamento, observe o "julgar".

Observe o "para dentro" quando inspirando; observe o "para fora" quando expirando, como auxílio para permanecer com as marés de respiração. Observe o processo de respirar que essas sensações abrangem. Perceba a onda de respiração entrando e saindo pelas narinas.

Não pense na respiração. Nem mesmo a visualize. Esteja presente para as sensações que surgem espontaneamente com cada onda única de respiração. Autoconsciência da respiração.

Sons que surgem são percebidos como "escutar, escutar". Os pensamentos são observados como "pensar"; outras sensações que surgem são percebidos como "sensação" ou "sentimento". Permita que a linguagem seja natural e sua própria. Muito é observado — surgindo e indo embora — no processo; desaparecendo antes mesmo de poder ser rotulado.

Na percepção, a cada instante das sensações silenciosas que vêm e que vão com a respiração, não há apego ou tentativa de expulsar. Há uma simples e amorosa receptividade para "o que é".

Apenas uma clara, precisa e delicada observação da respiração.

As sensações surgem no corpo. Os pensamentos surgem na mente. Eles vêm e vão como bolhas.

Permita-se que cada instante mental surja e passe segundo seu próprio ritmo. Não tentamos expulsá-lo da mente; nem os prendemos à respiração. Delicadamente, fazemos a percepção retornar às sensações que estão sempre presentes com as idas e vindas da respiração. Retornar com delicadeza.

A percepção da respiração é prospectiva. Na retaguarda, tudo o mais flutua segundo sua própria vontade.

Cada onda de respiração é única — às vezes profunda, outras vezes bastante rasa, porém sempre mudando ligeiramente. A respiração é sentida penetrando por inteiro, permanecendo, e saindo. A respiração é toda vivenciada no nível da sensação, do toque. É observada ao penetrar e ao sair pelas narinas. "Inspirando"; "expirando".

A respiração acontece por si só. A percepção observa. Ventre macio. Face relaxada. Ombros soltos. Sem tensão em parte alguma. Apenas percepção e respiração.

Apenas com consciência, e os objetos desta consciência surgindo e indo embora a cada momento no vasto espaço da mente.

Não se sinta perdido. Se a mente vagar, com delicadeza, sem julgamento ou apego, faça-a voltar à respiração. Observe toda a respiração, desde o começo até o fim, com precisão, nitidez, de sensação a sensação.

O corpo respira por si mesmo. A mente pensa por si mesma. A percepção observa o processo sem se perder em seu conteúdo. Observe o "pensar" e retorne aos "para dentro" e "para fora" da respiração.

Cada respiração é única. Cada momento é completamente original.

Se a sensação surgir no corpo, permita que a percepção a identifique como sensação. Observe-a indo e vindo. Sem pensar nela como "corpo" ou "perna", ou "dor". Com naturalidade, observe a energia em movimento como "sensação" e retorne à respiração.

Todo o processo ocorre por si só. A percepção observa a cada momento o surgir e o partir de experiências no corpo e na mente. Mudanças a cada novo momento. Tomar conhecimento das mudanças a cada novo momento.

Percepção da sensação indo e vindo por si mesma. Somente a respiração, e a percepção da respiração.

Renda-se à respiração. Vivencie a respiração. Não tente conseguir nada dela. Permita que a respiração penetre no nível das sensações que surgem de si mesmas e por si mesmas.

O ponto sensível do coração torna-se mais e mais distinto, mais intenso com o chegar e o partir de cada onda de respiração.

A mente focalizando as sensações que acompanham a respiração.

Se surgirem pensamentos, observe com nitidez o movimento deles na mente, surgindo e partindo como bolhas. Observe-os e retorne à autoconsciência da respiração. "Pensar, pensar."

Se predominarem os sentimentos, observe suavemente o que se apresenta como "raiva" ou "medo" ou "dúvida" ou "vontade". E volte com delicadeza à respiração.

Observe o pensamento, à medida que ele penetra e vai embora; sentimento ou sensação, à medida que ela se forma e se dissolve.

Não pense acerca de como observar o pensamento. Permita que a observação se faça por si mesma.

Se o observar passar a interferir, criando mais pensamentos, abandone-o e volte com todo o empenho para a respiração. Somente para uma clara percepção do que predomina na mente ou no corpo à medida que a percepção surge.

Volte profundamente para a área da sensação que marca a passagem de cada onda de respiração.

Predominam por uma fração de segundo sensações cada vez mais sutis. Os pensamentos predominam. Cada um, observado claramente dentro de uma percepção concentrada.

Observe o movimento da mente, sua contínua mudança de objeto a objeto, respiração a respiração, sensação a sensação.

A cada novo momento objetos surgem e se vão no amplo espaço da mente e do corpo. Uma percepção fácil e aberta observa o processo de surgir e partir. Retorne às sensações da respiração.

Os sentimentos surgem de maneira mais clara. Os pensamentos surgem com maior precisão — a "mente planejadora", a "mente crítica".

A *percepção vivencia o processo de seu movimento, e não se perde nos conteúdos. Observa o pensamento percorrendo o vasto espaço da mente.*

As palavras a surgir do nada; desaparecendo no nada. Crie um espaço no qual a mente toda, o corpo todo, possam ser vivenciados como mudanças de momento a momento.

O som surge e se vai.

O sentimento surge e desaparece.

Tudo aquilo que acreditamos ser, a cada momento, surgindo e desaparecendo, como bolhas no espaço, chegando e partindo na amplidão imensa de uma percepção amorosa.

Comentário sobre a observação

Observar é tomar conhecimento no coração, em silêncio, daquilo que se passa na mente. Observar é verificar o que se passa sem a mínima intenção de interferir. A percepção estimula uma receptividade para a cura. Cultiva características de honestidade, não-julgamento, percepção dos conteúdos da consciência, e contínuo sentido de presença no presente. Ela faz com que a prática migre das almofadas de meditação para o mundo real. Auxilia a geração de uma continuidade de percepção. Mantém a mente em contato com o corpo. Trata-se de plena identificação do momento.

Quando o pensamento dirige a percepção para si mesmo, observa-se silenciosamente o "pensar, pensar". No início desta prática, os maiores e mais evidentes estados mentais e físicos com facilidade serão rotulados de "pensar" ou "sentir" ou "dor" ou "resistência". Mais tarde, à medida que o processo de observação se torna mais refinado e se reveste de uma sutil qualidade de discernir, pode-se então tomá-lo como natural sem pensar em rótulo, observando com espontaneidade as qualidades que ali se encontram — em vez de observar o "pensar", pode-se agora observar o "planejar", ou "duvidar" ou "amar" ou "temer".

O grau de "poder de atração" que um pensamento exerce sobre a percepção é chamado de "apego". Dezenas de milhares de instantes mentais cruzam a percepção a cada instante, mas somente uns poucos possuem a densidade e a atração magnética suficientes para germinar na consciência na forma de pensamento. A propensão magnética que se origina da história pessoal e herdada do indivíduo é o grau com o qual temos que "trabalhar" com o objeto desse pensamento. Existem apegos tanto positivos quanto negativos. São aderências ou resistências que reagem a qualquer objeto de percepção que cruzar. Observando o apego — observar o "gostar" e o "não-gostar" de cada objeto — nós nos mantemos conscientes da "cadeia de acontecimentos". Na realidade, existe um método de auto-consciência que lida não apenas com sensações, pensamentos e sentimentos de observação contra o pano de fundo silencioso da sensação física, mas cujo foco principal é também observar o gostar e o desgostar que surgem na mente a cada novo momento.

O observar mantém nos trilhos a percepção. É uma identificação do clima da mente. A observação pressente se há possibilidade de 80% de chuva para hoje ou se as nuvens irão se desfazer. Ela sente os primeiros raios de sol. Assim como a primeira gota de chuva. Acha-se presente no presente. Recebe flocos de neve na palma da mão, não em punho fechado, enfiado no bolso forrado de algodão.

Observar é o processo de identificar um estado mental antes que nos identifiquemos *com* este estado. Perceber o pântano antes que afundemos na lama até a cintura. Embora possa vir a ser necessário certo tempo até que possamos integrar a observação em nossa experiência diária, ela por fim se transforma numa identificação que fazemos de coração leve dos ocasionais pesos no coração. Passamos a encarar o mundo com uma nova forma de cura. Nada nos toma de surpresa. Investigamos os obstáculos e com facilidade os encaramos de coração leve: "Surpresa, medo outra vez, raiva outra vez, resistência outra vez".

Observar passa a ser uma forma delicada de tomar conhecimento do espetáculo que se desenrola. Identifica e observa a mudança assim que ela acontece. Permite que o conteúdo seja notado dentro do contexto mais amplo do processo. E, ao final, o processo no enorme contexto da existência, o vazio sagrado de nossa natureza essencial, o coração sem fronteiras.

Observar implica dizer que nada é acrescentado. Significa "apenas isto", o momento tal como ele é. A fração de segundo na qual a verdade deve ser encontrada. Observar não é nem mesmo uma subverbalização. Nasce no momento da percepção, antes que a interpretação transforme a experiência numa recordação pessoal. Como dizia um antigo meditador: "É a companheira inseparável do meditador. Quando você sabe onde se encontra, está sempre em casa".

Observar tira a meditação "da almofada" e a coloca em nossa vida diária. Permanece conosco durante todas as nossas transformações. Percebe quando estamos nos afastando ou nos aproximando do momento. Permanece conosco quando dirigimos o carro, quando comemos, quando trabalhamos. É como um velho amigo nos relembrando que devemos prestar atenção.

Finalmente, observar se torna uma resposta espontânea aos estados em transformação. Observar com simplicidade o fluxo de consciência. Não analisar ou pensar acerca deste estado com a idéia a rotulá-lo — não criar mais pensamentos.

Tomar conhecimento do fluxo de consciência: "planejar", "duvidar", "ter esperança", "imaginar", "temer", "apreciar", "gostar", "desgostar", "invejar", "amar", "ansiar", sentir "orgulho", "ciúmes", "êxtase", "alegria".

Se o observar se interpuser no caminho, descarte-o. Trata-se apenas de uma técnica. Quando, por sua própria conta, a mente está clara e nos trilhos, o observar pode ser "algo mais" e deixar uma marca que pode não ser aproveitada. Se observar por vezes parece ser mais um obstáculo do que um aliado, incitando mais a tendência analítica do que a simples presença — mais trabalho do que recompensa —, deixe-o de lado.

À medida que a prática de observar penetra com profundidade, ela passa a fazer parte do indivíduo, as palavras tendem a perder a importância e somente a identificação dos conteúdos em mutação se mantém. O esforço de permanecer inativo mais uma vez mostrou-se benéfico. Então, talvez o mero observar venha a ser empregado para aqueles estados mais carregados e aflitivos nos quais por vezes nos sentimos mergulhados. Observar talvez o "medo" ou a "desconfiança" ou a "alegria" de forma a não sermos dominados por estes desdobramentos mais intensos. Mas, em geral, somente uma autoconsciência observa "o que é", sem palavras, não mais "rotulador" ou mesmo "observador", mas tendo entrado por inteiro no processo, no observar propriamente dito.

Alcançar a vida consciente pela renúncia

O viver consciente, tal qual o morrer consciente, nos permite abrir mão do último momento e deixar entrar o seguinte. Após algumas semanas de relacionamento pleno e caloroso com a respiração e de, cada vez que o pensamento ou outras sensações corporais a desviam, centralizar a atenção nas sensações das narinas, passamos a conhecer a natureza oscilante do movimento da percepção que salta de objeto a objeto e nos sentimos cada vez mais no presente imediato.

Aprende-se a força libertadora da renúncia, à medida que a atenção se torna capaz de escapar com leveza de qualquer objeto brilhante que a tenha atraído: deixando ir o julgamento sem julgar, o medo sem se atemorizar, o orgulho sem ficar orgulhoso, descobrimos o poder libertador da renúncia.

Em cada momento de renúncia intensificam-se a paciência e a compaixão. Abandonar os controles momentâneos abre o coração. Deixando ir o pensamento ou o sentimento, a dúvida ou o entusiasmo, e voltando para as sensações da respiração, cultivamos a vontade de ultrapassar os controles da velha mente, acreditando no crescente encanto do "não sei" do momento seguinte.

Em cada momento de "deixar sair", penetramos em nosso nascimento e facilitamos nossa morte.

Observando cuidadosamente cada momento de "deixar sair", deixamos que as coisas ocorram tal como são, sem o menor esforço ou necessidade de que elas se passem de modo diferente e, retornando do pensamento, percebemos que este não passa de uma bolha a flutuar através do amplo espaço da percepção. Uma bolha frágil em cuja fina película se refletem nosso mundo sonhado e os arredores da mente.

Cada momento de "deixar sair" intensifica a possibilidade de futuras libertações. E condiciona nossa resposta ao próximo irromper de pensamento ou sentimento. Cada momento de "deixar sair" o medo alivia a experiência do próximo momento de temor. Cada momento de permitir que as sensações flutuem desimpedidas no corpo da percepção, deixando que elas cheguem e que partam, condiciona nossa habilidade de responder mais do que reagir à próxima sensação, seja ela agradável ou não, apreciada ou não.

Em cada momento de renúncia, um relâmpago cruza a mente/corpo.

Quando o momento de "deixar sair" tiver sido investigado com a mesma sensibilidade que a respiração, o pensamento, o sentimento, a expectativa, o desapontamento, a pessoa pode então desenvolver a qualidade da renúncia no sentido mais profundo de deixar estar, de ser ele mesmo.

Neste ponto, quando os pensamentos se transformam em pensar e as expectativas se transformam em planejar, a percepção percebe com nitidez estes estados tal como eles são investigados.

Se um pensamento ou sentimento se interpõe repetidamente após o termos "deixado ir" várias vezes, e volta à respiração e continua sem se deixar abater, deve-se então estimular a percepção para que abandone por completo a respiração e se dirija diretamente ao estado, investigue cuidadosamente seu movimento e sua densidade, sua qualidade eternamente mutante, seu processo. Tendo estabilizado a atenção no momento e nas sensações da respiração, a pessoa é capaz de pesquisar o intruso insistente. Se a atenção repetidamente se afasta da respiração por conta de uma recordação, sentimento ou desejo, ou de uma linha de pensamento ou cadeia de acontecimentos, a percepção deve ser colocada por inteiro neste processo que se desenrola, de forma a poder descobrir sua natureza mais íntima e permitir que se desenvolva a familiaridade que incita o deixar sair.

Se, tendo deixado sair a respiração e passado a examinar o processo que por uma fração de segundo predomina na mente ou no corpo, a mente começa a vagar afastando-se também de seu novo foco, navegando por entre o arquivo mental de velho rol de lavanderia ou dias passados, a atividade desta viagem é claramente observada. E, com preciosa renúncia, nos voltamos uma vez mais para as sensações nas narinas de modo a desfazer o nevoeiro.

Observando que pode ser tão difícil permanecer com o pensamentos ou sentimentos que se intrometem quanto o foi com a respiração ilusória, a percepção é estimulada a receber o "o que é" tal como ele é, com tanta autoconsciência quanto puder reunir. Uma autoconsciência da respiração torna-se então a base de nossa presença no momento que agora se desenrola, de maneira que tudo o que penetra na mente e no corpo é recebido com nitidez e compaixão.

Portanto, não estamos em luta contra a mente, distraídos ou abrindo caminho em direção à respiração. Ao contrário, estamos receptivos a tudo aquilo que apareça, mal tenha surgido. Pensamentos nascem e morrem a cada novo momento. O nascimento e a morte são recebidos por aquilo que inclusive ultrapassa a própria vida. A consciência expande-se de momento a momento pelo espaço aberto por nosso "deixar sair". Quando tivermos deixado sair tudo, só a verdade permanece.

Insistindo em voltar para o presente que se vive, observamos o conteúdo da mente flutuando no eterno absoluto, imortal e intato. Não tomando os objetos da percepção pela própria percepção. Investigando com a mesma igualdade de mente e receptividade de coração tudo o que surgir assim que surja.

Observando minuciosamente a respiração nas narinas, seus mais leves movimentos de ir e vir, as intenções murmuradas sutilmente, os mínimos movimentos em quaisquer partes da mente/corpo são completamente reconhecidos. Desenvolvendo uma percepção "deixar sair" e sem escolhas, nenhum objeto de investigação é preferível a qualquer outro. A cada um se permite que surja plenamente e se dissolva numa compaixão ou percepção sem interferências.

O aprofundar da autoconsciência do processo evolui sem que se tente aprender a compreender, ou que se tente apressar a cura. O *insight* e bem-estar surgem naturalmente. Na suavidade amorosa, uma "vontade de ser" recebe a respiração. E, sem fazer escolhas, permite que a mente se manifeste como quiser, curando em níveis anteriormente não acessíveis.

E nos murmúrios sutis da mente percebe-se a intenção precedendo cada movimento do corpo, cada ação no mundo. Ver o desejo arranhar, o que leva aos arranhões, permite que se tenha um *insight* em relação aos sinais da mente que motivam cada ação. A intenção, intermediária entre desejo e atividade compulsiva, é observada em seu nascedouro e ouvida quando ainda se acha a limpar a garganta. A tendência de uma reação inconsciente, a cadeia de acontecimentos, é rompida pela clara luminosidade de uma percepção que nada busca a não ser o momento.

Despertando da condição mecânica de nossa vida, da constante implosão e explosão da mente no corpo, no mundo, podemos vir a ter uma visão fugaz de nossa verdadeira natureza, uma fração de segundo de cura que perdura por toda a vida.

Ao observar o eterno vir-a-ser da mente a flutuar neste espaço de existência constante, quebramos nossa dependência da identidade ilusória de nosso sofrimento e recebemos a vida no instante mesmo de seu evoluir. Na natureza imortal da realidade subjacente.

A meditação dirigida da autoconsciência

(Para ser lida lentamente para um amigo ou, em silêncio, para si mesmo.)

Deixe a atenção penetrar o corpo.

Permita que ela se instale no nível das sensações ali produzidas.

Sinta suas nádegas pressionando a cadeira.

Sinta as mãos descansando em seu colo.

Permita que a percepção vivencie as múltiplas sensações que surgem e desaparecem no corpo em rápida sucessão.

Um momento de pressão aqui, um instante de sensação ali.

Limite-se a receber o corpo tal como ele é.

Sinta o corpo a respirar por ele mesmo.

E, gradualmente, deixe a atenção dirigir-se às sensações geradas no corpo pela respiração.

Sinta essas sensações no ventre, no peito, na garganta.

Observe as sensações produzidas no corpo com cada inspiração, com cada expiração.

Deixe a atenção concentrar-se totalmente nas sensações produzidas nas narinas pela respiração.

Observe onde predomina a sensação que acompanha cada onda de respiração.

Será ela sentida com mais nitidez no lábio superior, nos canais internos das narinas, na ponta do nariz?

Em qualquer sensação que seja mais pronunciada, focalize a percepção.

Deixe a percepção penetrar na sensação.

Observe com clareza a qualidade de mudança interior.

Se a percepção vagar e se afastar das sensações nas narinas, perdendo-se por instantes em pensamentos, em planejar, em divagar, observe por inteiro e sem julgamento para onde foi a percepção e, numa atitude de delicada entrega, reconduza-a para as sensações da respiração nas narinas.

Se surgir o julgamento, observe isto também — sem julgamento. Observe por inteiro o processo involuntário de julgamento não solicitado.

Observe o processo evoluindo por si só. Deixe que venha. Deixe que vá. E retorne delicadamente à respiração.

Estabeleça a atenção nas narinas como observador posicionado nos portões de entrada da cidade.

A percepção deve considerar cada sensação que acompanha a respiração.

Sem forçar, sem se inclinar em direção à respiração, apenas permitindo que a percepção receba múltiplas sensações mutáveis em cada inspiração, em cada expiração.

Autoconsciência de respiração.

À medida que o fluxo mutável de sensação é identificado, deixe a percepção tornar-se mais focalizada.

Observe também o intervalo entre a inspiração e a expiração. Observe qualquer pensamento que surja. Veja como o pensamento pensa e retorne à respiração.

Observe até a mais sutil das intenções de inspirar ou expirar antes mesmo do pico da inspiração ou da expiração.

Se você notar qualquer intenção ou desejo de controlar a respiração, apenas observe a tendência e permita que a respiração se dê com clara percepção, o momento flutuando em receptividade amorosa.

Permita que a respiração tenha suas marés naturais.

Sem controlar nada.

Simplesmente observando.

Simplesmente recebendo a experiência à medida que ela transcorre.

Permanecendo a cada novo momento com as múltiplas sensações de cada expiração.

Observe os intervalos entre as ondas de respiração e a intenção de inspirar outra vez.

A mente é percebida a cada instante na forma de palavras ou imagens, verdadeiras silhuetas contra o pano de fundo mudo da sensação. Os pensamentos nascem e se desfazem — como estrelas cadentes.

O menor dos movimentos da mente é observado com nitidez contra o fluxo silencioso da sensação.

Jamais o pensamento foi notado com tanta rapidez, logo ao nascer. Tendo percebido por inteiro a mecânica do pensamento, o pensar não prossegue despercebido. Autoconsciência de pensar.

Soltando o pensamento, volte delicadamente para a respiração.

Observe qualquer julgamento, qualquer anseio, qualquer idéia do que deveria estar acontecendo, à medida que mais pensamento, mais bolhas flutuam através da amplidão da percepção.

Não é pensar *na respiração, mas sim* penetrar *nela por inteiro.*

Deixe a percepção penetrar na respiração, sentindo a cada momento sua sutil mudança de textura.

À medida que a percepção aos poucos se intensifica, observe as sutilíssimas sensações que compõem cada momento do processo de respiração.

Deixe o corpo respirar por si mesmo.

Não há necessidade de controlar ou moldar a respiração. Uma fina e delicada percepção reveste cada partícula de sensação recebida.

Observe o início, o meio e o fim de cada inspiração.

Observe o intervalo entre elas. Observe o começo, o meio e o fim de cada expiração e o intervalo que se segue.

Entre na textura da respiração, sinta sua suavidade, sinta a qualidade de calor ou frio existente em cada sensação momentânea.

Entre profundamente na experiência de apenas respirar.

Sem pensar na respiração, entre por inteiro em seu transcorrer momento a momento. Uma percepção completa que observa "o que é" sem aderências ou condenações, sem se inclinar para longe ou em direção ao momento. Uma firmeza que recebe a mudança com muita fé.

Apenas analise a sensação nas narinas.

Onde a percepção encontra-se presente, o antigo é visto sob ângulo diferente.

Apenas observe.

Apenas seja.

Observe a impermanência de toda experiência. E, com delicado "deixar sair", volte-se inteiramente para a respiração.

Autoconsciência de respiração nas narinas.

Inspirar, expirar.

Tornar-se presente no presente focalizando as sensações.

Sem distrações.

Quando se focaliza o momento não há distrações.

O que quer que surja é observado com nitidez em sua mutabilidade, em sua qualidade momentânea dissolvendo-se de pensamento em pensamento, sentimento em sentimento, sensação em sensação.

Cada momento de pensamento ou sentimento ou outra sensação corporal é notada. Inteirando-se da natureza do processo, retorne, com compaixão e delicadeza, para a respiração.

Pensando ou sentindo, dirija a atenção para longe do nível da sensação, observe qualquer tensão ou anseio de que as coisas se passem de maneira diferente. Autoconsciência de sentimentos.

Volte, se necessário, uma dúzia de vezes por minuto à respiração.

Quando surge o pensamento, vá ao encontro dele com o coração leve, notando em silêncio, notando para você mesmo: "pensar", "sentir", "planejar", "julgar".

Apenas observe o que quer que surja, logo que surge, e entregue-se com delicadeza às sensações da respiração.

Entregue-se com leveza, retornando à respiração, notando o começo, o meio e o fim de cada inspiração.

Observe o intervalo entre as ondas de respiração.

Observe o início, o meio e o fim de cada expiração e o intervalo entre elas.

Observe a textura, investigando qualquer manifestação de pressão ou calor ou frio.

Observe os momentos de prazer ou desprazer, de gostar ou desgostar de cada sensação.

Observe e aceite conscientemente a respiração sutil respirando por si mesma no amplo espaço da percepção.

Sinta como se houvesse "alguém" observando tudo isso, e permita que a observação observe a si mesma; evoluindo conscientemente em clara percepção. Autoconsciência do processo.

Apenas percepção e sensação encontrando-se a cada instante.

Ultrapasse o próprio conceito de "respiração" e entre por inteiro no fluxo de consciência.

Entre por inteiro.

Amorosamente.

Delicadamente.

Com persistência.

Permanecendo com ele.

Tornando-se presente no presente.

Dando o primeiro passo

Além de observar, outro modo de tirar a meditação "da almofada" é expandir nossa cura fazendo-a atingir as "meditações ativas".

Na meditação feita enquanto se caminha, não mais nos preocupamos com a respiração: procuramos concentrar o foco agora na experiência de caminhar. A meditação ao caminhar é prática bastante simples de centralizar a atenção das sensações nos quadris, pernas, joelhos, coxas, tornozelos, pés e dedos do pé, que surgem a cada passo. Ela possui acuidade de atenção às sutilezas das sensações idêntica à que é produzida na autoconsciência da respiração. Ela é feita, a princípio, lenta e deliberadamente — sentindo o pé quando este ergue-se do solo, a perna a jogar-se para a frente, os dedos do pé e o calcanhar apoiados com autoconsciência no chão. Observe o *erguer, posicionar, apoiar*, de cada passo. Estamos novamente aprendendo a andar. Quando a pessoa faz a meditação com muita atenção às múltiplas sensações que surgem em cada passo, pode demorar alguns minutos para cruzar a sala de estar ou uma fração de segundo para caminhar um quilômetro. Para onde ir? Estamos aqui.

Thich Nhat Hanh escreveu um livro de excepcional clareza, *A guide to walking meditation* (Um guia para meditar caminhando). Nós o recomendamos com insistência.

O "blues" da meditação

Às vezes, me parte o coração
observar minha mente —
frio interesse próprio,
julgamento e temor insistentes,
insultos murmurados,
fantasias de vingança,
triunfo e desespero.

Um transcorrer condicionado
tão impessoal,
e o tomamos como pessoal.

Por vezes horrorizado
com a crueldade casual
mesmo dos mínimos temores
e celebrações.

Às vezes, me parte o coração
observar minha mente.

E, às vezes, ela permanece quebrada
por tempo suficiente para tocar
até mesmo esta dor
com amor.

Às vezes, a compaixão lava
as mãos até mesmo de Lady Macbeth,
transforma a tragédia em graça,
e torna tudo cheio, de valor.

Às vezes, me parte a mente
observar meu coração.

Uma análise dos estados emocionais carregados e aflitivos

A cura acompanha a percepção. Nossa libertação é tão profunda quanto nossa investigação. Estimulando uma profunda percepção, a cura penetra em níveis da mente/corpo nunca antes investigados.

Uma investigação como a aqui sugerida pode provar-se bastante útil, quando as emoções aflitivas dos chamados "estados carregados" por uma fração de segundo predominam (que surpresa!) e a pessoa se sente "dominada" pelo medo, raiva, culpa, dúvida, confusão, cobiça, vergonha, luxúria, falta de piedade, ou qualquer um dos quarenta sentimentos mais antigos e condenáveis.

Tais estados emocionais intensos possuem certa condição alucinatória em torno deles, uma insistência em ser "mais real" do que tudo o mais que tenha se passado ultimamente. Uma qualidade de agitação e desassossego que confirma, sem sombra de dúvida, que o mal-estar continuará para sempre, e só irá piorar. Eles ameaçam nos reduzir a pó. Mas eles mentem! Na realidade, jamais experimentamos uma só emoção ou pensamento que tenha perdurado. Tudo faz parte de um processo em constante transformação. Nem os piores sentimentos que já tivemos, nem os melhores, podem ser mantidos indefinidamente. Entrar em sintonia com o processo, com o fluxo de impermanência, no qual esses sentimentos evoluem, equivale a romper a identificação com a aparente solidez do "o sofrimento" bem como com o "sofredor".

Pode demorar para que você consiga saudar as antigas dores da mente/corpo com a leve aceitação do "Que surpresa! Você aqui outra vez!" e as convide para entrar, e então curá-las. Mas são meditações como essas que estabelecem familiaridade e bem-estar com os "desconfortos" e um senso de adaptação até mesmo com os tais sentimentos carregados.

Na realidade, a palavra "sentimento" tem duplo significado. Um deles é emoção. O outro é sensação. Mas isto não é mera casualidade de linguagem, é o *insight* acerca da correlação existente entre a experiência mental e sua expressão corporal. Cada emoção e cada estado mental tem um padrão corporal correspondente. São configurações palpáveis que destacam no corpo o estado mental.

Ao examinar o processo de "*o* medo", "*a* dúvida" etc., é freqüente identificarmos o conteúdo dos pensamentos de medo ou dúvida, como "*meu* medo" ou "*minha* dúvida". Não conseguimos reunir espaço suficiente em torno destes sentimentos, tal é a rapidez com que nossa mente vacilante implode em torno de suas imagens.

Mas, ao centralizarmos a percepção na expressão corporal desses estados aflitivos, descobriremos uma alternativa. Talvez não sejamos capazes de manter a autoconsciência nem por um minuto nos pensamentos de medo e raiva, antes que a identificação nos seduza e nos torne enraivecidos e assustados. Entretanto, se permitirmos que o conteúdo do pensamento transcorra à vontade, e orientarmos a percepção concentrando-a no padrão corporal e não nas imagens dos pensamentos e desses sentimentos — os dentes apertados, o ventre endurecido, o esfíncter fechado —, poderemos permanecer presentes diante das emoções que em geral fazem com que nos sintamos perdidos.

Essa meditação permite-nos aliviar a carga da emoção pesada, dissolvendo a solidão ameaçadora desses estados, através do exame de cada um dos elementos com os quais elas interferem na composição mente/corpo.

A qualidade de investigação cultivada nessa meditação permite que nos *relacionemos com* esses estados em vez de *fugirmos* deles. Analisar desse modo, camada após camada, a aparente solidez desses estados carregados pode ser comparado a examinar um pedaço de pedra polida com auxílio de microscópio. De início, descobre-se a porosidade existente em sua superfície aparentemente lisa. Em seguida, focalizando mais fundo, sua estrutura cristalina torna-se visível. Penetrando no que parece compacto, descobrimos o amplo espaço existente entre as moléculas, o enorme firmamento onde brilham espalhadas estas constelações. E penetrando ainda mais fundo, vê-se o espaço cósmico dos átomos. Vazio enorme em solidez tão pequena, tal qual a mente/corpo. Espaço gigantesco no qual a percepção pode se infiltrar e vivenciar seu próprio espaço natural até mesmo no interior daquilo que parece sólido.

Uma investigação dirigida dos estados emocionais aflitivos e carregados

Quando a identificação com estados mentais densos como medo, raiva ou orgulho contraírem a mente e estreitarem a passagem para o coração, ache um lugar confortável para sentar e respire algumas vezes, suave e profundamente, até bem no interior do corpo.

Embora a mente possua inúmeras vozes, deixe suas palavras fluírem livremente. Observe o movimento inercial desdobrando-se.

Permita que os pensamentos pensem por eles mesmos enquanto o fluxo contínuo de respiração começa a amolecer o corpo.

Deixe o ventre amolecer para que possa receber o momento.

Com o ventre macio, temos lugar para tudo isso.

Nessa maciez permita que a percepção passeie livremente pelo corpo investigando as sensações.

Observe quaisquer áreas de tensão ou densidade.

Observe as áreas de pressão ou movimento.

De calor e frio.

Os tremores, a qualidade vibratória.

Com suavidade, permita que a percepção receba o corpo.

Terá esse estado mental uma correlação no corpo? Haverá um padrão corporal para a emoção?

Sinta as sensações que acompanham esse estado mental, assim que elas surgem nos músculos, nos ossos e na carne. Sinta a marca física desse estado mental.

Investigue as sensações no estômago e abdômen. Existe tensão? Aperto? Resistência?

Deixe a percepção mover-se delicadamente em direção ao peito. A respiração está encurtada? Existe algum desejo de controle que tenta moldar e segurar a respiração?

Deixe a atenção dirigir-se para onde quer que predominem as sensações. Investigue o padrão corporal desse estado mental.

Que rótulos a mente deu a esses sentimentos?

Como ela descreveu para si mesma essa experiência?

Será que ela a chama de medo?

Será que ela a chama de raiva?

Será que ela a chama de alegria?

Tome conhecimento do estado mental. Observe-o.

Cada estado mental possui suas próprias características. Quais são as características deste momento?

Permita que a percepção investigue o processo momento a momento desse sentimento no corpo.

Essas sensações estão alterando-se?

Será que elas se movimentam de uma área a outra?

Será que o padrão corporal desse estado se manifesta mais numa área do que em outra?

Nas costas ou no pescoço?

Nos intestinos?

Quais são as sensações na língua? Ela fica empurrando os dentes? Ou pressionando o céu da boca? Que tipo de aperto pode-se notar aqui?

O que está ocorrendo no topo da cabeça?

Observe, área por área, a expressão da mente no corpo.

Examine o constante evoluir do pensamento, destacando-se contra a presença muda no centro da sensação.

Quais são as vozes na mente/corpo?

Ouça somente. Não há nada para responder.

Limite-se a receber.

Observe a entonação dessas vozes, sua intensidade.

Deixe a percepção instalar-se mais profundamente em seu escutar.

Trata-se de uma voz enraivecida?

Uma voz assustada?

Uma voz confusa?

Escute o tom da voz.

Há na voz uma intenção observável?

Qual a intenção desse estado de mente/corpo, dessa emoção, desse aspecto da personalidade?

Ele o faz sentir-se melhor ou pior?

Será que ele deseja seu bem? Será que ele o leva para mais perto de sua verdadeira natureza? Será que ele o aceita como você é?

Qual poderia vir a ser o efeito de trazer a capacidade de perdoar ou o amor para a mente/corpo? Será que ela resistiria a deixar sair esse sofrimento?

Será essa uma voz com a qual gostaríamos de nos aconselhar? Ela nos conduz à plenitude ou à derrota?

Existe amor nessa voz?

Há julgamento ou piedade ou dúvida?

Limite-se a escutar.

Limite-se a receber o momento tal como ele é.

Terão esses sentimentos ponto de vista ou direção na qual eles insistem em vê-lo prosseguir?

Onde está o amor? E a compaixão e a bondade?

Onde está a cura naquilo que ela oferece?

Deixe agora a atenção penetrar no profundo movimento existente no interior desse estado.

Sinta sua energia, sua maleabilidade, seu processo, desenrolando-se no espaço.

Trata-se de uma única emoção ou será ele constituído de diferentes e múltiplos sentimentos? Ele demonstra um único humor ou fica constantemente alterando suas expressões?

Talvez se observem muitos sentimentos.

Um momento de orgulho dissolvendo-se talvez num momento de raiva.

Um momento de agressão dissolvendo-se num momento de autopiedade.

Um momento de julgamento dissolvendo-se num momento de desesperança.

Todos os sentimentos se fundem, dissolvendo-se continuamente de um estado para o seguinte.

Comece a focalizar o processo, não só o conteúdo.

Observe a qualidade de mudança no interior desse estado aparentemente sólido.

Focalize o movimento interior.

Deixe a percepção se concentrar num exame a cada momento dos elementos isolados que constituem o fluxo dessa experiência. Veja os múltiplos e pequenos pensamentos e sensações que formam o arcabouço desta experiência.

Observe a natureza impessoal destes estados que tomamos tão pessoalmente.

Observe quanto eles defendem seu caso.

Observe quanto eles insistem em sua realidade e como durarão para sempre, apesar de estarem mudando continuamente.

Observe a qualidade repetitiva interior.

Observe como cada voz, cada sensação, cada sentimento, se funde automaticamente, cada um no seguinte.

Examine como cada pensamento termina naturalmente.

Examine como o pensamento seguinte começa espontaneamente.

Veja como surge a próxima voz, o próximo sentimento.

Examine como cada estado mente/corpo está em processo, surgindo e se dissolvendo no seguinte.

Observe como o script *evolui continuamente.*

Deixe tudo flutuar na percepção. Permita que tudo transcorra a cada momento.

Examine como cada estado mental surge sem ser convidado. Vindo e partindo continuamente.

Examine o nascer e morrer incessante do pensamento.

Examine como a vida está, por si própria, em constante evolução.

Observe como os pensamentos pensam eles mesmos.

Dê mais espaço a estes pensamentos e sensações em constante mutação, mais lugar para que eles se desenvolvam num corpo macio e num coração aberto.

Deixe o ventre respirar por si só.

O peito limpo.

A garganta aberta.

A língua solta e suave na boca.

Recebendo o momento tal como ele surge, sem o menor apego ou condenação.

Nada a ser mudado.

Sem querer se tornar alguém.

Apenas o espaço amoroso da investigação no qual o processo se desenvolve a cada momento.

Vê-se tudo aquilo que antes parecia sólido dissolver-se agora continuamente no espaço.

Sem criar o momento, recebendo-o apenas.

Examinando-o como processo que evolui, observando de todo o coração "o que é".

Deixando cada momento da experiência surgir quanto quiser numa percepção ampla. Flutuando, desenrolando-se continuamente num vasto espaço.

Examinando o pensamento vir e partir numa mente espaçosa.

Deixando as sensações surgirem e se dissolverem num corpo macio.
Permitindo.
O ventre macio observando até o menor dos controles.
A respiração suave abrindo-se em torno da menor das tensões.
Recebendo.
Observando.
Deixando vir.
Deixando estar.
Deixando partir.
Espaço para tudo isso.
Este instante como uma oportunidade para a libertação e a cura.
Este evoluir, tal como ele mesmo, preciosíssimo, vivido plenamente.

Uma coisa de cada vez: uma experiência com a consciência

Uma forma incrível de integrar a prática de meditação e da percepção em nossas vidas diárias é fazer uma coisa de cada vez. Entregar-se de forma integral ao que estiver fazendo no momento. Concentrando-se em uma única tarefa. Quando estiver dirigindo, não escutar o rádio. Quando estiver escutando música, não ler ou comer. Ao comer, não assistir à televisão nem ler. Ao assistir televisão, não comer ou ler. Quando estiver andando, sentir o solo sob seus pés. Andar de maneira sagrada. Ao comer, sinta aquilo que come e entre por inteiro em contato com as sensações e motivação que condicionam e dirigem o processo. Estar atento ao comer da mesma forma como se fica atento ao andar ou respirar. Respirar uma inspiração de cada vez, dar um passo de cada vez, uma mordida por vez. Vivenciar de maneira plena "apenas isto", o momento tal como ele é.

Há uma história de dois monges zen que se encontraram à beira de um rio. Eles logo verificaram que eram de monastérios vizinhos, e cada um mostra curiosidade quanto à natureza do mestre do outro. Um dos monges diz: "Meu mestre é o maior de todos. Ele pode voar, pode caminhar sobre a água, pode ficar sem respirar por vinte minutos!". O outro balança a cabeça lentamente e sorri, dizendo: "Oh, seu mestre é de fato notável. Mas o meu é ainda mais: quando ele anda, ele apenas anda. Quando ele fala, ele apenas fala. Quando ele come, ele apenas come". Um dos mestres tinha "poderes" mas o outro tinha poder. Os poderes são desejados somente por aquela parte de nosso interior que se sente impotente. Considerando o tamanho respeitável do labirinto do ego, para a maioria, "os poderes" são armadilhas. Milagre maior é estar presente em nossas vidas, capazes de nos abrirmos para o momento, acumulando compaixão e percepção como preciosidades.

Certa manhã, um amigo nosso, mestre Zen, sentado à mesa do desjejum, lia o jornal enquanto comia. Um de seus discípulos, conhecendo a técnica de uma coisa de cada vez, zombou: "Você está comendo *e* lendo! Como pode permanecer voltado a uma coisa só?!!". Ao que o esperto e prático mestre retrucou: "Quando eu como e leio eu *só* como e leio".

Vá com calma. Se você tiver crianças em casa, pode ser quase impossível fazer uma coisa só por vez. Neste caso, faça apenas seis coisas de cada vez. Amacie o ventre num dia puxado. Ou, como disse uma mãe ao verificar que a prática seria bastante difícil para ela: "Minha agenda é uma bagunça. Acho que é dia do ventre".

Fazer uma coisa por vez nos ajuda a recordar. Quando você estiver lavando os pratos, ou dirigindo para o trabalho, trocando o bebê, cavando uma trincheira, cozinhando, fazendo amor, pensando alguns pensamentos, seja o que for, cuide da tarefa em pauta. Vivencie, a cada instante, o corpo, a respiração, os mutáveis estados mentais. Viva "apenas isto" de cada vez.

Se "apenas isto" não for o bastante, nada será o bastante. Cuidar deste "apenas isto" é viver de maneira sagrada.

> # *"Como era seu rosto antes de nascer?"* — *perguntou ele*

Quando o coração explode em chamas
a história desaparece por completo
e o relâmpago rasga o oceano
em cada célula.

Ali, antes da origem,
quando a hélice dupla
é atingida como um diapasão
há um zumbido
pelo qual o universo acha-se tomado.

O grande vício — um caso de erro de identidade

Acreditamos que somos viciados em álcool, comida ou sexo, mas nosso vício primordial é a mente. Acreditamos ser aquilo que pensamos. Sofremos de um caso de erro de identidade. Tomamos o pensamento pelo que é pensar. Imaginamos que cada voz, cada intenção da mente, é o que existe de verdadeiro. Fazemos compras movidos por propagandas que cruzam a consciência. Somos consumidores gigantescos da mente. Deixamo-nos enganar com facilidade. Tomamos uma nuvem passageira pela imensidão do céu. Vivemos a nos perder em pensamentos.

Mas, quando investigamos a natureza da consciência, rompemos nossa dependência daquilo que nos engana. À medida que identificamos a diferença entre percepção (plenitude do ser) e objeto de percepção (um momento de cheirar, saborear, tocar, pensar, sentir, ouvir), "chegamos a nós mesmos". Vivenciando por inteiro como a percepção produz a consciência, não nos enganamos tomando a segunda pela primeira. Verificamos que a percepção é a luz com auxílio da qual a experiência é observada, e a consciência é a observação. Com a percepção ausente, a consciência não pode surgir. A consciência depende da percepção para sua existência, mas a percepção não depende de nada. Ela existe por si só. É a base do universo.

A maioria não percebe a diferença entre consciência e percepção, assim como não percebe a diferença entre pensamento e pensar.

Quanto mais vivenciarmos a percepção como nossa verdadeira

natureza, menos seremos seduzidos pelos conteúdos da mente. A percepção rompe o movimento inercial do velho condicionamento. Quanto mais conscientes nos tornamos, menos seremos escravizados por nossa identidade ilusória.

Jesus disse: "Eu sou a Luz". Dele era o "Eu sou" de nossa verdadeira natureza. Ele jamais esqueceu que era Deus.

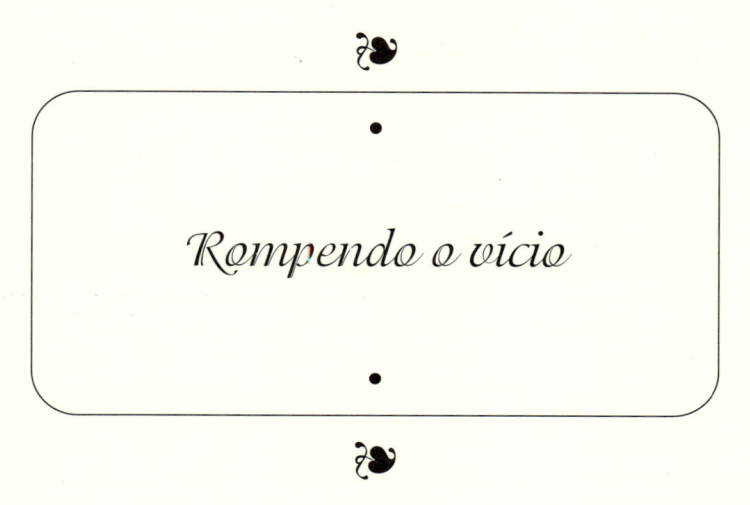

Rompendo o vício

Somos viciados à mente. Somos levados instintivamente pela cadeia de acontecimentos. Vivemos na expectativa. Nosso pesar nos oprime.

Ao observar a natureza insistente da intenção, descobrimos que a "tentativa repetida de conquistar" é fundamento da compulsão em busca de uma sensação mais agradável, base do vício. É o desejo de mais prazer e menos sofrimento. Nosso vício é o de querermos nos libertar da dor que acompanha nossos anseios.

A plenitude do ser rompe o vício. O eu absoluto toma outro drinque. Na percepção sem limites que chamamos de plenitude do ser encontram-se a regeneração e a cura.

Já se disse que a única maneira de acabar com um vício é desejar ardentemente algo diferente. Quando a mente mantém-se em silêncio e o coração volta-se para o sagrado, até nossos vícios transformam-se em graças. A graça nem sempre é agradável, mas costuma nos conduzir para mais perto de nossa verdadeira natureza.

O vício lança uma sombra pesada — dominada pela censura e pelo ódio contra si próprio. Com freqüência, somos impiedosos conosco mesmos, exatamente quando o mais necessário é a bondade. O vício, como qualquer dor física, é reflexo de nosso pesar. E como ocorre com qualquer pesar, é necessário permitir que os braços da Mãe Misericordiosa nos enlacem. "Encoste a cabeça em meu ombro." E entregue-se ao âmago da questão, uma alternativa para nosso vício de mente, pelo qual nos deixamos enganar, tomando o conteúdo pela enormidade na qual ele flutua.

Quando mais do que obter prazer, o que desejamos é nos libertar, quando nossa meta é a fonte de satisfação e não somente seu reflexo no espelho, nossos vícios se tornam os degraus da escada que galgaremos para nos libertar da dor de nossos anseios e penetrar na alegria de nossa verdadeira natureza.

Ao investigar a necessidade de menores satisfações, vivenciamos a Grande Satisfação. Para que nos libertemos dos desejos compulsivos, precisamos desejar o fim da compulsividade. A isto se dá o nome de "último desejo", o Grande Desejo, a vontade levando à verdade viva.

Como nosso intenso desejo de inteireza permanece insatisfeito por longo tempo, partimos em busca do sucesso. Ou de alimento. Ou de sexo. Ou de intoxicantes. Mas nada disso satisfaz o que por tanto tempo e tão intensamente permaneceu insatisfeito. Nós nos lançamos à busca de tais pequenos desejos, porém o resultado é criá-los ainda mais. Nosso desejo mais profundo jamais será atendido, ele não se satisfará com as pequenas gratificações. Somente a verdade que transcende a compreensão servirá. Todos os outros desejos serão consumidos pelo Grande Desejo, que é um anseio pelo fim da confusão e da tediosa indiferença. O Grande Desejo devora todos os outros desejos. Ele não tem modos à mesa. Ele brinca com seu alimento.

Ele nos ensina a brincar graciosamente com inclinações menores. Sua prioridade é deixar sair tudo aquilo que limita o "deixar sair". E por fim ele morre feliz no fundo do coração.

Não se trata aqui de desistir dos prazeres. Este é o caminho da alegria. É o trabalho mais difícil que se pode vir a fazer. É o deixar sair de nosso sofrimento. Ele permite que até o desejo flutue livremente na amplidão do ser. Ele distingue o desejo como algo dado, hóspede não convidado com o qual precisamos compartilhar nossa vida diária. Visto como inimigo, a casa fica aos pedaços. Visto como uma gravidez não programada, aprendemos a amar nosso filho. A causa da dor não é o desejo e sim nossa identificação com o desejo na forma de "mim". Quando o desejo é agarrado pelo "Eu", tudo o mais está perdido. Mas quando se lhe permite flutuar, tal como outro fenômeno natural, na vasta Subjetividade Absoluta, surgem os *insights* e não os problemas.

Uma nota pessoal sobre o vício

Após ter dito tudo isso sobre o vício, deixe-me acrescentar que a afirmação "É mais fácil falar do que fazer", em parte alguma, é mais apropriada. Seja delicado com você mesmo. A perseverança é importante, mas a tarefa equilibrada de deixar sair a dor só se adquire aos poucos. E, em geral, vem do coração, muito tempo depois de a mente ter sucumbido e caído em profundo desespero.

Certo dia, trinta anos atrás, eu dirigia no tráfego da cidade rumo ao meu fornecedor de heroína; eu transpirava muito e mal conseguia conter a náusea, furioso com cada semáforo que me detinha. A verdade de minha dor não mais podia ser evitada: eu não suportava mais. Encostei o carro no meio-fio e abandonei-me à minha doença. Isto não podia continuar. O coração comunicava à mente, em termos bem claros, que ele desejava mais Deus. Transcorreram-se alguns anos antes que o espaço entre a mente e o coração fosse encurtado através de anestesia auto-aplicada ou antes que o coração rompesse seu silêncio e afirmasse categoricamente que tinha chegado a hora: "faça logo ou desocupe o lugar!".

Fui salvo pelo Grande Desejo.

Jung demonstrou perfeita compreensão do Grande Desejo ao orientar os fundadores do movimento dos Alcoólicos Anônimos no sentido de acrescentar uma "Força Maior" ao processo. Ele sabia que nossa cura precisava ser um mecanismo que penetrasse o coração, uma contínua capitulação da dor ao mistério do ser. Pessoalmente, acho a expressão *poder interior* mais próxima da verdade. Qualquer poder imaginado fora de nós pode dar origem exatamente à codependência que tanto queremos curar.

Mas antes que eu possa parecer melhor do que sou, deixe-me acrescentar que também possuo velhos hábitos e manias, das quais só lentamente consigo me desprender. Elas me fazem lembrar de como é essencial a compaixão para que se possa trabalhar com os vícios tão desprezados por nossa frágil auto-imagem. Com calma se chega lá.

A cadeia de acontecimentos

A cadeia de acontecimentos é o processo pelo qual o desejo se manifesta. Observar a mecânica do desejo a cada instante é estudar como a energia inerente ao desejo se transfere da mente cobiçosa para o corpo ativo.

Observamos, elo por elo, instante a instante, a cadeia de acontecimentos convertendo o desejo em ação. Criando uma atividade automática inconsciente.

Quando não estamos cientes da natureza desse processo, nossos sentidos nos arrastam pela vida. Vivemos fora de nós mesmos.

Estando autoconscinte para ver como cada elo da corrente transporta a energia do desejo inconsciente para a ação consciente, pode-se aprender a desligar o desejo da atividade automática sem suprimir ou negar nada. Rompendo as cadeias da ação inconsciente provocada por desejo desconhecido, iluminamos as tarefas em curso. E agimos em função do adequado, do coração, e não do necessário, da mente.

Não somos desamparados e sim rotineiros. A percepção desfaz as fixações. Temos capacidade de observar a cadeia de acontecimentos desde sua origem. Observando a recepção do primeiro estímulo sensorial — momentos de ver, ouvir, pensar —, antes mesmo que possamos lhe dar nome, notamos e informamos a memória, instantaneamente, comunicando à mente se tal objeto é agradável ou desagradável. Se for agradável, há uma tendência de ir ao seu encontro, no que chamamos de "desejo".

Formam-se os elos. Quando se forma na mente o desejo, este inspira uma intenção de conquistar. Esta motivação avisa o corpo que ele deve mover-se em direção ao objeto e tentar agarrá-lo. A intenção conduz o corpo na direção da satisfação imaginada. Este ato da vontade origina um certo querer, e este emprega a mente racional que resolve os problemas, para atingir seu objetivo. É um transcorrer automático mas que, tal como comer ou respirar, pode ser trazido à luz da percepção pura. Onde existe percepção, o condicionamento não permanece ligado no "automático".

Depois de ter observado a maneira pela qual a percepção cria nome e forma, e como a memória cria a inclinação, observamos a cadeia crescer na medida em que "gostar" estimula o desejo. Elo a elo, o desejo motiva a intenção. A intenção motiva a atividade. Examinamos a capacidade que tem o desejo de nos mover desavisadamente em direção a uma ação que pode ser pouco hábil ou até mesmo prejudicial. E, vendo desta maneira, descobrimos uma forma mais leve de brincar com o desejo. É outra oportunidade que temos de viver mais plenamente.

Tendo investigado momento a momento e elo por elo este processo, descobre-se qual o "elo fraco da corrente". É a intenção. Quando desligamos a intenção do processo automático de querer e desejar, o processo se interrompe e não há nada que faça prosseguir o movimento inercial. Quando estamos autoconscientes da intenção, observamos repetidas vezes a "vontade rumo à ação" que precede cada momento no corpo, cada ação no mundo.

Aqui é possível notar que a "intenção" possui também uma significação psicológica maior na condição de motivação. Estar atento à motivação equivale a certificar-se de que, bem mais do que o ato em si mesmo, é na realidade a intenção por trás do ato que produz seus resultados.

Tudo aquilo conhecido por "carma" baseia-se exatamente na intenção. Este elemento da consciência estimula e orienta toda a atividade futura. Quando se identifica a intenção, nosso carma encontra-se em nossas mãos. Temos aquilo que parece ser a livre escolha. Como bem disse um amigo, então às portas da morte: "Carma é o vento que não pára de soprar. Tudo depende de como posicionamos as velas".

Quando a percepção se acha focalizada na cadeia de acontecimentos, a reatividade habitual se descondiciona, se desmagnetiza. Enfraquece aquilo que conecta o "involuntário" (desejo) com o "não-convidado" (atividade inconsciente).

A autoconsciência rompe o movimento inercial compulsivo, lançando a percepção plena sobre a intenção, que é o que liga a vontade com o conseguir.

Embora a intenção preceda qualquer atividade, em geral bem abaixo do limiar da percepção, à medida que ficamos mais silenciosos, os sussurros imperceptíveis da mente tornam-se audíveis. E antes que falemos, ou que possamos dar um passo, é possível, de vez em quando, notar uma intenção. O que chamamos de "querer" já é uma intenção. Queremos ficar a rolar na cama porque nos sentimos inquietos. Este "querer" é identificação pela consciência de desejo de mudança. "Querendo" levantar da cadeira nós nos levantamos automaticamente, mas se notássemos a intenção sem agir, ela retornaria com freqüência para nos atrair a atenção e nos motivar, e logo passaria a ser vista mais como processo do que qualquer outra coisa com necessidade de uma reatividade compulsiva.

Se observarmos os movimentos mais óbvios da intenção, as intenções sutis passam a ser vistas. Passamos a recuperar nossas vidas. Atentos à intenção, nós desprendemos a compulsividade. Nós nos deshabituamos.

Poder-se-ia notar aqui que desejo não é "errado", ele é só doloroso. O desejo é senso de não possuir. Sentimento de não-inteireza que perdura até que o objeto de desejo seja conquistado. O desejo cria uma tensão na mente, uma tentativa de fugir do momento, uma insatisfação com o "apenas isto". A natureza própria do desejo é a insatisfação. É ansiar por uma satisfação que existe no futuro. O desejo escraviza o tempo. A natureza própria do querer é sensação de não-preenchimento. É outro pesar.

Portanto, o desejo não deve ser atacado pelo ódio ou moralizado pelo medo, porém investigado com compaixão e percepção. Compreender profundamente a natureza do desejo é romper seus laços.

Brincar graciosamente com o desejo é apreciar de todo coração o que nos é dado, mas sem lamentar o que não o é.

O que faz a vontade de tomar "sorvete de baunilha" quando você chega à sorveteria e descobre que ela está fechada? Você pode deixar isso passar com tranqüilidade? Quando a autoconsciência, de coração leve, acha-se presente, recebemos nossas "justas sobremesas". Mais doce do que açúcar é a liberdade de "deixar sair" da renúncia.

O desejo é anseio por satisfação. Não é tanto a bolha brilhante que desejamos, mas bem mais a experiência que denominamos "satisfação". A experiência da satisfação é lampejo de nossa verdadeira natureza, quando esta não se encontra obscurecida pelas agitações do desejo. Tal como sol irrompendo por entre as nuvens, recebemos por uma fração de segundo nossa verdadeira natureza, cuja experiência é pura satisfação. A satisfação é assim vivida num único instante, quando a mente não se inclina para longe do momento. Quando, por um instante de preenchimento, o desejo é removido, nossa natureza subjacente se revela. É o brilho eterno, cuja característica é a satisfação essencial. Embora o desejo possa conduzir à satisfação momentânea, sua presença na mente cria uma densidade, uma nuvem espessa que obscurece a qualidade ainda mais intensa de satisfazer — a experiência de nossa similitude absoluta latente.

Nosso impulso de atender o desejo é uma espécie de reconhecimento recôndito da enormidade de nossa luz, da qual basta uma fagulha para nos fazer recordar a razão de termos nascido. E tudo isso provocado pelo anseio por aquele vazio livre e desimpedido em que, por um instante, o desejo se desmanchou, e onde somente a verdade permaneceu.

Mas, logo em seguida, outros desejos acorrem em defesa daquela bolha brilhante, daquele momento de prazer, e para bloquear a recepção de novas satisfações e limitar o espaço do momento seguinte. "Aquele pastor alemão não está colocando as patas em meu carro esporte novinho, está?!!" O objeto de desejo torna-se então algo que desejamos proteger, algo que possuímos, algo que detestaríamos perder. Não se trata mais de objeto de satisfação e sim, mais uma vez, de objeto de insatisfação.

Ao investigar a cadeia de acontecimentos, nós nos desprendemos de nossos grilhões. Analisando o desejo e a mecânica do comportamento, adquirimos um senso da libertação que nos aguarda. Aumentam os momentos de clareza. Nós nos aproximamos por inteiro do "satisfatório". Sem que o desejo aja como "o intermediário", vamos direto à fonte. Penetramos na enormidade do "apenas isto", não mais navegando sob a condução da mente dolorida, mas confiando no coração agora revelado.

A brincadeira de coçar:
uma experiência de consciência

Não agir segundo os impulsos compulsivos permite um apreciável *insight* sobre o quanto se trabalha o desejo. Em geral, quando temos coceira, nossas mãos se movem para arranhar, com pouca percepção do que ocorre. Para investigar a cadeia de acontecimentos, através da qual o desejo se manifesta na ação, pode-se examinar o que ocorre quando não se arranha uma coceira.

Quando surge uma coceira (qualquer coceira), a pessoa de início se dá conta do desagradável. Na realidade, ao tempo em que tiver sido identificado e reconhecido um momento de desprazer, a mente esclarecida já elaborou uma dezena de estratégias para aliviar e fugir do indesejável. Nesta pequena coceira estão todas as compulsões de uma vida.

Então, a pessoa senta-se em silêncio e se dá um momento para si mesma. Observa a mão da mente estender-se vezes e vezes até aquela área do mal-estar, buscando alívio. Observando a insistência da mente, como intenção repetida, podemos estudar como até o menor mal-estar, os mínimos desprazeres, transformam-se numa emergência para a mente incansável.

É um exercício fascinante e estimulador de sabedoria. É o começo do fim da atividade inconsciente.

Este é o tipo de brincadeira que, de maneira bastante jovial, nos conduz à essência do ser. E à alegria absoluta de nossa natureza absoluta.

Uma análise sobre o ato de comer

Há quem afirme que "alimento é amor", mas para a maioria alimento é ódio contra si mesmo. Tendo isto em mente, seja amoroso, não use estas meditações como mais uma forma de abusar de si mesmo e de se privar; ao contrário, procure pesquisar com compaixão nosso relacionamento com o alimento e veja o comer como meio de libertar o corpo, a mente e o coração para que sejam nutridos. Aprecie seu alimento com autoconsciência — a meditação da Mordida Única. E, de pleno coração — a meditação Comer de Modo Sagrado.

Para muitos, nas civilizações "superdesenvolvidas" do mundo, o desbalanceamento da alimentação é problema sério. Não se ingere alimento pensando só em nutrir o corpo, mas como substituto para nutrientes mais profundos que não se recebeu.

Com freqüência comemos para alimentar o fantasma faminto que existe em nós. Nossa fome de prazer, de reconhecimento, de alegria, de sexo, de sucesso (aqui talvez não se trate tanto de fome quanto de uma espécie de indigestão). Buscamos satisfações passageiras porque nossas saudades da verdade, nosso Grande Desejo, raramente é satisfeito, e porque não conseguimos aquilo que realmente queremos.

Nascemos assustados e com fome, e no entanto a alegria absoluta é direito inato de nossa natureza absoluta.

A liberdade que buscamos consiste em transformar este fantasma assustado e a sombra sempre faminta, no espírito santo, no sopro divino. A libertação ocorre quando o fantasma se transformou em puro espírito.

Investigar um tipo de fome leva à libertação de todas as fomes. E da verdadeira fome, *a* fome que leva à dor. De forma estranha, nossas fomes não são nada pessoais, mas levam a um senso de desânimo pessoal.

Se nos propusermos a examinar qualquer processo automático, tal como respirar ou comer, criaremos uma oportunidade de trazer o involuntário para o interior da vontade e da percepção misericordiosa. Ficamos atentos ao comer não só como meio de compreensão, mas também como forma de, com compaixão, conhecer maiores anseios. Incondicionalmente, nos abrimos para o há muito condicionado. Não mais julgamos o desejo, nem mesmo desejamos desenfreadamente que ele desista, mas encontramos com compaixão essas inclinações, por vezes tão cruéis.

O fantasma faminto é tradicionalmente personificado como tendo uma boca gigantesca com a qual tenta saciar seus enormes apetites. Mas tem o pescoço fino como um lápis e uma garganta estreita por onde nada pode ser engolido. E tem a barriga inchada dos que passam fome. Nada do mundo exterior satisfaz o que se acha dentro. O fantasma (o corpo denso) pode de certa forma saborear o mundo, mas jamais se nutre dele. É algo parecido com o estômago — ele deseja o mundo inteiro nele mesmo. Ele vive externamente nos sentidos, fixando-se em satisfações temporárias, jamais vivenciando a essência do permanente brilho que é ser, que é "satisfação pura". Ele lê o cardápio com a luz que se encontra além de seus enormes apetites e vontades.

Há na tradição sufi uma história em que Nasrudin, com sua louca sabedoria, voltava do mercado com uma enorme cesta repleta de pimentas e, com os olhos lacrimejando e o nariz escorrendo, comia uma após outra. Vendo aquilo, um discípulo pergunta a razão de ele continuar a abusar de si mesmo com tais pimentas, obviamente ardidas. Nasrudin olhou para ele e respondeu: "Estou procurando uma que seja doce!".

Isso lhe soa familiar? Não será este "procurar por uma doce" que nos provoca o gosto amargo? Quanta dor podemos suportar? Por quanto tempo, enquanto procuramos "a doce", continuaremos a nos queimar? E quanto tempo levaremos para descobrir que nós somos "a doce" que procurávamos?

Tornar-se atento ao processo de comer permite-nos investigar a profunda vontade, o anseio que com freqüência nos produz tanta inquietação. Como com qualquer outra atividade automática, quando a percepção do processo (autoconsciência) acha-se presente, aquilo que em geral está abaixo do nível da percepção (criando atividade involuntária) é colocado sob a luz forte de uma visão clara. Quando existe percepção, o condicionamento não age mais por conta própria. Rompeu-se o movimento inercial involuntário.

A autoconsciência permite-nos retardar o momento, fazendo-nos presentes em atividades das quais estamos sempre ausentes. O inconsciente não mais nos seduz com desejos desconhecidos de "a doce" ou com os medos que ardem.

Em tempos mais simples (de ser), quando aparecia a fome, nós comíamos. Mas agora, enrolados em nossa história pessoal, inúmeros estímulos cruzados condicionam antigas reações. Nós comemos nosso pesar. Surge o medo e mastigamos mais. Surge a dúvida e nos voltamos para longe de nós mesmos e abrimos a geladeira.

Por ironia, a qualidade que provoca o comer exagerado — o desejo de ser satisfeito, de ser um todo — é o mesmo estímulo que impulsiona uma investigação espiritual profunda. A fome que nos conduz à mesa de refeições nos leva também à almofada de meditação. Mas é uma fome um tanto diferente. Fome de saber, fome de liberdade, fome de paz. Este é o Grande Desejo que submete todos os desejos menores à fogueira da investigação e do deixar sair.

O Grande Desejo come nossa dor e alimenta o coração. Ramana Maharshi falou de cuidar da fogueira da liberdade à qual ele submeteu seus desejos menores, suas fomes menores, atiçando as chamas com o "grande *staff* da Grande Fome por libertação". É pelo Grande Desejo (que, se desconhecido, pode criar o "pesadelo da iluminação") que navegamos por entre a dor de até mesmo a vontade intensa (o que cria o sofrimento é a vontade e não o objeto da vontade) até atingir a intensa luminosidade interior. A luz é atraída pela luz.

O desejo que leva à mesa de refeições se multiplica, cria mais desejo similar; já o desejo pela almofada de meditação cria menos. O primeiro tenta alimentar o "Eu" do "Eu sou". Ele permanece e se esconde enquanto come. Ele acredita ser o corpo. O outro se nutre da plenitude do ser do coração.

Eis o que disse uma pessoa que vinha trabalhando com a meditação de comer por certo tempo: "A boca é a mente se arrastando. É um túnel aberto que leva à parte superior do crânio e aos fantasmas famintos que passeiam por lá".

Arrancando do passado nossa vida, vivemos passo a passo no presente. Sentimos o milagre do solo indo ao encontro de nossos pés para que possamos, como sugere Black Elk, "caminhar de maneira sagrada", honrando até mesmo as centenas de micróbios que morrem com nossa respiração. A vida devora a vida. Estamos todos no prato. Tudo o que vive está garantido pela vida de outros. Viver é respeitar este processo. É saborear cada porção de comida. Respirar cada onda de respiração. Viver um momento por vez. "Comer de maneira sagrada."

Mas antes é indispensável aprender a dar uma única mordida. Estar presente em um único momento por vez. Ver, cheirar, ouvir, sentir, saborear e pensar em uma mordida por vez. Abrindo-se para o instante no qual acontece a vida. Não pensando nossa vida ou sonhando com ela. Mas vivenciando-a por inteiro a cada instante. Deixando sair o momento passado e recebendo cada novo que surja. Bebendo do copo, não o louvando apenas. Trata-se de vivenciá-lo por completo, não o conduzindo para a antiga mente, com o que se adicionaria mero fragmento de recordação e história pessoal, e sonhar-se-ia o sonho ressequido, intensificando a sede.

Bebendo do copo
Água fresca
Pensando enquanto bebo —
Recordações bolorentas
Atento aos pensamentos —
Água fresca.

Aprendendo em primeiro lugar a dar uma única mordida, aprenderemos por fim a comer com toda atenção. Cientes não apenas do comer, mas também daquele que come e do que é comido. E da natureza inter-relacionada de cada um deles. Despertando para a verdadeira natureza do comer, revelamos a verdadeira natureza daquele que come.

Comer é uma das atividades compulsivas favoritas. Poucas refeições feitas ao longo de toda uma vida são plenamente vivenciadas.

A autoconsciência de comer pode se ampliar e se aprofundar, transformando-se numa autoconsciência do falar, pensar, agir e da intenção. Ela permite o coração.

Segundo consta, Jesus disse: "Não se preocupem com o que entra em suas bocas, preocupem-se com o que sai!". A claridade vem não *do que* colocamos na boca, mas de *como* o colocamos. Da mesma forma que não é o que fazemos que liberta, e sim como o fazemos. Um camarada certa vez declarou: "Não se trata de como fazer o bem, mas de como fazer bem o bem".

Inúmeras pessoas preocupadas com a questão da saúde ou do peso costumam pensar sobre o que comem, mas o verdadeiro problema é como comer. Comemos automaticamente. Enquanto ainda se mastiga uma garfada de alimento depositado na boca, já uma outra aguarda a vez, tal qual caminhão aguardando na fila sua vez de descarregar e se pôr em marcha em busca da próxima carga. Mastigamos olhando para um garfo cheio, imaginando o momento seguinte de modo a consumir mais. Mastigamos sem saborear. Engolimos com pequena percepção de nossa intenção de engolir. Mal vemos o alimento, a não ser em sua aparência superficial e mal o cheiramos, a não ser logo que ele chega. Mal tocamos o alimento ou sentimos sua textura e consistência, a não ser quando o consumimos pela primeira vez e, mesmo assim, por uma mera fração de segundo. Raramente sentimos o talher em nossa mão. Raramente escutamos o ruído do talher raspando o prato ou da comida sendo moída pelos dentes. Poucas vezes nos damos conta da atividade da língua movendo-se com o alimento para diante e para trás procurando distribuí-lo de forma homogênea entre os molares.

Na realidade, por vezes nos perguntamos o que vem a ser aquele gosto amargo que ficou: são uvas azedas. É uma racionalização sobre outra refeição comida, mas não saboreada. Desperdiçamos tantas refeições que muitos se sentem passando fome.

As meditações de comer fazem parte de diversas tecnologias espirituais. Elas são uma forma de trazer a mais comum e automática das ações para o interior dos domínios da percepção que cura. É a possibilidade do que se chama de "escolha livre". Quando a autoconsciência é trazida para o momento, somos capazes de responder com base no adequado, e não só no automático e antigo. Romper com o antigo num momento de percepção equivale a viver um momento novo. Ir ao encontro do momento logo que ele nasce quer dizer estar presente com compaixão o que age em benefício de todos, inclusive de nós mesmos.

Existem várias maneiras de abordar com leveza a atividade compulsiva que cerca o ato de comer, e trazer uma nova percepção para os antigos famintos. Eis uma pequena autoconsciência que interrompe o ciclo do esquecimento compulsivo: para começar, não coma de pé. Sente-se para comer e sinta inicialmente seu corpo na cadeira. Coloque-se "de corpo e alma" à mesa de refeições. Para desfazer os comportamentos automáticos, talvez fosse conveniente você passar os talheres para a outra mão. Se você for destro, coma com o garfo na mão esquerda; isto interromperá a "ação da pá" automatizada. E observe-se. Quando o desejo se sobrepõe à autoconsciência, o garfo voa, como que num passe de mágica, para a mão habitual.

Ao comer, bem como em tudo o mais em nossas vidas, o importante é cuidar de uma coisa por vez. Ao comer, minimizamos as distrações eliminando quaisquer desvios em nossa atenção como, por exemplo, música, televisão ou outros estímulos sensoriais que podem obscurecer o foco no processo em pauta. Fazer uma coisa por vez aumenta a concentração e a autoconsciência ao longo do dia. Comer é a oportunidade perfeita de praticar este passo simples, a maneira sagrada na qual honramos e vivemos nossas vidas. Se a sugestão foi aceita, lembre-se de largar o garfo cada vez que o alimento é levado à boca. Enquanto mastiga, deixe o garfo no prato. Ao depositar o garfo, observe que os dedos relutam em abandonar o vício da gratificação instantânea.

Cada vez que uma garfada for levada à boca e seu conteúdo for lá esvaziado, faça com que o instrumento volte para o prato e deixe sua mão solta ao lado. Centralize a atenção na boca, no processo de mastigar, na língua que distribui o alimento entre os molares. No processo de saborear. Observe qualquer anseio pelo "bocado doce". O processo de uma nova mastigação. O processo que se segue à intenção de engolir. O engolir. A intenção de "conseguir mais". Dando uma única mordida aprendemos a comer de um modo sagrado. Dando uma única mordida toda a refeição é comida momento a momento. Dando uma única mordida abrimos nosso coração e não só nossa boca.

Observando intenção após intenção, a compulsão de obter mais sensação agradável, descobrimos a base de todos os nossos vícios.

Enxergar que o desejo precede a intenção, tal como a intenção precede a ação, nos ensina a evitar cair a cada momento na percepção pequena da vida que acreditamos conduzir, mas que na realidade nos conduz. Observando a intenção rompemos o elo automático existente entre o desejo e a ação.

Saboreando devidamente e com autoconsciência o alimento, obtemos o deleite sem a urgência. É receber o prazer com atenção sem se prender ao querer mais, ou sem medo de ter menos. Dissolve-se então a agonia dentro do êxtase. Ao vivenciar uma única mordida como sabor, como toque, como fragrância, estamos mais "fincados" no momento, desfigurando nossa urgência de ter "mais".

Quando este momento é suficiente, a vida é suficiente. Se este momento não é o bastante, nada será suficiente.

Uma coisa de cada vez. Como na meditação de caminhar ou da meditação da respiração, aprendemos a dar nossos primeiros passos, nossas primeiras ondas de respiração, e a viver outra vez. De maneira semelhante, na meditação de comer aprendemos a dar uma única mordida, e com isto descobrimos como comer e como viver de maneira sagrada.

Meditação da mordida única

(Para ser lida lentamente para um amigo ou, em silêncio, para si mesmo.)

Sente-se confortavelmente em sua cadeira. Puxe-a para perto da mesa. Sinta que a cadeira o sustenta.

E sinta este corpo que repousa na cadeira.

Note as sensações de pressão, onde suas nádegas se apóiam na cadeira. A força da gravidade.

As sensações no corpo, onde os pés tocam o chão.

Sinta este corpo no qual você se senta, este corpo que você está prestes a nutrir.

Sinta por inteiro o corpo tal como ele é.

Algumas sensações no estômago, talvez.

Expectativa na língua.

Desejo na mente.

Sinta o que surge agora para comer.

E comece a amolecer o ventre.

Deixar sair a tensão, a expectativa, a necessidade que vem à mesa disfarçada em apetite e preferências.

Lentamente, permita ao corpo suavizar-se e abrir-se para receber sustento.

Observe que até mesmo a expectativa de prazer pode apertar o ventre de forma desagradável.

E, mais uma vez, amoleça-o.

A mente/corpo acha-se envolvida por inteiro neste processo.

As sensações de estar num corpo foram recebidas e compreendidas.

Olhe agora para a mesa e para o lugar à sua frente.

Veja o prato que se encontra à sua frente e o alimento oferecido nesse prato.

E como as preferências e o desejo logo se manifestam.

A comida saltou do prato e já se encontra na mente.

A coisa real mais uma vez trocada por uma idéia, uma bolha, um pensamento.

A similitude absoluta viva do alimento transformada em mente antiga, e assim, quando é comido, o alimento raramente é saboreado como algo novo.

E mais uma vez comemos a mesma e velha refeição, da mesma forma.

Mas a percepção torna tudo original, fresco, vivo, no mesmo instante. Estamos aprendendo a estar vivos quando comemos.

Estamos aprendendo a dar uma única mordida.

À medida que a mente observa o alimento, examine sua reação.

Observe qualquer sensação de impaciência por levar o alimento do prato à boca. Amacie o ventre mais uma vez para receber nutrição, para estar plenamente vivo.

Observe a intenção de pegar o garfo.

À medida que a mão se estende em direção ao garfo, sinta os músculos do braço, do pulso, da palma da mão. Sinta o movimento provocado pela intenção, motivado pelo desejo.

Sinta a mão pronta para erguer o garfo.

Observe os músculos da palma da mão.

Sinta a lenta extensão dos dedos à proporção que eles se aproximam do utensílio.

Sinta o frio do garfo ao primeiro contato.

Ao erguer o garfo, observe os extensores e contratores no braço, que permitem à mão sua perfeita coordenação rumo à boca. E a coordenação de preenchimento existente entre mão e olho.

À medida que surge o senso do aroma, observe a fragrância do alimento penetrando nas narinas. Respire profundamente no corpo. Participe no cheirar.

Observe que é cheiroso o gosto que precede o mastigar e o engolir.

Sinta o garfo enquanto ele se ergue com o alimento.

Com o antebraço movendo-se para trás, o cotovelo se aproximando do corpo, de maneira a nivelar o alimento aguardado com a boca na expectativa.

Observe as sensações no queixo.

Observe que a língua se estende ansiosamente para receber a sensação.

Sinta o contato do garfo quando ele raspa os lábios.

Observe o contato do alimento na língua.

Sensação no corpo; expectativa na mente.

Sinta o alimento na língua.

Observe a primeira explosão de prazer quando o sabor se mostra.

Observe a boca se fechando ao se preparar para mastigar, os músculos do queixo se contraindo, as sensações dos dentes em contato com o alimento.

Mastigar. O gosto se manifestando.

Mastigar.

Gosto se manifestando.

Observe que a língua movimenta o alimento no interior da boca, procurando uma melhor colocação.

Observe que os dentes interromperam seu movimento por um instante para receber mais alimento.

Descanse o garfo.

Ao mastigar, apenas mastigue.

Não se trata de mastigar e escavar com uma pá, e escolher, e mastigar mais.

Não engolir pedaços e pedaços de comida, uns após os outros.

Apenas uma porção de cada vez.

Dê uma mordida com empenho total.

À medida que surjam desejos por outros sabores, observe a qualidade do gostar e desgostar com cada momento de sabor, de textura, de mudança.

Observe a qualidade de textura no alimento, mudando da primeira mordida para a seguinte — de sólido a pudim — mudando, mudando.

Observe que o alimento atinge uma consistência idêntica, e com que velocidade a intenção de engolir aparece de modo automático logo a seguir.

Observe a intenção de engolir.

Veja que o desejo cria uma intenção de satisfazer desejos e que a ação se origina de tal intenção.

Observe os reflexos necessários à medida que o alimento se move para o fundo da boca e para baixo, no funil que leva ao estômago.

Não se perca na busca por mais satisfação. Permaneça com as sensações de comer, de mastigar, de engolir.

Sinta o alimento descendo, passando o coração até atingir as profundezas macias do ventre.

O garfo voltou para a mão, cheio? Como aconteceu isto?

Faça o garfo retornar para o prato e tire as mãos enquanto se dá a mastigação.

Para dar uma única mordida, todos os sentidos são empregados.

Veja o alimento, sua forma delineada contra o prato.

Cheirando, inalando o gosto na forma de fragrância.

Sentindo o corpo inteiro no presente.

Cada vez que uma garfada ou colherada se ergue em direção à boca e lá esvazia seu conteúdo, faça com que o utensílio volte para o prato.

Descanse a mão delicadamente ao lado dele e dirija sua atenção para a boca, para o corpo, para a mente. Investigando e vivenciando por inteiro toda a ampla gama de sentimentos e sensações existentes no processo de comer.

Observando a tendência que tem a mente faminta de se apoiar no momento seguinte — de buscar satisfação imaginada em algum futuro imaginado. Ao comermos, verificamos com maior nitidez o desejo "por mais". E tocamos com compaixão este anseio profundo por plenitude e satisfação.

Faça a atenção retornar para a boca, para o processo de mastigar, para a língua ajustando o alimento, para o processo de saborear, mastigar, engolir.

Engolir com autoconsciência.

Fazer toda a refeição, dando uma mordida de cada vez.

Dando uma única mordida, comemos de forma sagrada.

Dando uma única mordida, toda a refeição será honrada a cada momento.

Dando uma só mordida, a vida torna-se banquete.

Mais uma observação sobre o ato de comer

Um mestre Zen certa vez afirmou que comer era "colocar nada em nada". E, na verdade, compartilhar da vastidão penetrante que contém "nada" representa um banquete magnífico, embora o "nada" seja perceptível em tudo. Deus colocando Deus no Deus. E nesta vastidão não há nem mesmo "nada". Espaço tão indescritível quanto não contido. Vazio sagrado. Espaço sem limites. Incapaz de ser tocado, mas com freqüência sentido. Incapaz de ser saboreado e no entanto saborosíssimo. Raramente capaz de ser ouvido até ser arrastado para a mente de um Mozart ou de um Rumi ou de um rouxinol. É o som do vento nas árvores. É também o som das árvores quando não sopra o vento. Escutando, nós ouvimos. Ao saborear, nós experimentamos o aroma do ilimitado, nossa verdadeira natureza. Inalar sua fragrância nos leva quase ao êxtase. Ao pensar, enxergamos os pensamentos como processo, à medida que nos dissolvemos naquele espaço no qual flutua o processo. Não há observador, não há observado. Não há o que come nem o que é comido. Apenas o próprio comer. Apenas o processo evoluindo sob o agudo foco da percepção iluminadora. Apenas o observar evoluindo na amplidão. Compartilhar, sem tentar possuir a força da vida no interior de tudo "o que é". Uma parte da grande rede de interconexões entre tudo o que existe.

"Mais" não é o suficiente. Apenas o Um (nossa similitude absoluta compartilhada) servirá. O resto é inquietação.

Assim, como o eixo que conduz a força do motor para as rodas, a intenção impulsiona o desejo rumo à ação; da mesma forma o garfo estabelece a conexão entre o prato e o alimento visto e cheirado com a boca faminta, pela satisfação de há muito ansiada.

Para comer com autoconsciência é necessário desenvolver o relacionamento de autoconsciência com o garfo.

Veja-o. Sinta-o. Apanhe-o. Encha-o. Leve-o à boca. Note o contato com os lábios ou língua. Observe que ele retorna ao prato por si só. Observe-o a aguardar com impaciência o momento de despejar seu conteúdo e carregar novamente. Veja quanto ele se movimenta pelo prato em busca de satisfação, tentando pescar o próximo bocado. Em seguida, ergue-se como uma carregadeira em direção à boca. Em *The fork story* (A história do garfo) acham-se todas as peças de Shakespeare, todos os poemas de Baudelaire ou Poe, todas as músicas românticas *country*.

Os garfos podem comer por si mesmos. Eles precisam ser vigiados. Conheça seu garfo!!!

A HISTÓRIA DO GARFO

Todos conhecem a mal-afamada História do Garfo e a compulsão que ela personifica:

Veja-o a descansar casualmente sobre a mesa. Uma escultura de metal. Um objeto sólido. Ele produz sombras.

Este objeto não é tão inocente como pode sugerir sua imobilidade momentânea. É, na realidade, um óbvio objeto de ataque, a máquina dos sentidos.

Note que ele é frio ao primeiro contato. E que ele rapidamente se aquece quando agarrado pelo faminto. E logo se torna invisível para a mão, agora extensão do corpo de desejo.

Note como ele se enche, espécie de elevador para a língua, cheio de brócolis e expectativas.

E se apressa em direção aos sentidos, a boca aberta. E o estômago parece gritar: "Me dê comida!".

A língua, bastante mais sofisticada do que "aquele animal, o estômago", deita-se como que suplicante em plena prostração, aguardando aquela primeira porção.

Em seguida, rapidamente a joga para trás rumo aos molares atentos que liberam o primeiro aroma.

Surge sabor após sabor. As texturas se modificam e modificam.

O garfo, que de há muito já foi e voltou, espera bem perto dos lábios por "outro ataque".

A língua mal terminou sua dança, nem saboreou tudo ainda, e já o desejo de "mais" exige que involuntariamente se engula. A língua, entretanto, se retorce para trás, quase que mergulhando garganta abaixo na tentativa de seguir o alimento que desaparece, querendo "saborear mais uma vez apenas".

Mas os lábios fazem recordar, diminuindo com isso o pânico, que outra garfada acha-se logo ali. E o queixo se escancara como bico de filhote de passarinho pronto para receber o "próximo pedaço delicioso".

Com a língua ligeiramente estendida, aguarda-se com ansiedade o momento seguinte.

E o desejo se aquieta por um momento envolvido por certo sabor ou textura à medida que vivenciamos "satisfação".

Mas logo a vontade de "mais" reaparece. Os fantasmas esfomeados ressurgem por sua própria conta e as águas límpidas da mente mais uma vez se agitam e passam a ansiar. Aquilo que um momento atrás era objeto de satisfação passa agora a ser "algo a proteger", algo que se pode perder. Mais pesar. Outra vez o bailado das águas da expectativa e insatisfação, não preenchidas, e ansiando pela satisfação que se acha logo abaixo de nossos anseios.

E outra vez o garfo nos diz para comer nosso pesar. Espertamente, ele recolhe as ervilhas do molho branco e as conduz em direção ao purê de batatas. O estômago está cheio, mas a língua continua ansiando, enquanto o bocado final é mastigado. O estado de alerta, com o ventre cheio, há muito tempo se retirou da mesa e foi em busca da sesta, enquanto o garfo instintivamente termina os rounds programados.

Mas novamente lembrando que estamos vivos, examinamos o momento. Damos uma única mordida de maneira sagrada e gradualmente nos libertamos da "emergência do desejo", aquela vontade em pânico que cria tanto pesar. Autoconsciência de comer. A percepção cura.

Enxergar por inteiro faz com que se veja com nitidez, vivenciando não só aquilo que é visto, mas também a mecânica de se ver. Desta forma, aprende-se a ouvir, saborear, sentir, cheirar, e a pensar com clareza e por inteiro no momento. É um penetrar por inteiro na "realidade", examinando e penetrando, retirando os véus da percepção de há muito condicionada e que mancha os sentidos e enche a mente de imagens fantasmáticas do antigo. Desperta-nos de sonhos revistos.

Entrar por completo em nossas vidas, não enxergar a mesma velha visão da mesma velha forma (mente), ou saborear a mesma velha refeição (mente), ou cheirar a mesma velha fragrância (mente) ou pensar o mesmo velho pensamento (mente) — com isso a pessoa não mais reage a estímulos mas aprende a responder. E a apreciar com maior intensidade as novas possibilidades de cada mordida, de cada respiração, de cada passo.

Deixando-se apanhar cada vez menos pelos modos profundamente condicionados de vivenciar e interpretar o momento passado.

A autoconsciência dissolve a morte e o mortal em nossas vidas conduzindo-nos até o presente sagrado.

E depois?
Um mestre Zen responderia: "Lave os pratos".
A iluminação não termina com a última garfada.
Lave os sentidos à medida que você lava os pratos. Observe a temperatura morna da água. A textura da fina película de sabão sobre o prato. Observe qualquer intenção de se apressar. Ou de acreditar que a satisfação essencial será encontrada em algum outro lugar.

Lave a prataria por último. Respeite seus utensílios. Trate de polir cuidadosamente seu garfo, com autoconsciência, de maneira sagrada.

Este é o zen do garfo.

Mas comer não termina com o lavar dos pratos. Mais tarde, sentado comodamente no sofá, tome ciência "do que vem depois" da digestão — o corpo a processar o molho e aquele purê, e também, é óbvio, o milho. E observe que vibrante é o corpo no qual você se encontra.

Evacue com gratidão e percepção.
Este é o zen do banheiro.
Isto não é o final da História do garfo.

Comer de modo sagrado

Comer de maneira sagrada significa ter consciência da natureza da íntima conexão existente entre o comido e aquele que come. Reverenciar o que é comido. Dar-se conta daquilo a que o excepcional mestre Thich Nhat Hanh se referia como "interexistência".

Para comer de maneira sagrada precisamos aprender a comer com o coração. Assim, começamos com a meditação do Ventre Macio, que nos permite deixar sair o pesar há longo tempo aprisionado e que comprime o abdômen. Tocando com percepção e compaixão a dor que tão intensamente aprisiona o estômago no ventre endurecido, libertamos o estômago para que este possa, afinal, receber nutrição. E cuidamos de cada elemento deste processo sagrado.

Quando comemos de maneira sagrada, o corpo alimenta-se para sobreviver e servir. O comer não termina na língua. O sustento oferecido para o corpo inteiro é recebido em ventre macio. Reverenciamos o processo de vida e a linhagem de criaturas que se sacrificaram pelo prato. Comemos em benefício de todos os seres sensíveis.

Para desenvolver esse senso de interconexões, é forçoso conhecer a forma original de tudo o que se come: ter a visão do trigo do qual se fez o pão, o leite da vaca, a vagem das ervilhas. O oceano de peixes. E o sol que nutre todos eles. Deixamos entrar o sagrado, a semente de vida, como a eucaristia, com gratidão e respeito.

Quando aprendemos a comer com o coração reverenciamos o estômago e não somente a língua. Voltamos a ser crianças que, hesitantes, aprendem a se alimentar, a satisfazer as fomes violentas numa maneira que cura os anseios dolorosos, ao invés de intensificá-los. Quando comemos apenas com a língua, um único órgão prevalece, silenciando todo o "bom senso" dos outros sentidos. Deixar-se conduzir por um único órgão em detrimento de todos os outros também provoca um *insight* acerca de outras compulsões.

Comer de maneira sagrada significa comer com autoconsciência do sagrado, a vida única de que todos compartilhamos. Comer de maneira sagrada é cuidar por completo da divindade latente em tudo que come e é comido.

Quando comemos de maneira sagrada não mais somos a causa da fome no mundo, mas sim sua possível solução. Participando com autoconsciência da vida de outros, focalizados na essência compartilhada, surge uma muda compreensão — sentimos que tudo isso é indivisível. Sentimos o quanto havia de verdade nas palavras de Buda: ele afirmava que o "dar" possui enorme capacidade de nos sintonizar com a essência compartilhada e que, se compreendermos isso, ofereceremos aos outros parte de qualquer de nossas refeições. Quando você come de maneira sagrada, cada refeição é precedida por oração pelo bem-estar dos que vão à noite para a cama com fome. Temos bem viva na memória a face daquela criança abandonada nas ruas de Nova York; quando lhe perguntaram: "Você tem comida suficiente?", ela respondeu: "Algumas vezes fico alucinado de fome!". Comer de maneira sagrada é servir o mundo.

E, me permitam uma nota pessoal e desagradável, e perdoem a hipocrisia e o ar pretensioso da opinião: se alguém deseja acabar com a fome no mundo, seria conveniente que pensasse em diminuir o consumo de carne, em função do que as florestas estão sendo derrubadas e o efeito-estufa aumentado. E em função do que centenas de milhares de acres de terra fértil, que poderiam alimentar milhões de pessoas, estão sendo sacrificados ao apetite de relativamente poucos. É desperdício nocivo de recursos. Mas, além desses vendavais mentais, há também uma questão de coração. Na realidade, não se trata de uma questão de carne ou de comer carne, mas o simples fato do sofrimento desnecessário imposto aos animais. (Ver John Robbins — *Diet for a New America*.)

Comer de maneira sagrada é aprender a comer por inteiro no momento, logo que ele se dá, não como vago sabor posterior que lamentamos em nosso leito de morte.

Em seu leito de morte um mestre Zen recebeu seu bolo favorito de um discípulo que lhe perguntou: "Qual a natureza da vida e da morte?". E o velho mestre respondeu: "Meu! Este bolo está uma delícia!". Ele o comeu de maneira sagrada. Ele morreu de maneira sagrada.

Meditação dirigida para comer de modo sagrado

(Para ser lida lentamente para um amigo ou, em silêncio, para si mesmo.)

Ao se aproximar da mesa, reflita sobre a característica de desafio-da-morte que o ato de comer contém.

Sente-se, e sinta a cadeira sob suas nádegas. Sinta o encosto contra suas costas.

Sinta o corpo que nela está sentado.

Tome ciência do corpo e de seu relacionamento com a mesa e a comida no prato. Percepção do corpo.

Reverencie o alimento que se acha no prato. Observe as formas do alimento, suas cores. Observe como a cor define a forma. Que a curva verde da ervilha contra o fundo branco do prato delineia seu arredondado. Aprenda a enxergar.

Tendo examinado o alimento em sua forma atual, imagine o alimento em sua condição original. Do pão, campos dourados de trigo ondulando-se ao vento. Córregos na montanha. Ovos no ninho. As vacas holandesas com suas manchas em preto e branco que forneceram o leite. As ervilhas verdes arrumadas em vagens em hortas florescentes. A terra escura. A chuva. E o eterno sol. Os arrozais, os pés de feijão. Batatas que mãos fortes arrancam do solo. E se houver carne no prato, descubra de que animal ela proveio. *As vacas no campo, ou em caminhões que as transportam para o mercado. Os rebanhos de pacatas ovelhas. Os porcos barulhentos. Os peixes silenciosos.*

Imagine-se então a recolher o alimento — talvez cantando ou entoando louvores à vida prestes a ser consumida. Imagine-se a colher os aspargos, a selecionar os tomates dos pés, a ceifar o trigo ou o arroz, a escolher as ervas e os temperos. E se houver carne, imagine o animal. Cante para ele. Louve-o. Agradeça pela carne oferecida.

Essa é uma maneira de visualizar, com o olhar do coração, o alimento a ser consumido.

Reverenciando as origens do alimento, focalize o ambiente no qual o alimento deverá ser consumido. A mesa, a toalha, o desenho do prato. Os níveis de sal e pimenta nos respectivos frascos. A suave curva do líquido tal como ele se adere às paredes do copo.

Abençoe o alimento no prato. Veja cada bocado como se ele fosse mais uma onda de respiração, permitindo que a vida permaneça no corpo por mais um instante. Agradeça. Use-o bem. Aspire seu perfume. Observe como a fragrância do alimento é devorada por nossas narinas. Saboreie plenamente os diferentes aromas. Observe que o aroma das ervilhas fervidas cheiram diferente das batatas cozidas. Examine como a fragrância estimula o desejo. Fragrância é antecipação. Aprenda a cheirar.

Observe que uma olhadela de lado, uma recordação fugaz ou um simples aroma faz o desejo atingir rapidamente a superfície.

Inspire com autoconsciência. Expire com autoconsciência.

Ao pegar um talher, vivencie inteiramente os músculos do braço, extensores e contratores, à medida que eles respondem à intenção de apanhar o garfo, a faca ou os pauzinhos orientais. Reverencie o peso do garfo em sua mão. Sinta sua aspereza, ou seu polimento. Sinta que é frio. Sua crescente temperatura. Observe estas sensações em constante mudança. Aprenda a tocar.

Entre em contato direto com as sensações que surgem do utensílio em sua mão.

Tendo observado a intenção de apanhar o garfo, e sentindo o garfo inteiramente em sua mão, nos dedos, preste atenção nos músculos do antebraço e bíceps à proporção que o garfo traça seu arco rumo ao prato.

Presença sagrada de um corpo à mesa.

Sinta a ponta do garfo curvando-se para pegar o alimento e a ligeira alteração de peso quando o alimento é erguido do prato.

Há sensações fluindo do prato em direção à boca.

Investigue o frio do garfo quando ele toca os lábios. Sinta o queixo se abrir, expondo a cavidade oral para o alimento. Contato direto.

Escutando o garfo enquanto ele arranha o prato, observe também os pássaros nas árvores, o vento nos galhos. O barulho na rua, a voz na mente. Aprenda a ouvir.

Sinta o alimento na língua. Sensação direta.

Observe a intenção da boca de se fechar.

Saboreie o alimento na língua. Reverencie suas diversas texturas e como elas mudam com a mastigação. Observe os elementos de doçura, de sabor amargo ou picante, que compõem cada momento de saborear. Observe a cada instante a qualidade de aroma sempre em transformação. Aprenda a sentir o paladar.

Observe qualquer condição automática ou mecânica no processo de mastigação. Devagar, sentindo plenamente o paladar. Saboreando por completo.

Reverenciando a resposta da mente ao alimento, observe como o gostar e o desgostar surgem automaticamente a cada mordida.

Que o gostar conduz ao ansiar.

Que o ansiar potencializa a expectativa.

Que a expectativa teme a insatisfação.

Que este medo do "menos" impulsiona a intenção.

Que a intenção fabrica a resposta.

Que a resposta se perde em reação.

Que, ao reagir, agimos sempre da mesma velha maneira.

Veja quanto a autoconsciência do sagrado interrompe a conspiração.

Reverenciando esse antigo movimento inercial, nós não o encaramos com julgamento, mas com compaixão e respeito. Observe a cadeia de acontecimentos na mente como espetáculo passageiro.

Observe que cada momento condiciona o seguinte.

Reverencie o processo que flutua no vazio sagrado.

Observe o relacionamento do desejo com o alimento. A motivação em direção à gratificação. A tendência de querer "mais". Observe a mente por inteiro. Aprenda a pensar. Aprenda a sentir.

Em cada mordida há inúmeras oportunidades para o sagrado. Para o tocar sagrado. Para o escutar sagrado. Para o cheirar sagrado. Para o pensar sagrado. Para o sentir sagrado.

E, no coração, muita gratidão por este momento da vida, esse pedaço sagrado.

OUTRA MORDIDA SAGRADA

Quando comemos de maneira sagrada, ainda que a refeição nos desaponte — cozinhou demais, muito sal, ficou cheia de caroços —, existe a oportunidade de se ter um *insight* de cura.

Quando penetramos em nosso ansiar de maneira sagrada, com compaixão e percepção, toda a refeição é comida no âmago do divino. Cada momento liberta o anterior. Aquilo que havia devorado o mundo, aquilo que mantinha nossa fome, realinha-se e começa a alimentar a fome.

Quando comemos de maneira sagrada, reverenciando uma mordida de cada vez, transformamos o inferno em céu. Tiramos nossas vidas das sombras do antigo e as colocamos na luminosidade do novo. Descobrimos a presença flutuante no presente. Reverenciamos a existência.

À medida que o comer se torna uma oração em benefício de tudo o que é sagrado — tudo o que vive e respira, tudo que, tal como nós mesmos, deseja somente ser feliz —, um senso do sagrado invade nossa vida. Entrando na única vida da qual todos compartilhamos, nos tornamos sagrados. Comer então não passa de processo de permitir que a imensidão inominável receba o mundo.

Quando comemos de maneira sagrada, não existe na realidade alguém a comer algo, existe o mero partilhar de si mesmo. Há apenas certa alegria evoluindo.

Trazer o habitual/inconsciente para dentro da consciência significa reverenciar nossa própria vida e as vidas dos que nos nutrem. Isto rompe o movimento inercial das tendências não-vistas antes que elas atuem. Destrancar um único sentido ou apetite é ter acesso a todo o campo de desejo.

Observando com ventre macio as densas nuvens de desejo que obscurecem a luminosidade de nossa verdadeira natureza, ultrapassamos o "eu" autoconsciente que sempre come sozinho não importa o tamanho do banquete. Romper este mesmo modo antigo de comer, sempre a mesma velha refeição, significa sentir a divindade do que é comido e do que come, e participar por inteiro no comer propriamente dito. Assim, damos uma mordida de cada vez, reverenciando todo este mundo e podendo comer, caminhar e viver de forma sagrada.

Meditação do comer — observação quanto à técnica

Comer é uma meditação ativa. Práticas ativas têm benefício especial. Quando as práticas ativas são bem desenvolvidas, elas se tornam o que em alguns mosteiros zen é chamado de "meditação de trabalho". Significa não se perder no que se está fazendo.

No caso da prática ativa das meditações de comer (e por certo com todas as meditações envolvidas) há um processo em fazer delas algo de seu.

De vez que essas meditações dirigidas de comer não podem de início ser usadas com os olhos fechados, a pessoa deve começar por aprender a técnica antes de se lançar à prática. Desta forma, a meditação é inicialmente abordada como contemplação. Ela é lida e relida, fechando-se os olhos de vez em quando para absorver o parágrafo precedente.

As meditações podem então ser lidas ou escutadas em fita enquanto se come uvas passas ou amendoins ou talvez um pouco de cada um alternadamente, de maneira a examinar diferenças de textura, aroma, preferências, intenção. (Quando você comer e escutar, *apenas* coma e escute.)

Por fim, entretanto, como qualquer meditação, não se ouve ou lê; a meditação é internalizada através de repetição atenta. Este processo termina por fazer da meditação algo de seu. Então a pessoa *se torna* a meditação, não é mais só uma técnica mas uma mudança no estilo de vida.

Isso explica com exatidão por que trabalhar com continuidade com a meditação *da Mordida Única* evolui naturalmente para a prática de Comer de *Modo Sagrado*.

Brincadeira do comer —
uma experiência de consciência

Coma a mesma coisa todos os dias, durante uma semana, observe como o desejo acha-se relacionado a não se obter o que se quer.

Como forma de brincar com leveza com tais estados carregados, é valioso analisar tais necessidades básicas e a perversidade primal, de vez que elas estão emboladas no sentido do paladar. Existem poucas áreas em que se pode com tanta facilidade enxergar o desejo por "mais", como quando se está comendo ou selecionando aromas.

Existem poucas maneiras pelas quais se pode brincar com a investigação do comer. Por exemplo, selecione um alimento que ofereça nutrição balanceada, assim como arroz e feijão, e coma somente isto durante uma semana ou um mês — o tempo depende de seu interesse em tal investigação.

Outra forma é escolher o mesmo alimento em cada uma das três refeições durante o dia, talvez comendo apenas centeio em cada refeição matinal, um sanduíche em cada almoço e arroz e feijão no jantar. Continue a comer estes mesmos alimentos durante uma semana. Observe as tendências da mente e suas impertinências por não obter aquilo que quer. Observe que a tristeza que acompanha nossa fixação às coisas torna-se diferente. Observe a alegria de "deixar sair" até atingir isso.

Se você desejar aumentar a intensidade dessa prática, empenhe-se em segurar o talher na mão oposta à que você em geral usa. Essa atitude fará romper algum movimento inercial inconsciente de desejo que se manifesta por uma ação. E trará também algum *insight* sobre a qualidade volitiva que precede cada ação, à medida que observamos mais e mais a intenção não correspondida de trocar o utensílio para a modalidade mais fácil.

Cresce o *insight* quando trazemos o impulso quase involuntário do desejo à autoconsciência. Prestando atenção a cada momento do crescente desejo de preenchimento, percebemos que este tem vida própria e uma história pessoal. Então paramos de declarar guerra ao desejo e de tentar *forçar* o "predomínio absoluto da falta de desejo" e começamos a fazer as pazes com nossos anseios.

Quando o desejo não mais é objeto de julgamento, mas é tido como a causa de tanto sofrimento em nós mesmos e no mundo, a investigação misericordiosa do desejo se instala no coração como uma prática de cura para a vida toda. Quando deixarmos o Grande Desejo comer todos os outros, jamais voltaremos a ter fome.

Alguém perguntou: "Por que comer a mesma coisa todos os dias?".

Porque você não o saboreou na última vez!

Quando os budistas meditam

Quando seres humanos meditam
eles por vezes fecham os olhos
e sentem este corpo —
um campo cintilante de sensações —
um ardor, quente e frio,
gravidade aqui e ali.

E atentos à respiração
no ventre ou narinas
escolhem um
e nele ficam por cinco anos —

não o pensamento da respiração
mas as sensações que acompanham
cada inspiração
cada expiração.

O começo
o meio
o fim
de cada inspiração
e o intervalo
no qual o pensamento serpenteia livremente.

O começo
o meio
e o fim
de cada expiração

e o intervalo entre elas
e o pensamento
e o intervalo entre pensamentos

voltando à respiração —
somente a sensação respirando por si só.
As sensações se percebendo
a flutuar no espaço.

Até mesmo a idéia de quem
vem fazendo tudo isso
flutua à solta
não passa de outra bolha

outro pensamento pensando em si mesmo
refletindo-se como Escher
o momento frágil
desaparecendo no espaço

de volta à respiração "como devoto
que quebrou seu voto
mais de mil vezes"
e volta tranqüilo
outra vez.

Observando os pensamentos
pensando em si mesmos
um penetrando no seguinte —
começando por uma fração de segundo a existir
e se dissolvendo —
mesmo noções como a impermanência
sendo levadas pela correnteza.

Observando o sentimento emergir
sem ser convidado —
inesperadamente impessoal
ninguém a quem culpar
ou apenas culpar
as cordas que queimam
de tanto agarrá-las por mudanças.

E de volta à respiração
a percepção transformando o velho
em novo em folha.

Conteúdo se dissolvendo em processo.

Processo flutuando no espaço.

Observando a consciência sonhar
o self *e o mundo —*
continuamente criando mais
do menos para existir.

Buscamos somente para descobrir
que aquilo que se busca
deixa o buscador bem para trás.

Somos aquilo que procuramos,
na falta de termo melhor,
Deus.

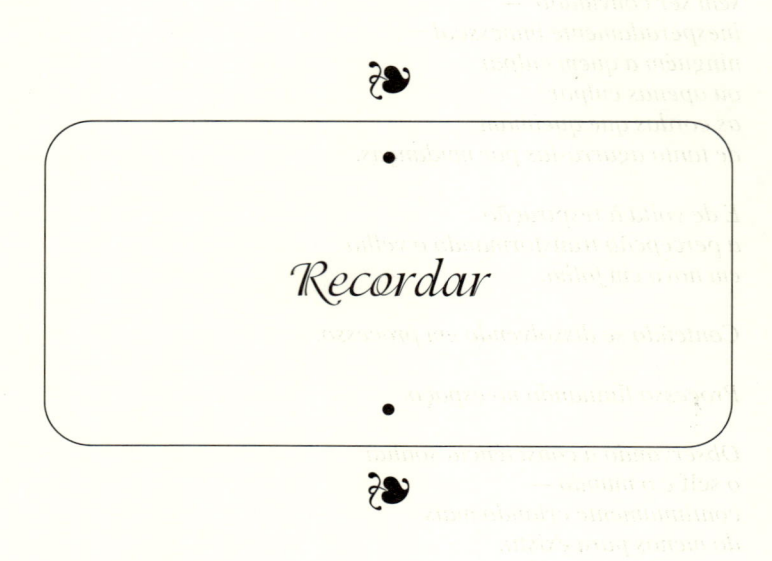

Recordar

Grande parte da prática não passa de recordação. Lembrar da respiração, lembrar de ser atento, lembrar de nossa verdadeira natureza e lembrar do espaço em que tudo isto flutua.

Quando se recorda, há uma pausa momentânea na qual a luz pode penetrar no processo.

Com freqüência a diferença entre servidão e liberdade, entre estar perdido em estados mentais densos e redescobrir o espaço em que eles flutuam, é o recordar do ventre macio ou da respiração. Ou pode ser mera observação do momento. Simples focalizar. Uma percepção amorosa.

Para nos auxiliar a compartilhar deste ensinamento com participantes de *workshops*, durante vários anos usávamos uma faixa com os dizeres: LEMBRE-SE. Por vezes pendurávamos a faixa na parede atrás de nós quando ensinávamos. Mas deixamos de trazer a faixa para os *workshops*, porque eu vivia esquecendo-a. Havia nisso um claro ensinamento para mim; um lembrete para que eu me lembrasse.

Em certos dias eu me lembro no momento da primeira respiração. Noutros dias, só depois de ver os olhos de Maharaji ou os de Ondrea. Mas quando o coração está presente, ainda que eu não me lembre, eu jamais esqueço.

Encare tudo com leveza

Termo melhor do que iluminação é luminosidade.

Deixe sair a iluminação com leveza. Não existe meta. Só existe o processo. Não há perdedores.

O conceito de iluminação fecha corações e aperta os esfíncteres de vários "aspirantes". Muitos utilizam-no como forma de autoflagelação. Ele se choca contra o profundo absoluto do "nada é o bastante" que a mente é tão ávida de produzir quando forçada a vir-a-ser.

É uma experiência de pico para a mente, como o orgasmo para o corpo, e ambos estão sujeitos a grande ansiedade de desempenho.

O conceito de iluminação (em oposição a sua realidade) converte nosso pesar diário em sofrimento diário. Buscamos o salto de fé como se fosse uma competição. Iluminação é nosso direito inato. Luminosidade é o processo. Um gradativo "deixar sair". Um "se deixar ser" mais profundo. Uma cura mais ampla.

É brincadeira tola e calorosa. Uma visão curadora, mais claridade, mais amor.

Ironicamente, até mesmo as experiências clássicas de "iluminação" podem acabar por provocar mais luminosidade do que iluminação. Seis meses após tais experiências de pico, mesmo meditadores experientes podem estar mais esclarecidos e leves — mas ainda certas tendências latentes podem permanecer.

É comum dizer-se que a iluminação leva de trinta anos a um milisse-gundo — em geral ambos. Por que vocês estão franzindo a testa? Quanto pesar é preciso para ser eliminado? E com quanta compaixão podemos agora enfrentar a dor que anseia por futura iluminação?

Investigando o corpo real

Certa ocasião, um mestre Zen disse ao amigo que lhe contara a respeito de seu "trabalho" com adolescentes esquizofrênicos que o único serviço que se pode prestar ao outro é reforçar a confiança em sua verdadeira natureza!

Ensinar técnicas para o autoconhecimento e exame profundo é o maior serviço que se pode prestar a qualquer pessoa. Compartilhar da alegria de nossa realidade subjacente, de nossa verdadeira natureza, do Corpo Verdadeiro ilimitado. Então, não importa o que estejamos fazendo, iremos continuamente expandir o contexto no qual isto acontece. E haverá mais espaço no qual se penetrar.

Quando o Corpo Verdadeiro é nosso contexto, a doença em nosso corpo denso não é uma situação crítica, mas sim ensinamento. E nós nos relacionamos com a doença não como uma punição ou certa indicação de fixação anterior, mas como uma oportunidade extraordinária de entrar por inteiro em contato com nossa cura mais profunda. Então a doença ou os males nos relembram da qualidade intocada de nossa verdadeira natureza e continuamos ampliando nossa regeneração que ultrapassa a cura.

Quando o contexto é "meu corpo" então trata-se de *minha* dor e *minha* doença e *minha* dificuldade em me curar. Tudo é luta e fracasso. Mas quando o contexto é "*o* corpo", a dor adquire o sentido de universalidade, e curar passa a ser o espaço no qual flutua o não-curado.

O Corpo Verdadeiro é o corpo da percepção. É o imortal, é a vastidão sem fronteiras do ser. Percepção sem limites.

O Corpo Verdadeiro é o não nascido. É a maior parte de nós.

O Corpo Verdadeiro pode ser descoberto ao se analisar por inteiro o corpo e a mente vacilantes de nosso nascimento temporário. O Corpo Verdadeiro não diz respeito a tempo ou espaço. Na realidade, a duração e a perda nada têm a ver com ele. É a vibrante plenitude de ser, a partir da qual a consciência e todos os mundos se manifestam, enquanto ele investiga para descobrir quantos elétrons podem girar na cabeça de um alfinete.

Quando Krishna cochichou esse segredo a Buda, os deuses se tornaram apenas mais estrelas num céu caótico; ele riu, e seu riso assemelhou-se a relâmpago nas nuvens e choveu durante quarenta dias para limpar sua garganta.

O Corpo Verdadeiro é o corpo primordial, o corpo antes da forma. Ele precede até mesmo o corpo luz e os corpos astrais sutis de que falam tantos "buscadores" em suas conferências. Na realidade, a luz do corpo luz é a energia emitida, quando o ainda sem forma explode em forma. Antes que mesmo estes corpos sutis se manifestem a partir de apegos ainda mais sutis à forma. Aquilo a que damos o nome de "nosso corpo", o corpo oscilante, nasceu do Corpo Verdadeiro. Uma porção do movimento inercial prévio.

O Corpo Verdadeiro não é esta carne de vida e morte, de ventre apertado, cheia de dores e prazeres. É o corpo da Existência Absoluta. Diante desta enormidade, o corpo oscilante não passa de pequena protuberância em direção à superfície, um universo menor.

A mente há séculos condicionada produz corpos minúsculos e limitações gigantescas.

O coração não faz nada. Não necessita de nada. Seguindo a essência da percepção e da amorosidade que espontaneamente surgem do "uh" do ser, retiramos suas deixas de se fixar a nada, e prosseguimos com leveza através dos dez mil domínios da mente até alcançar a luz que se encontra além.

Os zens perguntam: "Como era seu rosto antes de você nascer?". O que é o "uh" imutável do ser, a única constante da vida? O que é isto em que todos estes pensamentos impermanentes acerca de quem somos, ou poderíamos ser, flutuam e cintilam? Será que este "uh", em função do qual inferimos que existimos, tem começo ou fim? Ou será ele apenas *a* plenitude do ser da qual surge *nossa* plenitude do ser?

Krishna, em meio ao combate da mente em conflito, vira-se para Arjuna e lhe diz para ver a mente e o corpo a partir do ponto de vista privilegiado da "realidade".

O espírito jamais nasceu;
o espírito jamais deixará de existir.

156

Nunca houve tempo em que não foi.
Fim e começo são sonhos
sem-nascer e sem-morrer,
imutáveis
que permanecem no espírito para sempre;
a morte não o tocou em absoluto
embora pareça morta sua casa.

Se você acredita ser *este* corpo oscilante ficará confuso após a morte. Não pare em lugar algum! Todas as protuberâncias temporais se diluem, ainda que bonitas ou assustadoras, sutis ou grosseiras. O Corpo Verdadeiro é a mente antes que se pense, antes do "eu e meu".

A mente, que cozinha o "eu" e "o mundo", não passa de um átomo numa curta cadeia molecular. É partícula de um único filamento de DNA o qual, tecido, forma um minúsculo gene (ou cosmos); e acha-se perdido no brilho gigantesco da dupla hélice bruxuleante que, como a Via Láctea, se estende rumo a nosso Corpo Verdadeiro.

A primeira neve

Por esta primeira e encantadora neve
agradeço a todos os diminutos deuses
Krishna, Palas Atena, Jesus e Buda
que flutuam em meu Corpo Verdadeiro.

Mesmo em nosso corpo oscilante
em algum ponto perto da superfície
há um brilho
parecido com o do sol
refletido numa corredeira.
É o ciclo do nascer e morrer
um cosmos periférico
um universo de possibilidades.

As protuberâncias sem forma
adquirem forma —
o Big Bang
ou o menor pensamento
podem fazê-lo.

Einstein recomendava a meditação
no limite onde nada
se expande a "menos que nada" —
onde o conteúdo é invisível
e a forma depende do conteúdo.

Onde a superfície dos mundos a girar
evapora-se formando consciência
há uma galáxia distante
se dissolvendo
como os espantosos flocos de neve
camuflando a realidade —
incapazes de medir
a fusão.

Uma investigação da resistência

Resistência é a falta de vontade de seguir avante. É reação (o oposto de resposta) à dor, mental ou física. Quando deixada sem investigação, ela interrompe nossos caminhos.

Quando a pessoa começa a praticar, ao longo de toda sua vida espiritual podem haver períodos em que é difícil meditar. Tempos de inquietação agitada e monotonia aversiva. Ou do apego preguiçoso às comodidades. Por vezes, a inquietação se deve ao fato de alguma ferida vir à superfície. Por vezes, a inquietação decorre do medo que surge quando nos aproximamos de território desconhecido. O medo, com freqüência, acompanha o crescimento porque todo o crescimento acontece em nossos limites — e um passo além. Por vezes, é mero desejo de estar em outro lugar "nos divertindo". O desejo pelo agradável, provocando tensão desagradável. Algumas vezes, é a ansiedade que acompanha nossa cura. Com freqüência, é só desequilíbrio entre nossa concentração e nossa energia. Quando a concentração é maior do que a energia disponível, experimentamos sensação de "mente se afundando", um embotamento sonhador. Quando a energia é maior do que a concentração, somos tomados por uma inquietação e pela dificuldade de nos mantermos presentes.

Tudo isso pode intensificar o desejo de que tudo seja diferente. Este desejo por "algo diferente" é nossa resistência. A resistência é o desejo de não estar presente.

Olhando para dentro encontramos certa dificuldade em fazer contato com áreas que de há muito não tem sido exploradas. Pode haver um "escudo protetor" e certa inquietação, cercando estas áreas de nossa aversão, já de há muito tempo isoladas e com freqüência entorpecidas. Eis por que não começamos antes. Para a mente fatigada pelo pensamento, aparentemente é impossível trabalhar a falta de interesse. Podemos até mesmo duvidar de que a prática possa vir a "fazer isso por nós" e, portanto, por que nos preocuparmos com isso?! Isto é nossa resistência à nossa resistência.

Analisar a resistência ensina a paciência. Não a esperar pacientemente que a resistência se dissolva — pois ou se está esperando ou se é paciente. Ou a pessoa está inclinando-se em direção ao momento seguinte, ou presente a cada momento que se desenrola. Trabalhar com a resistência, investigar e enxergar além dela, equivale a desenvolver uma percepção amorosa, sem escolhas e que não interfere — somente o necessário para o que vem chegando.

A resistência recusa o "apenas isto". Quando isto ocorre, em lugar de defender-se contra a resistência, focalize-a. Examine o primeiro de nossos medos se aproximando do "incontrolável", produzindo sentimentos de desamparo e consternação.

Muitos, enquanto tentam examinar a dor na mente ou a dor no corpo, têm certa dificuldade em se aproximar e receber por completo a experiência. Para estes, é dificílimo "apenas sentar-se com isto". Nossa resistência, há séculos condicionada ao desagradável, amarra a mente e o corpo. Trata-se de outra fuga malograda. Uma tentativa de fuga — como a do pássaro aprisionado a bater as asas, seu corpo caindo ao solo a cada tentativa, fatigado e em pânico. A tentativa de fuga provoca um sofrimento maior do que o foi a dor do aprisionamento momentâneo.

Quando as pessoas nos procuram dizendo que estão tentando abordar sua dor, tratar dela, mas que a resistência "insiste em permanecer no caminho", nós as encorajamos a trabalhar com o "o que é". "Não tentem defender-se da resistência, mergulhem nela. *A resistência é a meditação.*"

Não há por que se apressar. A pressa é outra forma de resistência. Outra impaciência com "o que é". Outro grunhido de queixa bloqueando a garganta para a "ainda pequena voz interior".

Trabalhando com a resistência, bem como com qualquer outro mal-estar, damos um passo por vez. Trabalhando com os elementos mais óbvios daquilo que transforma a dor em sofrimento, abrimos o coração para que ele observe as funções e as disfunções da mente, com percepção delicada e compaixão.

Tal como com qualquer dor mental ou física, pode-se trabalhar a meditação dez a quinze minutos por dia. Em seguida, faça uma interrupção e volte inteiramente para a respiração por certo tempo, amaciando o ventre e examinando a respiração com esta maciez. Não atacando a área (resistindo ao momento), mesmo que suavemente, voltamos à meditação de cura ou dor ou resistência, pelo período que nos parecer adequado. Enquanto algumas áreas do corpo quase que cantam sob a luz da percepção, com outras pode haver dificuldade em fazer contato completo. A paciência prossegue. Se predomina algum senso de resistência ou impaciência, aos poucos deixe a percepção aproximar-se desta área com vontade de libertar este estado mental doloroso.

Para entrar por inteiro nessa resistência, pode ser necessário de início usar uma meditação de visualização. Isto pode permitir que se entre em contato com a resistência em níveis não atingidos anteriormente. É um foco poderoso da mente que foi retirado de sua dor, e portanto do mundo, pela resistência profundamente condicionada.

Embora a visualização seja passo extraído da experiência direta da área propriamente dita, é possível utilizar com habilidade seu poder de abordar o centro do que vem acontecendo e revelar por fim seus conteúdos interiores à investigação direta.

A meditação serve para preparar o caminho. Ela permite que se aborde de forma completa as características que surgem na mente, obscurecendo o coração. O primeiro empecilho parece ser sempre uma perturbação de nossa habilidade de nos relacionar por inteiro com os próprios empecilhos.

Essa técnica de tratar a resistência parte do princípio de que para enxergar com nitidez a natureza de nossas fixações precisamos abrir nossas mãos. Ao corrermos para pegar um ônibus ou trem agarramos nossa bagagem "com todas as nossas forças", até que, por fim, nos afundamos em nosso assento; pode então nos parecer difícil abrir a mão, trazendo-a de volta para seu espaço natural. Ela se fechou como um torniquete. Quem sabe teremos mesmo que puxar um dedo de cada vez. A volta à receptividade pode representar um processo doloroso. Nossa mente, como a mão do bebê ao dormir, é, por sua própria natureza, aberta e macia, mas ela adquiriu *rigor-mortis* em função do desejo e do medo. Certamente, o medo e o desejo não são o problema. Nossa identificação e fixação é que causam o sofrimento. Deixar sair é a cura.

Aqueles que acreditam que esse empecilho é por vezes limitante, mas que têm tanto a capacidade de avançar como o senso do poder da visualização de criar contato com uma área, podem achar útil esta prática. Ela começa com a visão de uma grande mão se fechando em torno das qualidades na mente, ou no corpo que a mente rotula por dor. É a primeira de nossas resistências. É aquela que aperta bastante e se fecha, causando o mal-estar. É aquela que transforma o mal-estar em dor e, por fim, a dor em sofrimento.

Se, no decorrer de seu processo interior, a pessoa se descobre "contra a parede" em função de estados mentais ou físicos densos, sempre, é claro, convoca-se a base da prática e da autoconsciência. Mas existem auxiliares para a autoconsciência. São pontos específicos a serem focalizados para que se dissolvam as camadas endurecidas como armaduras, à medida que nos recuperamos voltando-nos para a própria vida. O uso desta "meditação dos empecilhos", tal como a resistência ou investigação acerca de estado penoso, é um modo hábil de ir mais fundo, explorando o solo por baixo de nossos pés. A resistência impede que toquemos totalmente este solo. Quando fazemos com que a fixação se renda ao grande processo de "deixar sair", a terra surge como que a suportar cada passo.

A fé no processo é o oposto da resistência. Não se fechar nem mesmo para o fato de que nosso coração se encontra fechado. Não se esconder na armadura do ventre endurecido. A cura espontânea surge, quando deixamos sair a fixação à nossa resistência, encarando com percepção amorosa cada desdobramento da mente/corpo.

No ato de olhar para dentro, quando a resistência se torna evidente, pode-se visualizar este punho da resistência e, devagar, com compaixão e percepção, começar a abrir dedo por dedo a densidade de há muito acumulada. Fazendo com que se renda, dedo após dedo, o sofrimento ao qual por tanto tempo nos apegamos.

Deixar sair o sofrimento é a tarefa mais árdua de ser cumprida.

Passando a ver agora o punho crispado (há tanto tempo acumulado e reforçado) de nosso apego não mais como o "protetor" e sim como o "carcereiro", começamos a suavizar a resistência que vivia há longo tempo aprisionada no mundo antigo, superficial e empoeirado. Transformando aquilo que reforça o mal-estar em dor inacessível, começamos a nos render dedo por dedo, a cada momento, à forte tensão existente em torno do mal-estar.

Para testar essa verdade, faça pressão contra alguma dor com toda força e sinta a extraordinária sensação de dor que surge. Dê agora algumas respiradas leves e suavize tudo ao redor da dor — deixe-a flutuar. Qual a sensação que advém?

Render-se não é ser derrotado. É "deixar sair" a resistência. Significa abrirmo-nos às nossas dores. Tem a ver com o cessar de nosso sofrimento.

Comece por visualizar a resistência, este punho tenso. Observe que ele segura a dor e obscurece o coração. Ele enche a mente com agitação, além de causar mal-estar. Um único momento de *insight* sobre como o sofrimento é criado por esta fixação pode mudar toda a nossa perspectiva. Tente, pois, um *insight* sobre tudo aquilo que provoca dificuldades e empecilhos em nossa vida. A própria habilidade de visualizar isto sem qualquer necessidade de mudança já é um aspecto de nossa não-resistência à resistência. Estamos criando uma vontade de abordar aquilo que nos manteve afastados por muito tempo. A entrada do coração em nossa dor. Na realidade, estamos aprendendo a manter nossos corações receptivos à tortura.

Quando a mente produz resistência, o simples fato de haver considerado a possibilidade de utilizar a meditação quer dizer que já existe uma vontade de ultrapassar o desânimo e permitir que este estado flutue sem resistência na percepção. Então, começamos vagarosamente a afrouxar nossa fixação em torno da dor. Para permitir que um senso de espaço penetre nesta área. Para permitir que o tratamento penetre. Visualize aquele punho, lembrando que é necessário deixar sair. Lembrando mais uma vez sua receptividade natural. Permita que ele suspire. Que sua tensão relaxe à medida que a nova compaixão e o calor inundem a carne macia com bondade e atenção. Render-se momento a momento, deixar sair a cada instante. Os dedos suavizando-se e abrindo-se em torno das dores de nossa existência, de há muito obscurecidas e profundamente entorpecidas.

Descoberta dentro do pulso de nossa fixação, a mão aberta rende-se ao tratamento. É o enorme "não sei" tão vulnerável a milagres e à liberdade. Vemos o pulso se abrindo como se estivéssemos descobrindo o dom notável que jaz delicadamente em sua palma; é o chamado "a pedra realizadora de desejos". Veja nela a mão sagrada em serviço, deixando sair aquilo que impede a cura.

Nesta visualização pode ocorrer um profundo suavizar dos ligamentos, da carne, da musculatura em torno do local de sofrimento ou malestar, de forma a permitir que a sensação seja exatamente como ela é. Para que flutue em algo maior do que a insistente fixação da antiga mente.

Esta visualização, se aplicada com destreza, pode conduzir a espaço e receptividade maiores, permitindo com isso que a percepção entre imediatamente no cosmos que pulsa no centro de cada sensação — cada dor, cada entorpecimento, cada ventre receoso, cada coração dolorido e mente assustada, descobrindo que a libertação é seu direito inato.

Ao observar, quando a percepção amorosa entra por inteiro num estado mental carregado, como este estado naturalmente se dispersa quando não existe nada segurando-o ou impedindo sua impermanência natural, descobrimos o poder de libertação da percepção. E como a amorosidade e a compaixão conjugadas com a profunda percepção se manifestam na forma de deixar sair.

Examinando como o amor e a percepção equilibram os estados mentais carregados, e como o medo, a dúvida e a raiva obscurecem o âmago de nossa plenitude, adquirimos o conhecimento de onde nossa liberdade pode ser encontrada. Vemos que a dor de segurar parece flutuar, em seguida se desintegrar, na luz misericordiosa da nova clareza.

Na realidade, se a pessoa pudesse ver com profundidade a natureza da resistência, ela iria vivenciar por inteiro aquilo que nos limita ao fechado, enferrujado e não funcional. Abrindo-se para a resistência, a confiança evolui onde antes existia desconfiança.

A resistência é o punho cheio de rachaduras que agarra os diminutos medos que temos medo de deixar sair. Continuamos a nos enterrar vivos. Até que vagarosamente façamos abrir este punho, deixando sair o medo do "momento incontrolável". "Deixamos sair", acreditando que o medo é que irá flutuar, mas ocorre que o "estar com medo" é que flutua livre, ainda que o medo continue presente.

Quando deixamos sair nossa dor, nos transformamos no "deixar sair", não na dor. Flutuamos livres.

Um amigo, bloqueado por tentativas mal-sucedidas de terminar com sua forte resistência à meditação e a outras dores, fez com que sua dor se rendesse finalmente por meio de frases rabiscadas na parede de sua cozinha:

Não faça rodeios
Penetre nisso —
Saia disso
Vá em frente com isso!

Uma visualização dirigida sobre a resistência

(Para ser lida lentamente para um amigo ou, em silêncio, para si mesmo.)

Sente-se, ou deite-se se necessário, numa posição confortável.

Permita-se ficar nesta posição de modo que o corpo inteiro sinta-se presente. Leve o tempo que precisar.

Comece a focalizar a atenção no mal-estar, seja ele físico ou mental. Permita que ele fique aí.

Comece a fazer com que a percepção se aproxime dos sentimentos e sensações na área de investigação. Sem tentar mudá-la. Apenas observe.

Notou alguma tensão em redor da dor? Uma vontade de correr?

Permita-se sentir o que quer que surja.

Há medo ou resistência negando acesso ao coração à dolorida mente/corpo?

Certifique-se da existência de qualquer sentimento ou oposição à receptividade a este mal-estar. Oposição é resistência.

Há uma crescente sensação de dificuldade?

À medida que a mente se opõe ao corpo, surge um endurecimento?

A dificuldade é a resistência à dificuldade propriamente dita. Aquilo que transforma o mal-estar em dor terminará por transformar a dor em sofrimento. A vontade de empurrá-lo para longe, de controlá-lo, de fazê-lo diferente.

A resistência surge sem ter sido convidada. Uma vez que já se encontra ali, convide-a para entrar. Abra-se para ela. Investigue-a.

Recoste-se por um momento sem resistir à resistência. Sem tentar afastar a aversão à dor. Permita que a resistência venha para o espaço sem-resistência de percepção que a envolve sem julgamento ou medo.

Onde estão as sensações de resistência que devem ser encontradas no corpo?

Qualquer estado mental tem um padrão corporal correspondente. Qual o padrão corporal da resistência?

Haverá mais sensação em um lado do corpo do que no outro?

Onde está sua língua na boca? Grudada no palato? Enrolada? Apertada contra os dentes de baixo?

Observe a tendência que têm a mente e o corpo de tentar confinar o mal-estar, de abandoná-lo ao ostracismo.

Imagine aquele punho de resistência que se fecha em torno de nossa dor.

Observe que aquele punho se fixa à dor e não a deixa ir embora. Não a permite apenas ser. Observe que ele transforma o desagradável numa necessidade urgente. Onde haverá lugar para nossa vida?

Veja esta mão de ferro aferrar-se à nossa dor, distorcendo-a e transformando-a em sofrimento.

Observe como o corpo contém e captura cada sensação.

Examine como a mente se apega ao indesejado.

E comece aos poucos a abrir-se em torno deste encapsulamento. A menor resistência pode ser bastante dolorosa. Abra-se.

Suavize-se.

Deixe as sensações e os sentimentos flutuarem com percepção amorosa.

Deixe-as serem recebidas como "o que é", em constante mudança momento a momento.

Tudo em torno das sensações e sentimentos se suaviza.

Permita que o punho, a cada momento, se abra. Dando espaço para que as sensações e sentimentos sejam vivenciados com compaixão e percepção.

Permitindo que aquilo que não é satisfatório seja recebido de mãos abertas com percepção amorosa.

Deixe sair a dor. Por que segurar mais? Deixe-a sair. Deixe-a estar.

Abandone o controle que traz o sofrimento.

Sem afastá-lo, mas deixando-o ficar com amorosa e suave receptividade.

Suavizando tudo à volta da sensação, tudo em torno dos sentimentos, soltando o punho da resistência, abrindo-se, abandonando-se, afinal. Finalmente, deixando estar.

A palma daquele punho suavizando-se. Os dedos soltando sua presa, abrindo-se. Tudo se abrindo em torno da sensação e do sentimento.

A cada novo momento, "deixando sair", dominando o medo que intensifica a dor. Permita que sensações e sentimentos surjam com naturalidade.

A tensão se dissolvendo em suavidade.

As sensações, os sentimentos, dissipando-se no limite. As sensações a cada instante desfazendo-se sob o abraço caloroso da compaixão e da percepção.

A cada novo momento, "deixando ir".

A cada novo momento, se suavizando.

Com o punho se abrindo e os dedos relaxados, não mais existe a sensação de se viver aprisionado na resistência.

Abrindo-se. Flutuando livre na suavidade.

A dor suavizada no limite, dissolvendo-se no espaço.

A resistência desfeita.

Apenas o sentimento a cada novo momento, apenas a sensação a cada novo momento, crescendo e se dissolvendo no espaço.

Resistência à dor, resistência ao mal-estar, resistência até ao tratamento — o punho agora aberto para uma vida mais intensa.

Apenas recebendo o momento com cuidado e carinho.

Percepção e sensação encontrando-se, desfazendo-se a cada novo momento.

O corpo e a mente suaves e receptivos. As sensações e os sentimentos surgindo e se dissolvendo, flutuando livres no corpo relaxado e aberto. Na mente espaçosa.

A cada novo momento "deixando sair".

A cada novo momento, soltando qualquer apego que tenha permanecido. Até o menor dos sinais de resistência dissolvendo-se na vastidão.

A resistência à resistência dissolvida no espaço.

Apenas este espaço aberto e suave de ser, no qual tudo flutua com percepção misericordiosa. Um delicado abandono no amplo coração.

"Deixando sair" no âmago do ser, na compaixão e amorosidade de sua natureza mais íntima — além do corpo, até além mesmo da mente.

Amplo espaço ilimitado.

Apenas ser.

No espaço global além do corpo, além da mente, no coração há lugar para tudo.

RESISTÊNCIA HABILIDOSA

Tendo investigado os domínios interiores da resistência mais profunda, poder-se-ia acrescentar aqui que a própria resistência nem sempre é desprovida de utilidade. A resistência à injustiça pode ser uma questão de compaixão. Mas ainda assim o punho precisa ser aberto para que se tenha êxito. É uma questão para profunda reflexão.

Parece estranho que a idéia de "não-resistência ao mal" fosse atribuída a Jesus, que foi um reformador. Mas, se verificarmos que todos os reformadores (e estas partes de nós mesmos) são ameaçadores, a verdadeira questão passa a ser como resistir à crueldade sem criar mais crueldade?

Costumamos desenvolver tal resistência não-prejudicial quando decidimos, em nós mesmos, não continuar trilhando caminhos velhos e pouco proveitosos. Pois, quando a mente grita que *nada* merece que o coração se feche um momento que seja, é que nos libertamos de padrões já de há muito tempo insatisfatórios. Esta é a resistência que é resposta consciente à reação inconsciente. É outro aspecto do caminho da luz.

Verificando a realidade —
uma experiência de consciência

Para aumentar a clareza diária precisamos ter bem nítido o que está acontecendo, enquanto acontece. Observar ajuda. Mas a mente, com freqüência, mantém-se afastada por medo ou desejo, perdida em pensamentos de controle e desamparo feitos com o ventre enrijecido.

Para nos conhecermos inteiramente, é indispensável certa continuidade. Não podemos permitir que nossas meditações fiquem na almofada a esperar que nossas vidas cotidianas nos garantam a sabedoria amorosa. Pode ser que tenhamos que voltar ao ventre macio centenas de vezes num mesmo dia. Mas antes, precisamos estar cientes de que o ventre encontra-se tenso, que a mente o está prendendo.

Assim como o observar garante a identificação do que vem acontecendo, a "verificação da realidade" estimula o fluxo de investigação, no seio do movimento inercial de nossas vidas diárias. Ela ilumina nossa cegueira sonolenta. Ela liberta o momento e intensifica nossa capacidade de tranqüilidade e de brincar.

As práticas que trazem *insight* para nossas vidas diárias refletem a cura que buscamos. Investigações tais como essa permitem que nos mantenhamos lado a lado conosco mesmos, permanecendo assim no âmago da questão.

Faz parte *do clarão* que conduz à iluminação.

VERIFICAR O CORPO —
ventre tenso?
Como está seu esfíncter?
Molares contraídos?
Qual o padrão do corpo?
Onde está a língua em sua boca?
No palato? Nos dentes de cima? Ou nos de baixo?
Enrolada, pressionando a mandíbula inferior?
Há alguma tensão na garganta?
Um engolir difícil de alguma verdade interior?
Como está seu coração?

VERIFICAR A MENTE —
qual o estado mental?
Agradável ou desagradável?
Há algum tipo de queixa?
Qual o tom de sua voz interior?
Está falando com você ou para você?
Há julgamento?
Agressão?
Medo?
Como faz o pensamento otimista para manter lúcida a dor?
Resistência?
Como o suavizar e o "deixar sair" destes sentimentos
afetam este estado?

VERIFICAR O CORAÇÃO —
o peito está apertado?
Há alguma tristeza por lá?
Dúvida?
Medo?
Raiva?
Alegria?
Existe pesar?

Abra-se para o que quer que você encontre no corpo, na mente, no coração.

Respire, para isso, a respiração do coração.

Sinta a paz que está subjacente.

Como responde o restante da mente/corpo a esta sua vida que aos poucos se abre?

Será que a respiração estabelece ligações entre qualquer armadura ou resistência com o coração sagrado que há por baixo?

O que indica "aquela ainda pequena voz interior"?

Sobre o trabalho com a dor

A dor cria o corpo
assim como o pesar cria a mente.

A dor faz o corpo
tão pequeno
que esquecemos nosso Corpo Verdadeiro —
o corpo de ser
do qual nasce este
ventre tenso
e emerge
a carne prestes a morrer.

Alguns dizem, "Dor é amor" —
eles estão em pânico! —
mas a dor nos faz lembrar
repetidas vezes
como é necessária
a compaixão
para que sejamos inteiros,
e quanto o amor cura
os profundamente feridos

e confirma o solo
sob nossos pés.

Quando a dor se depara com o amor
o mundo do sofrimento se dissolve.

Quando a dor se depara
com o coração —
suavizando o corpo
e a mente —
o ambiente se expande,
os muros caem
e somos todos deixados a sós
com o mistério
de ser
quem realmente somos
mesmo quando o corpo chora
mas não se fecha
e a dor começa
a flutuar em algo maior.

E nesta receptividade
para a dor
nada se acrescenta
ou é postergado —
somente isto
no âmago da compaixão —
nenhum sofrimento
em parte alguma.

Investigando a dor

A habilidade de trabalhar com a dor surge gradativamente. Trabalhar com a dor equivale a acostumar-se à resistência que automaticamente tende a interceder. Ao tomar conhecimento desta falta de vontade de avançar, aprende-se a suavizar, a dar espaço para a dor, de forma que ela por fim possa vir-a-ser capaz de flutuar na percepção sem ser por ela rejeitada.

Fomos condicionados a reagir a nossa dor com medo e senso de intolerância. Caminhando descalços, de repente damos um tropeção e machucamos o dedão do pé. Qual a reação que surge automaticamente? Será que enviamos amorosidade e espaço suave para aquele dedão dolorido? Deixamos que as *sensações tomem a forma de espirais* e se dissolvam no espaço, envolvendo-as com compaixão e amorosidade? Existe a consciência do processo pelo qual transformamos a dor em sofrimento? Ou será que abandonamos a dor ao ostracismo, a carregamos de ódio, e em seguida nos sentimos desamparados por nossa inabilidade de controlá-la? Será que a resistência reforça antigos *limites* que impedem a cura?

Com nossas tentativas de fugir, transformamos a dor em sofrimento. Por não nos abrirmos para o momento. Por não permitir que nossa surpreendente capacidade de gerar espaços faça flutuar o que parecia um estado penoso apenas um momento antes. Analisar o mal-estar é chamado de "penetrar na dor que termina com o sofrimento". É a experiência direta das múltiplas sensações que se constelam, formando o que apreensivamente rotulamos de dor. É a abordagem direta a estas sensações antes que elas caiam nos profundos sulcos e marcas de derrapagem de nosso pânico resistente ao mal-estar.

Penetrar na dor que termina com o sofrimento é penetrar no mal-estar com percepção misericordiosa. É a resposta dada pelo espaço do coração à mente/corpo apertados. É observar os estados mentais mutáveis. É recordar o ventre macio. Examinar antigos padrões reativos que recuam e se desfazem no processo.

A dor estimula o pesar. Ela revela tendências profundas e latentes, sentimentos de isolamento e agressividade, de abandono e desconfiança. Ela amplifica a censura, o desamparo e o medo. E nossa resistência golpeia com insistência aquilo que passamos a chamar de nossa "criança interior" com sentimento de culpa e senso de fracasso e desamparo.

Na realidade, trabalhar com a dor é semelhante a abrir-se para o pesar. Em geral, nenhum dos dois é abordado com autoconsciência ou preocupação até que a dor tenha se tornado um sofrimento tão grande que sobrepuja até nossas mais inabaláveis negações. Mas, a esta altura, dificilmente se poderá obter qualquer lugar onde se possa retornar ao coração de forma a enxergar com desapaixonada generosidade as paixões abrasadoras que a dor estimulou.

Se você e eu entrarmos em uma academia de ginástica e tentarmos logo de cara levantar um peso de *150 quilos*, nós dois juntos dificilmente o conseguiremos. Talvez consigamos uma hérnia, fiquemos estressados e com os músculos fatigados, e duvidando de nossa capacidade de levantar o que quer que seja. Mas podemos trabalhar com os pesos de 2 e de 5 quilos durante o dia inteiro. E desenvolver aquilo que nossa capacidade permitir.

Tal como ao trabalhar com o pesar e analisar com o coração nossa tristeza diária habitual, não se pode esperar até que a perda ou a dor sejam tão grandes que o sofrimento correspondente obscureça o sol. Aprendemos a trabalhar com o enorme pesar, abrindo-nos aos menores momentos de perda e sentimentos de isolamento. Se aguardamos que a dor seja atormentadora, ou que se esteja em agonia (peso de 150 quilos), provavelmente será difícil conseguir qualquer receptividade em relação a estes sentimentos de receptividade tão baixa. Aprendemos então a trabalhar com as dores menores, os pesos de 5 ou 10 quilos, que são menos desgastantes, e dão menos dor de cabeça, estabelecendo um relacionamento entre o mal-estar e o coração, sem nos perdermos nas temíveis modalidades de fuga que transformam a mente em labirinto.

Tendo cultivado pouca receptividade aos menores distúrbios, ficamos atrofiados no despertar de mal-estares maiores. São poucos os fatos desagradáveis investigados e, ao fazer pouco caso do dedo machucado, retraímos o coração e deixamos somente o sofrimento.

Ao analisar os menores momentos de mal-estar, passamos a compreender algo da natureza do próprio *mal-estar*. E da mente assustada e desordenada. Aprendemos, a partir do interior, que a resistência fortalece a dor, e também aprendemos como "deixar sair". Aprendemos simplesmente a ser, quando o que não se quer, apesar de tudo, vem se aproximando. É mais uma vez o momento no qual descobrimos que jamais aprenderemos a ser felizes enquanto não tivermos aprendido a nos relacionar de todo coração com a infelicidade. Ou, como disse um amigo, "Você não pode ser feliz enquanto não tiver aprendido a ser infeliz".

O pesar que surge para encontrar nossa dor são as fixações há longo tempo submersas, os resíduos de vitórias e derrotas anteriores, que voltam à superfície quando a mente se sente impotente, sem ver saída. Estas fixações surgem para reforçar a dor e ampliar sua dimensão de sofrimento.

O capítulo mais longo do *Who dies?* (Quem morre?) trata de como trabalhar com a dor. Em vez de reproduzir a enorme pesquisa, nós recomendamos sua leitura.

A palavra-chave para se trabalhar com a dor física (bem como a mental) é "suavizar". Ela tem o poder de transmitir a amplidão exigida por uma investigação mais intensa, e "deixar sair".

Além de a dor possuir uma qualidade semelhante à do pesar, no sentido de que ela pode trazer percepção às fixações submersas de toda uma vida, tem também o poder de enorme purificação, cura e libertação. Temas que com freqüência se procura desencavar durante anos no divã do psiquiatra ou com o iogue tornam-se no mesmo instante disponíveis para investigação. Aquilo de que mal tínhamos consciência anteriormente, a que nos referimos como "o inconsciente", surge na consciência. Sabendo que não se pode deixar sair nada que não se tenha aceito, a facilidade de acesso ao previamente soterrado oferece a possibilidade de cura intensa.

É mais fácil falar do que fazer. É preciso grande compaixão para se trabalhar com a dor. E, súbito, dores intensas podem ser grandes demais para que se obtenha lugar em torno delas. Porém, inúmeras delas finalmente tornam-se disponíveis para o coração. É nossa falta de vontade de enfrentar a dor que com freqüência a intensifica. As dores de 25 quilos não investigadas rapidamente se transformam em pesos de 150 quilos. Embora vejamos como ocorreu este processo e lhe dediquemos uma percepção ainda maior, podemos sentir que isto não ajuda muito. Podemos ser capazes de nos relacionar *com nossa dor* por alguns poucos momentos, antes que se restabeleça o condicionamento antigo, ou seja, relacionar-se *a partir* da dor e do pesar. Podemos achar isto bastante inconseqüente e sem importância. Mas, na verdade, estamos condicionando, em qualquer momento da receptividade, a receptividade para o momento seguinte. Lentamente preparamos o caminho. Em qualquer situação na qual o movimento é particularmente difícil, o menor movimento se torna de grande valor. A grande cura fica disponível em mínimos movimentos de percepção em direção a objetos dos quais havíamos anteriormente nos afastado. É como dizia Thomas Merton: "Amor verdadeiro e oração aprendem-se no momento em que a oração se tornou impossível e o coração se transformou em pedra".

Quando a dor estimula o pesar, a mente clama por compaixão e o coração oferece a cura. Quanto mais funda a ferida, mais fundo mergulha o coração para abarcá-la. Quanto mais a ferida se aproxima da superfície, mais ela pode ser seguida até suas raízes pela penetrante percepção misericordiosa. Assim, a receptividade ao pesar oferece o fim do pesar, da mesma forma que penetrar na dor termina com o sofrimento.

Quanto maior a força com que nos afastamos, mais apertado se torna o nó. Mover-se em direção ao indesejável com percepção generosa significa desatar os nós. Penetrar por inteiro naquilo que com tanta freqüência foi rejeitado e ultrajado por nosso medo é participar da cura de toda uma vida.

Meditação dirigida para amenizar a dor — Dor I

(Para ser lida lentamente para um amigo ou, em silêncio, para si mesmo.)

Procure uma posição confortável e instale-se.

Lentamente, deixe sua atenção dirigir-se para a área de mal-estar.

Examine quais os sentimentos que emergem, à medida que você deixa sua percepção aproximar-se daquele lugar.

Permita que a dor permaneça ali.

A mente e o corpo estão em guerra? Muita resistência? A mente pragueja contra o corpo?

Há algum tipo de medo acumulado nesta área de mal-estar?

Observe se algum dos velhos medos da mente está preso aí, transformando a dor em sofrimento. Resistência ao que é tenebroso.

Observe quaisquer sentimentos que surjam nesta área.

Comece a suavizar tudo em torno do mal-estar físico e mental.

Permita que a pele, a carne, os músculos, comecem a suavizar-se em torno da dor.

Permita que o punho da resistência e do medo que se fecha em torno do desagradável lentamente comece a se abrir. Solte a tensão em torno do mal-estar. Deixe ir a rigidez que retém sensações indesejáveis.

Deixe ir. A fixação, a antiga resistência e o terror tornam o momento amargo.

Deixe ir. É doloroso apegar-se à dor com raiva, medo e desamparo. Deixe ir.

Permita que ela comece a flutuar na percepção em vez de ficar presa numa armadilha do corpo.

A cada novo momento emerge uma sensação. A cada novo momento uma receptividade. Suavize-se para cada partícula de sensação.

Deixe os músculos suavizarem-se.

Deixe a carne se abrir para receber o momento tal como ele é, com compaixão e amorosidade. O medo, a raiva, o senso de fracasso dissolvendo-se na suavidade.

Cada momento é original.

Suavize-se de sensação em sensação.

Observe que o menor dos pensamentos ou a mais sutil das fixações restabelece a tensão. Relaxe. A cada novo momento, deixando ir.

Recordando a compaixão pela qual a dor tanto grita — relaxe uma vez, outra vez e ainda mais uma vez.

Permita que o mal-estar fique por aí, não se fixando nele, nem tentando afastá-lo.

Suavize-se até o centro de cada instante de sensação e sentimento.

Encontre o âmago de nossa dor com compaixão e perdão.

Mova-se delicadamente para dentro dele para curar, para deixar sair tamanha frustração, tanto desamparo. Permitindo por fim que o momento seja como ele é, com grande compaixão por nós mesmos e com as sensações aparecendo na carne macia.

Suavize os ligamentos.

Suavize o tecido em volta de cada uma destas sensações. Deixe cada sensação flutuar livre nesta suavidade. Deixando que ela esteja no âmago da compaixão e da bondade dirigidas a você mesmo, dirigidas a este momento, dirigidas a estas sensações em constante transformação.

Abra-se ao redor da sensação com delicadeza.

Não tente afastar nada.

Deixe a resistência do corpo desfazer-se com um suspiro. Deixe ir a dúvida e o medo, por tanto tempo reprimidos.

E na mente que se apega a esta dor, que reza por ela e a combate, que suplica por ela, começa a permear um relaxamento mais profundo. O punho mental se abre.

Sinta o relaxamento da tensão na mente, à medida que ela se suaviza ao que é desagradável no corpo. Tenha compaixão.

Um momento de medo, momento de desconfiança, momento de raiva — cada qual emergindo e se dissolvendo, um após o outro. Cada instante da mente dissolvendo-se no seguinte. O espaço aumentando.

Reações duras fundindo-se com respostas suaves na mente. O corpo suavizando-se para receber o momento tal como ele é.

A cada novo momento, suavize tudo em torno das sensações que emergem.

Suavizando o tecido. Suavizando os músculos. Suavizando-se em torno de cada momento de sensação que surge e se dissolve no espaço.

Cada instante de sensação recebido com a percepção que envolve com delicadeza.

Deixando ir o mal-estar.

Deixando flutuar em percepção misericordiosa.

Deixando a mente flutuar no coração.

Recebendo este momento no coração se abrindo para a compaixão.

Recebendo a suavidade em todas as galáxias remotas do corpo.

No amplo corpo, tal compaixão, tal bondade, recebe cada momento.

Suavizando-se. Abrindo-se com percepção amorosa continuamos no caminho da cura para o qual nascemos.

Meditação dirigida para deixar a dor flutuar — Dor II

(Para ser lida lentamente para um amigo ou, em silêncio, para si mesmo.)

Assim que a primeira meditação abrir o corpo e for incorporada, pense em expandir a prática.

Descubra um lugar confortável para sentar, e quando o corpo estiver relaxado e as sensações indo e vindo por sua própria conta, permita que a mente e o corpo se unam a este fluxo.

À medida que você se abre para o instante do corpo, receba a mente naquele mesmo espaço aberto. Deixe sair todas as sensações e sentimentos. Suavizando-se. Abrindo-se. A mente é incentivada a não se fixar em nada. Apenas observe o espetáculo que transcorre, as sensações emergindo e se dissolvendo em tecido macio. Sentimentos e pensamentos emergindo e dissolvendo-se no espaço.

Deixando ir os pensamentos. Deixe que eles, por eles se levem para fora, examine-os a dissolver-se em sua própria impermanência natural. Flutuando no espaço por um momento. Desvanecendo no processo.

Deixe o pensamento pensar em si mesmo nesta amplidão.

Qualquer que seja o pensamento que surge, deixe-o flutuar como quiser. Sem interferências.

Qualquer que seja a sensação que surge, permita que ela flutue também nesta amplidão do ser.

Pensamentos, sensações, sentimentos flutuando nesta amplidão ilimitada.

Não sendo a dor, nem os pensamentos acerca da dor, apenas o ser, unicamente ele, não se inclinando em nenhuma direção nem se afastando de nada.

Apenas uma receptividade na qual a experiência evolui como momento de sensação, momento de pensamento, momento de sentimento, momento de cheirar, de ouvir, de sentir com o tato, de tocar. A vida transcorrendo a cada novo momento no espaço sem fronteiras, impossível de definir.

Surge uma partícula de medo, dissolvendo-se em momento de dúvida, dissolvendo-se em uma nova suavidade que emerge. Flutuando livremente.

Cada instante da mente flutuando como bolha no espaço ilimitado.

Sinta a insignificância do pensamento. Sinta como o pensamento se dissolve, momento a momento, em processo. Sinta a vastidão da percepção.

Sinta o espaço no qual flutua este processo.

O que quer que surja na mente ou no corpo se encontra em constante transformação. Dúvida, confusão, expectativa, medo, permita que tudo isso passe por você. Não se fixe em nada.

Pensamentos, como sensações, dissolvem-se no espaço.

Estando aí num momento, desvanecendo-se no seguinte.

Segurança, alívio e confiança surgem do coração que tem lugar até mesmo para nosso mal-estar. A mente antiga dissolvendo-se nesta claridade suave.

Observe o fluxo eternamente em transformação, destes pensamentos e sensações. Nada permanece por muito tempo, continuamente surgindo, continuamente desaparecendo, no fluir do ser.

Sensações flutuam no corpo, transformando-se momento a momento.

O corpo suaviza-se para receber o mais sutil dos movimentos de sensação.

A mente suaviza-se também, recebendo modificações constantes na forma de pensamento, sentimento, sensação, ou experiência continuamente evoluindo. O corpo inteiro suave, aberto, sem apego, sem regredir, apenas permitindo que as coisas sejam como elas são sem a mínima interferência.

Sem o menor apego ou condenação.

Sensações surgindo, pensamentos surgindo, sem resistências, sem tentativas de alcançar, ou de afastar, sem apertar, apenas o espaço suave e aberto.

Cada momento vivenciado em suavidade.

Até o som de minha voz surgindo e se dissolvendo no grande espaço.

Apenas ouvindo.

Nada a fazer.

Apenas o som se alterando a cada novo instante na vastidão.

Sinta todo este espaço de ser que se expande para fora em todas as direções.

Ele encampa cada som, cada momento de pensamento, de visão, de sentimento.

Tudo a flutuar no amplo espaço da percepção, da própria existência.

O som de minha voz.

Um carro passando na rua.

Um avião cruzando os ares.

Tudo acontecendo no espaço sem fronteiras da percepção.

Nenhuma fronteira em parte alguma, a percepção se estende até os confins do universo e muito além.

Deixe a mente se expandir tal como a grande expansão do universo.

Cada experiência como uma nuvem flutuando através desta vastidão.

Cada sentimento, cada escutar, ver, cheirar, mudando continuamente, dobrando-se sobre si mesmo, dissolvendo-se na vastidão.

Sinta que a percepção existe a um só tempo em toda parte, estendendo-se em todas as direções, sem fronteiras, receptiva, universal.

O espaço sem limites do ser, não mais preso aos contornos do corpo.

Todo o campo de sensações flutuando no espaço ilimitado.

A percepção não se limitando ao pequeno corpo, a estas sensações momentâneas, mas estendendo-se para fora em todas as direções, irradiando-se no espaço.

Sem estar contida nem mesmo no espaço desta sala ou na atmosfera deste planeta.

Percepção expandindo-se no espaço ilimitado.

Deixe a percepção sem fronteiras ser a mente aberta que não se prende a nada, que não cria nada, que não impede nada. Que permite que todas as coisas passem sem o mínimo apego ou interferência, observando o som, a visão, a memória, o sentimento, crescendo e dissolvendo-se todos e cada um em total percepção.

Cada som surgindo e se dissolvendo no espaço.

Cada sensação, cada pensamento, cada sentimento, flutuando na percepção.

Sem limites em parte alguma.

O ilimitado evoluindo na percepção ilimitada.

Corpo macio, sensações flutuando no espaço.

Mente aberta e clara, o processo evoluindo neste espaço sem fim.

Deixe os contornos do corpo, da mente, desfazerem-se na vastidão.

Sensações, sentimentos flutuando.

Cada momento mudando, flutuando livre em pura percepção.

Nesta ampla mente, com o coração aberto, o corpo é recebido como recém-nascido nos braços da mãe amorosa.

Percepção envolvendo tudo, sem apego a nada, a mente dissolvida no vasto coração.

Sensações flutuando livremente, dissolvendo-se no espaço.

Dissolvendo.

Apenas espaço.

Espaço apenas.

Uma investigação das emoções em torno da dor

Suavizar o ventre e pesquisar a dor na mente/corpo pode ser bem pouco atrativo. Abrir-se para as camadas de armadura em torno do coração, do pesar e da raiva, pode até parecer difícil. Desenvolver a compaixão e a percepção para receber o mal-estar com nova ternura pode parecer uma idéia bem estranha. Para muitos, pesquisar a respiração no interior da respiração, a própria existência da qual se origina a vida, pode parecer bizarro, quem sabe até inútil, em face de seu desconforto e confusão.

Mas, para outros, algo em seu coração os atrai à experiência do difícil e do dolorido, como forma de ensinamento que estimula a possibilidade de desenvolver níveis ainda mais profundos de amor e cura.

Já tivemos oportunidade de conhecer inúmeras pessoas que começaram a dirigir a percepção amorosa às suas feridas mentais e físicas e às suas doenças, chegando a alterar profundamente desenvolvimento de seu câncer ou de sua doença degenerativa de coração, bem como seus medos, depressão, Aids, ou esclerose múltipla. Embora nem todos tenham vivenciado seu corpo como curado, muitos passaram a vivenciar intensa melhora. Pela primeira vez, um tipo original de satisfação apareceu naquilo que anteriormente parecia tão insatisfatório. Algo em seu interior começou a mudar seu relacionamento com a dor mental e física. Ainda que a doença propriamente dita não estivesse curada, o coração havia recebido um alívio. Para muitos, as dificuldades da mente/corpo que originariamente os levaram a investigar a cura tornou-se menos um problema e mais o foco de uma forma de participação na vida.

Não é difícil verificar que somos pouco generosos conosco e do quanto somos condicionados a fugir. Voltemos à imagem do dedão machucado. Observe que inundamos nossa dor com repugnância e aversão. Sentimo-nos traídos. Nós odiamos isto. Nós o afastamos exatamente quando ele mais necessita da conexão com o coração e o suave amparo da compaixão. Bem, quando um desapego expansivo poderia permitir a cura, nós nos fechamos. Mas em vez de reagir à dor, imagine que sua resposta fosse permitir que essas sensações fossem recebidas e sentidas em sua plenitude por uma percepção amorosa. Que deixasse as sensações permanecerem ali, vivenciando-as, flutuando em compaixão e recepcionadas por uma suavidade e cuidado que não criassem ou fixassem a dor, e aceitassem o momento como ele é. Imagine quanto poderia afetar nossas vidas diárias se conectássemos o coração com o sem-coração!

Pode-se penetrar em praticamente todas as dores da mente e do corpo e descobrir em torno delas algum assunto malresolvido à sombra de nossa falta de compaixão. Tenha compaixão para com a mente fatigada. À medida que a percepção aborda a dor, estas sensações são ritmicamente marcadas pelos pensamentos e sentimentos correspondentes que, automaticamente, envolvem o mal-estar. Talvez um pouco de raiva ou vergonha ou culpa a cerquem. Uma visão de si mesmo como fracassado, ou talvez com a sensação de não se bastar. Uma vez que só aprendemos a reagir à dor com o medo, talvez experimentemos a autopiedade. A mente culpa a dor, e também aquele que sente a dor. Ele afirma: "Eu mereço" ou "Que estúpido, como pude deixar que isto acontecesse comigo?". Somos impiedosos conosco mesmos. Com freqüência, damos pouco lugar para nós mesmos em nossos corações quando mais necessitamos. Grande parte de nossas dores físicas e mentais é recebida com resistência e raiva, e bem pouco de nós se encontra disponível para a cura.

Não há nada a julgar na raiva, no medo ou mesmo na censura que envolve nossa dor. É claro que às vezes esses sentimentos estão presentes. Grande novidade! Muito ódio contra si mesmo se agrupa em torno da dor. O bastante para repelir a cura. Mas, investigados com todo o coração, os bloqueios à cura tornam-se os guias do caminho para a libertação. Não se culpe. Mas a dor e o pesar desconhecidos e acumulados abaixo do nível de percepção queimam o coração e tornam o momento insuportável.

Meditação dirigida das emoções em torno da dor — Dor III

(Para ser lida lentamente para um amigo ou, em silêncio, para si mesmo.)

Permita que seus olhos se fechem, e dirija sua atenção para a respiração.

Deixe a percepção chegar no nível da sensação.

À medida que a percepção começa a se estabelecer no momento, permita que ela se aproxime da área de mal-estar.

Limite-se a sentir o que existe aí. Nada a mudar. Nada a fazer.

Apenas sensações surgindo no momento.

Deixe tudo ficar como está.

À medida que a percepção se aproxima da área de mal-estar, há alguma tensão observada, certa rigidez pela qual ela precisa passar?

Há uma tentativa de afastamento da pesquisa?

Um desejo de retroceder?

Observe quaisquer resistências que porventura surjam.

Observe o que limita a aproximação da percepção.

Existe alguma qualidade de apego com relação à área de mal-estar?

Examine apenas. Não há necessidade de mudar nada.

Receba o momento tal como ele é.

Nada a definir. Apenas permitindo uma vontade de saber, permitindo um não saber, receba o momento.

À medida que a percepção estabelece contato com as sensações que aparecem na área de mal-estar, quais os sentimentos que estão presentes a cada momento do fluxo das sensações?

Será que surge o pensamento? Será que alguns sentimentos acompanham sensações desagradáveis? Outras imagens aparecem?

Quais são as vozes em torno da dor?

Qual o tom da voz dos sentimentos que se acumulam ao redor das sensações desagradáveis?

Será que elas repetem determinado tema? Um certo estado mental?

Quais as emoções que são observadas ali?

Medo ou vergonha?

Raiva ou dúvida?

Nada a criar, apenas receba o momento tal como ele se apresenta com percepção receptiva.

Será que alguns desses sentimentos limitam a entrada da compaixão na dor?

Será que alguns destes sentimentos parecem resistir à possibilidade de cura?

Haverá assuntos mal resolvidos em torno da dor? Haverá algum pesar? Um senso de traição? Sentimentos de fracasso?

É tão pequena a compaixão que temos por nós mesmos...

Há algum senso de intolerância na mente que cria uma rigidez no corpo, uma fixação em torno da dor?

Será que a vida se tornou intolerável?

Há sentimentos ou humores presentes no corpo, relacionados ao mal-estar?

Há sentimentos de culpa ou dúvida? Sentimentos de traição?

Sentimentos de desamparo ou desesperança?

Esse pesar em torno da dor liberta-a ou escraviza-a?

Tenha compaixão por você mesmo. Relaxe o apego.

Suavize o mal-estar.

Permita que o corpo se abra, e suavize-se em torno de não importa que empecilhos, quaisquer que sejam os apegos que se apresentem.

Suavize o tecido em volta do mal-estar — permita que ele comece a flutuar em percepção amorosa.

Deixe o corpo embalar os locais das feridas como se estivesse embalando seu único filho.

Nada a ser afastado.

Abrindo-se a cada novo momento em torno da sensação. Suavizando o tecido, a carne, a dureza em volta da sensação.

Permitindo que a sensação seja recebida com misericordiosa suavidade, vontade de encontrá-la com bondade, e não de se apegar com medo e tremores. Vontade de "deixar sair", de deixar que flutue no amplo espaço do coração.

Quaisquer que sejam as atitudes, sentimentos, ou pensamentos que acompanham o mal-estar, permita que eles flutuem também.

Deixe que toda a mente e o corpo sejam recebidos a cada novo momento com compaixão e suavidade.

O que quer que surja na percepção, deixe estar.

Observe que a censura ou o medo, ou mesmo uma ânsia por cura podem contrair a área.

Deixe que estas imagens mentais venham e partam. Observe que mesmo a expectativa pode criar tensão, e permita que também ela flutue no amplo espaço da percepção.

Perceba como um pensamento duro pode endurecer o corpo. Veja este processo suavizar-se. Observe que os sentimentos podem reforçar o mal-estar.

E suavize-se ainda mais.

Observe que o suavizar permite que tudo flutue na percepção sem limites.

Permita que cada sensação e cada momento de sentimento surja e se dissolva no espaço suave e aberto.

Receba cada partícula de emoção ou sensação como se fosse a primeira vez.

Tomando ciência da menor das tensões ou retendo a percepção suave e permissiva, permita a entrada da cura.

Permita que o espaço aberto de uma percepção amorosa receba o constante fluxo de mudança na área do mal-estar.

Receba sentimentos, emoções, sensações, estados de espírito, esperanças, medos que se acham em constante transformação, bem como as mais profundas curas que se apresentam, quando não nos apegamos a nada.

Permita que tudo o que surge na mente/corpo chegue e parta com compaixão e percepção.

Deixe o coração receber tudo isso. A cura penetrando por inteiro, resolvendo os problemas. Deixando sair o sofrimento de maneira que a dor possa flutuar em amorosidade, pela qual o corpo dolorido tanto anseia.

Meditação dirigida para resolver problemas em torno da dor — Dor IV

(Para ser lida lentamente para um amigo ou, em silêncio, para si mesmo.)

(Esta é uma variação da investigação da meditação das Emoções em torno da Dor. Pode ser especialmente útil para aqueles que trabalham com sérias doenças de prognóstico duvidoso.)

Ache um lugar confortável para sentar e feche seus olhos.
Concentre sua atenção na respiração.
Permita que a percepção focalize as sensações que acompanham cada onda de respiração.
Aos poucos, permita que a percepção chegue ao nível da sensação.
Sinta a respiração à medida que ela passa, entrando e saindo de suas narinas.
Focalize a sensação a cada momento que acompanha cada inspiração e expiração.
Autoconsciência ao respirar.

À medida que a percepção se estabelece no nível da sensação, além da respiração, outras sensações são também sentidas no corpo.
Deixe a atenção dirigir-se a estas outras sensações.

Será que a mente rotula esta dor? Limite-se a observar o que vem ocorrendo.

Nada a criar.

Apenas o momento, tal como ele é, com percepção clara.

Permita que a percepção se aproxime mais do centro das sensações, momento a momento, nesta área; o que está sentindo?

Quais as emoções que se agrupam em torno destas sensações?

Surgem diversos estados mentais para "proteger a dor". Mas acabam em sofrimento.

É possível notar algum tipo de stress em torno destas sensações? Um senso de traição?

Existe medo, resistindo à entrada da percepção?

Existe raiva ou vergonha em volta da dor?

E em que a raiva difere da vergonha?

E onde estão o amor e a capacidade de perdoar?

Investigue em silêncio quaisquer que sejam os sentimentos que apareçam em torno da sensação desconfortável.

Serão estes sentimentos uma espécie de assunto mal resolvido com os dissabores em nossas vidas? Uma espécie de pesar? Serão eles as lamentações daquelas partes de nós mesmos que ainda não integramos em nosso coração?

Nada a julgar, mas observe o julgamento assim que ele surgir.

O julgamento acompanha a dor?

Nada a temer, mas observe se o temor encontra-se presente.

Será que o medo acompanha os dissabores?

Nenhuma razão para duvidar de sua habilidade de curar, mas observe a dúvida se ela contém a dor.

Será que a dúvida impede progressos maiores?

A cura chega ou não chega ao corpo. Mas a cura é uma questão do coração.

Permita que o ventre fique macio para receber o momento com compaixão.

Existe uma cura para a qual fomos destinados. Cada momento é ela.

Para abrir o coração às torturas, para levar a paz onde antes só havia guerra.

Mesmo que o corpo siga seu próprio caminho, o coração saberá que caminho é este e como ir além dele.

A capacidade de perdoar resolve assuntos inacabados.

Voltando-se em direção à dor mental inacabada, que circunda o mal-estar físico, comece a enviar compaixão para o centro das sensações a cada instante que surgem nesta área.

Perdoe este pobre corpo. Seja amoroso com você mesmo.

E perdoe o medo, a raiva e a vergonha que se constelaram sem ser convidados em torno da dor.

Apenas observe sua presença natural com percepção suave. Envie perdão às dores da mente e do corpo para que elas possam ser recebidas pelo coração, e sem que tenham de nos deixar perdidos na mente.

A graça se faz presente quando o coração toca o sem-coração.

Volte-se para seu corpo, como se ele fosse seu único filho, e diga: "Eu o perdôo".

Permita que a percepção penetre nas sensações, momento a momento, que surjam e se dissolvam no amplo espaço da existência.

Permita que a percepção misericordiosa receba delicadamente os sentimentos e sensações na área do mal-estar.

Sem tentar mudar nada. A força fecha o coração. Receba com compaixão e amorosidade este corpo de sensação, a mente de sentimentos, de medos, de dúvidas, de encantamento e de esperança.

Seja generoso com você mesmo. Permita que as sensações e que os sentimentos flutuem no amplo espaço da percepção, sem se fixar a nada, sem tentar afastar nada.

Apenas compaixão e percepção, recepcionando o sentimento e a sensação a cada momento, logo que eles nascem e se dissolvem no fluxo da consciência.

Deixe o coração receber o corpo e a mente com bondade curadora e atenção, que se suaviza a cada sensação. Deixe tudo isso chegar e partir com compaixão e percepção.

O banco carma de poupança e empréstimos

No Banco Carma de Poupança e Empréstimos, seu capital lucra com seus juros. O Carma se baseia na intenção. É um processo beneficente que vive a nos recordar que devemos "deixar sair" e ter compaixão. Ele envia com regularidade declarações, repisando que a sabedoria do coração é a moeda corrente.

Não saque a descoberto no Carma de Poupança e Empréstimos. Preste atenção. E se na realidade você estiver temporariamente com os pagamentos em atraso, não emita cheque frio — abra o coração, responda com compaixão e percepção. Embora cada um de nós nasça com uma boa conta corrente, o Carma não precisa ser encarado unicamente como mais um assunto mal resolvido, uma verificação constante dos extratos e saldos. Para ultrapassar seu Carma, ultrapassar a reação da mente, chegando à resposta do coração, abandone todos os apegos, entregue-os todos ao sagrado. Siga seu coração. Acredite no processo.

Uma investigação da cura

O equilíbrio surge quando penetramos com compaixão e percepção em áreas das quais nos havíamos retirado com medo e raiva. A cura é a reabilitação de áreas desertas da mente/corpo. Um viver de nossa vida com plenitude.

Quando a claridade amorosa recebe o já por longo tempo abandonado, e aceita o sempre rejeitado, há um momento de silêncio. A voz de nosso sofrimento não tenta recuperar o domínio. A mente antiga não pode mais manter seu desequilíbrio costumeiro. Os conteúdos murmurados da mente dissolvem-se no processo do coração. E o coração explode em chamas e se abre para a cura que nos propusemos a realizar.

A investigação cura porque, para onde quer que a percepção tenha dirigido seu foco, um equilíbrio natural reaparece por fim. A cura se segue à percepção. A cura na mente ou no corpo segue o mesmo caminho. No princípio, tomamos conhecimento da dor. E suavizamos os locais enrijecidos. Meditação do ventre macio. Mudamos a direção de retirada, para aproximação. Trata-se de "reverter a sorte". A resistência dissolve-se em vontade de curar, à medida que continuamos a analisar as atitudes encontradas ao nos aproximar dos derrotados. Curar o "não-curado".

Encontrando o longamente rejeitado, agora com nova compaixão, com percepção aprofundada. Investigando o relacionamento entre a mente que sente e o corpo sentido. Abrindo-se para o desconhecido.

Este processo de cura prossegue como uma entrada profunda da percepção nas sensações existentes na área que pede a cura. Examinando por método braile, a cada instante, a textura e as formas cambiantes, a que damos o nome de sensação ou dor. Investigando microscopicamente o fluxo de consciência no corpo, momento a momento. Conheça "de cor" a área.

Ao investigar a natureza da dor e a amplidão na qual ela flutua, desenvolvemos familiaridade com estas sensações que se tornam um conduto entre o coração e o sem-coração. As sensações atraem a amorosidade.

Deixando sair nosso sofrimento, deixamos entrar a cura. Acredite no processo. Abrindo-se para a imensidão, permitindo a entrada do restabelecimento, que inclusive ultrapassa a cura. Aquela na qual nossa intensa melancolia navegou, rumo à nossa inteireza, quando ainda éramos suficientemente silenciosos para ouvir o coração.

E a área da dor torna-se o ponto central para a compaixão e percepção. A área uma vez tensa diante dos dissabores, abre-se agora à bondade que a inunda. Sensações duras aparando suas arestas. Dissolvendo-se em algo ainda maior do que nosso medo. Dissolvendo-se no âmago da questão. Cada sensação recebida como se fosse o único filho. Envolvidas com ternura pela percepção misericordiosa que busca somente sua libertação.

A cura é um processo para a vida toda. Na realidade, Ondrea e eu escrevemos *Healing into life and death* para analisar este assunto. Lá diz que curar é um livro aberto, e que o segredo da cura é que não há segredo algum. Curar revela o coração.

Meditação dirigida da cura

(Para ser lida lentamente para um amigo ou, em silêncio, para si mesmo.)

Encontre uma posição para sentar, ou em que o corpo possa manter-se por bom período de tempo. E sinta o corpo descansado.

Permita que a atenção se volte para o corpo.

Sinta a respiração, à medida que ela se movimenta no ventre macio.

Deixe o corpo tornar-se relaxado e aberto.

Deixe a percepção ser delicada e permissiva.

Observe qualquer área do corpo que esteja desconfortável. Com atenção no corpo, observe qualquer sensação que atraia sua atenção.

Com delicadeza, permita que a percepção se dirija ao local que pede a cura.

Nesta delicada aproximação rumo ao desconforto, suavize-se para qualquer resistência, qualquer tensão ou inquietude que o desejo ou o medo possam ter criado no corpo. Observe que mesmo a negação ou a culpa podem criar a falta de vontade de prosseguir.

Devagar, sem o mínimo esforço, permita que a percepção se aproxime das sensações produzidas nesta área.

E comece a se suavizar em volta das sensações.

Deixe o corpo amolecer, permitindo que a percepção penetre.

Suavizar-se.

Deixando que o espaço comece a se abrir em volta de toda essa área.

Abrindo-se aos poucos.

Suavizando-se por inteiro em torno da sensação.

Relaxando os músculos.

Relaxando o tecido no qual surge a sensação.

Relaxando os tendões, suavizando a carne.

Relaxando até mesmo os ossos.

A carne delicadamente se abrindo, o corpo suavizando-se para a percepção amorosa.

Permitindo que a sensação se dê como que num tecido macio.

Sinta as fibras dos músculos relaxando sua pressão, suavizando-se. "Deixando sair" a dor.

Os tendões suavizando-se. A carne suavizando-se. A pele suavizando-se.

Permitindo que a sensação flutue na carne macia.

Suavizando-se.

"Deixando sair" as sensações.

Com o corpo suave, mente suave, apenas deixando estar.

Um encontro das sensações, momento a momento, com um suavizar-se a cada instante.

Relaxando os ossos.

Relaxando a própria medula.

Permita que qualquer tensão, que por uma fração de segundo se manifeste, flutue livremente.

Permita que venha. Permita que se vá.

A sensação a cada momento surgindo na percepção sutil.

Delicadamente, sem esforço, gradativamente abrindo o corpo para que a sensação flutue.

Suavizando até o verdadeiro centro das células.

A percepção recebendo a sensação em espaço aberto e suave.

As sensações flutuando na percepção.

A pele, o tecido, os músculos, os tendões, todos macios e flexíveis. Espaçosos.

Carne macia, permitindo, desejando.

A percepção recebendo a sensação, momento a momento, com suavidade.

A sensação a cada instante surgindo, flutuando em percepção, dissolvendo-se no fluxo.

A percepção abrindo-se para o mais sutil bater de asas, o mais sutil dos movimentos de sensação.

Suavemente.

Com clareza.

Suavizando o corpo em torno de todo o mal-estar, permita que a percepção se aproxime por inteiro destas sensações com o olho do pesquisador.

A percepção investigando a sensação a flutuar no espaço.

As sensações permanecem paradas ou elas se movem?

As sensações têm arestas?

A área das sensações tem forma?

Será que a forma se mantém constante ou encontra-se em constante transformação?

A sensação de cada novo momento, flutuando na percepção suave e amorosa que investiga o momento.

Estas sensações têm densidade? Elas são finas ou grossas?

São redondas? São achatadas?

A sensação, momento a momento, recebida pela percepção a cada momento.

Descobrindo a natureza da sensação.

Será que estas sensações possuem textura?

São ásperas? São lisas?

Será que elas permanecem as mesmas? Será que elas variam?

As sensações a flutuar no espaço.

Carne macia, músculos relaxados e receptivos, tecido flexível e generoso.

Observe quaisquer pensamentos ou sentimentos que acompanham a reação profundamente condicionada da mente, ao que ela rotula de "dor".

Existem sentimentos que enrijecem a área? Dúvida ou medo? Desamparo ou desesperança?

Investigue o momento como sentimento.

Será que a área de sensação se queixa de viver isolada? Será que o corpo a evita?

Diferentes níveis de suavizar-se em torno das sensações.

Investigue o momento tal como ele é.

Como a sensação, deixe os pensamentos e os sentimentos flutuarem também no amplo espaço da percepção.

Uma percepção amorosa recebendo a cada instante sensações e os sentimentos que as acompanham.

Abrindo-se para a menor das tensões na mente que fecha o corpo. Suavize tudo em torno dessas pequenas tensões.

Um "deixar sair" mais profundo. Um deixar estar. Suavizando-se.

Existem ramificações que conectam a área com outras áreas de sensação no corpo?

Percepção momento a momento.

Sensação momento a momento.

Investigue a sensação que surge e se dissolve no amplo espaço.

As sensações são suaves ou rijas?

São frias ou quentes?

Existe sentimento de pressão? Qualidade de vibração? Um movimento?

Percepção suave abrindo-se para o vasto espaço que permite que a sensação evolua a cada instante na luz clara da percepção amorosa.

Investigue a sensação assim que ela surge, a cada novo instante.

Nada a ser criado, apenas receber o que é.

Há som aqui? Será que estas sensações têm voz? Um tom de voz? A voz parece familiar? O que ela tem a dizer?

Observe com suavidade, muito cuidado, o que têm a dizer estas sensações que por tanto tempo foram amordaçadas pela negação e resistência, pelo medo e pelo ódio.

Escute com o coração, à mente cheia de dores, no corpo cheio de dores.

Vá ao encontro deles com suavidade e compaixão por estas vozes órfãs. Escute. E escute novamente.

As sensações surgem e se dissolvem na percepção amorosa.

Relacionando-se a esta área, com estas sensações como se fossem seu único filho, encontre-as com amor, com bondade e misericórdia.

Surge aí alguma imagem? Há cores? Observe tudo o que existe, não há nada a ser criado.

Receba a sensação com amorosidade e cuidados.

Tocando tudo com compaixão. Indo ao encontro de tudo com capacidade de perdoar.

Cada sensação recebida no calor e paciência que é a capacidade de perdoar.

Cada sensação absorvida pela amorosidade e compaixão.

Permita que a compaixão absorva cada sensação.

Permita que a sensação flutue na suavidade, no amplo coração do ser.

Flutuando em compaixão.

Flutuando em misericórdia.

Permita que o coração espaçoso absorva a sensação a cada momento.

Permita que a área se torne o coração de que todos compartilhamos.

Permita que a compaixão que você sente pelo sofrimento do mundo toque também sua dor.

Cada momento de sensação recebido com muita delicadeza. Sensação de momento a momento, surgindo e dissolvendo-se na amplidão do espaço.

Cada sensação dissolvendo-se em compaixão por todos os que sofrem.

Cada momento dissolvendo-se, dissolvendo-se em misericórdia e amorosidade.

Cada momento desfazendo-se em infinita compaixão e bondade.

Compartilhando desta cura com todos os seres sensíveis.

Desfazendo todos os dissabores do mundo em terna misericórdia.

Indo ao encontro destas sensações com bondade, capacidade de perdoar e compaixão. Indo ao encontro do mundo de que todos compartilhamos com percepção curadora.

Cada momento a flutuar.

Enviando compaixão e amorosidade para o corpo de que todos compartilhamos.

Cada partícula de sensação flutuando em infinita compaixão e cuidado.

Cada momento dissolvendo-se no âmago da cura.

A sensação flutuando como manchas minúsculas numa escuridão aveludada. Cintilando e dissolvendo-se no amplo espaço.

Possam todos os seres libertar-se do sofrimento.

Possam todos os seres encontrar a cura no coração.

Uma chamada de despertar —
uma experiência de consciência

Você desperta com a inspiração ou com a expiração? Quanto tempo depois de ter acordado você desperta?

Esta é uma prática que Ondrea e eu estamos planejando há anos. Notar imediatamente após ter acordado, às vezes antes mesmo de ter aberto os olhos, que você está despertando.

Brincar com a prática de notar se você acorda com a inspiração ou com a expiração é uma forma bastante apropriada de começar o dia. E, se você só se recordar da prática por volta do meio-dia, este pensamento surge com a inspiração ou com a expiração?

No decorrer de intensa prática, nós nos tornamos tão familiarizados com a respiração que mesmo se despertarmos no meio da noite, temos plena consciência da respiração, respirando. Profundos despertares e *insights* têm ocorrido para muitas pessoas nas horas que antecedem o alvorecer. Quando a percepção retorna ao mundo desperto, e ilumina-se por inteiro com a respiração, ela permanece por um momento naquele lugar de ser, antes que o "sendo isto" ou "sendo aquilo" se manifeste. Antes que mergulhemos no sonho acordado de nosso habitual pesar de cada dia.

E logo despertamos, quando acordamos.

Trabalhando com o pesar

Ao longo do caminho da cura que conduz ao coração, somos obrigados a examinar o pesar. O pesar é o metal fundido que reforça a armadura que envolve o coração. Como que tocada pelo fogo, a mente recua com medo de perder aquilo a que ela se apega com mais empenho. À medida que a mente se contrai em torno de seu pesar, a amplidão do coração com freqüência parece distante.

Alguns acreditam que não sentem pesar algum. Este é outro aspecto de nossa rígida negação e autoproteção. Alguns, na realidade, podem dizer: "Eu não perdi ninguém — por que sentiria pesar?". Seria bom se fosse assim tão simples.

A maioria acredita que o pesar é uma grande tristeza, mas é algo mais sutil do que isso. Todos sentem pesar. Todos parecem ter um balancete em desequilíbrio com a vida, algum assunto mal resolvido. Uma não-inteireza com o passado e conosco mesmos, um constrangimento fatigante, tema predileto da sinfonia inacabada dos anseios da mente.

Nosso pesar manifesta-se na forma de autojulgamento, medo, sentimento de culpa, raiva e censura. É aquela insistente impiedade para conosco mesmos, e um mundo que a duras penas deixamos penetrar. Nosso pesar é nosso medo de perder, nosso medo do desconhecido, nosso medo da morte. Nosso medo do que pode aparecer na próxima esquina. Pesar é o esforço supremo deixado para trás, quando aquilo a que tanto nos apegamos foi empurrado para longe de nosso alcance, longe de nossas garras.

Em níveis mais sutis, vemos que a tendência da mente a segurar, fixar, condenar e julgar, é o aspecto diário de nosso pesar. É o sentimento de "predomínio do nada-é-o-bastante" que anseia por se tornar diferente.

À medida que começamos a dirigir a energia da capacidade de perdoar a nós mesmos e a outros, podem surgir vozes que tentam bloquear o caminho de dar e receber. Estas vozes nos dizem que somos indignos e inúteis. É quando nos sentimos separados de nós mesmos, tantas são as partes da mente que afastamos, tão pequena é a parte do coração a que se permite livre expressão. Ficamos a imaginar, olhando no espelho distorcido de nossa auto-imagem, por que aquilo que está refletido parece tão deformado, tão inaceitável, tão descontínuo e difícil de ser amado. Este é nosso pesar habitual.

Mas mesmo o pesar é manejável. Abrindo o coração para a dor da mente, encontramos lugar para analisar com compaixão. Aproximando-nos com delicadeza da densidade há muito acumulada de nosso pesar, ao qual há tanto tempo se resiste com aversão e repulsa, descobre-se um território inexplorado entre o coração e a mente. E tomamos conhecimento, com um suspiro de "deixar sair", com que freqüência desconfiamos daquilo que sentimos. Examinando o que sentimos, sem analisar por que, descobrimos os padrões tipo labirinto de nosso pesar e problemas mal resolvidos, os esqueletos de tantos momentos de desamparo e desesperança, iluminados agora com percepção clara e misericordiosa. Aquilo que parecia tão intocável no passado é aninhado nos braços da capacidade de perdoar e da compaixão. A armadura começa a desfazer-se. O caminho para o coração torna-se direto e claro, verificando que a investigação de nosso pesar habitual, das sendas de nosso antigo sofrimento, abrem o caminho para a alegria. Aqueles que conhecem sua dor e seu pesar com mais intimidade parecem ser as criaturas mais leves e mais curadas de todos os seres que jamais encontramos.

Alguns podem ter sido conduzidos a esta meditação porque sentem que algo não termina com a morte de algum ente querido. Outros, levados pela dor da doença em seu corpo ou no corpo de uma pessoa querida, querem cura mais profunda. Alguns chegam suplicantes, oferecendo o pesar habitual de sonhos não realizados e inúmeras perdas num mundo em eterna transformação. Largam o inominável e o pesar não rotulado que eles estão cansados de carregar.

Esta meditação estabelece a conexão com as lágrimas não derramadas, as risadas não "ridas", os momentos não vividos. Não é necessário ter vivenciado a morte de um ente querido para achar que esta investigação valeu a pena. Ela abre lugar em nosso coração para a dor, para nossa cura, para nossa vida.

Convertendo o ponto de pesar em ponto de tocar o coração

No meio do peito, no esterno, em geral entre os dois mamilos, fica o centro do coração. É o ponto de energia focal, às vezes de profunda ternura, especialmente quando fortes sentimentos de pesar, autoproteção, medo ou perda acham-se presentes. Esta amargura no centro do peito é o ponto do pesar. É o ponto de convergência da mente/corpo, onde a dor mental (pesar) há séculos acumulada solidificou-se no corpo, convertendo-se, agora, numa espessa armadura. Trata-se da solidão e medo, dúvida e raiva, por tanto tempo mantidas e que tantas vezes se teve que engolir, acumulando-as então na receptividade do coração. Mais uma pedra que rolou pela entrada da caverna indo de encontro a nossa ressurreição. Esta delicada área do coração, análoga à Concepção 17 na tecnologia energética da acupuntura, é o ponto de pesar, bem como o ponto de tocar do coração. A conversão ocorre, à medida que o pesar começa a afundar, vindo da mente de separação e medo, resistência e horror, e cai no coração generoso, de amorosidade e pura percepção. Na integração de nossa dor em nosso coração não deve haver separação, mas sim a unidade do ser, compartilhada em nossas vidas.

Meditação dirigida de pesar

(Para ser lida lentamente para um amigo ou, em silêncio, para si mesmo.)

Encontre um lugar confortável para sentar-se em ambiente silencioso.

Gaste alguns momentos para acostumar-se ao silêncio.

Aos poucos, faça com que sua atenção se dirija para o centro do peito.

Deixe a percepção agrupar-se naquele lugar de grande sensibilidade. Observe qualquer amargura no centro. Há alguma qualidade fisicamente dolorosa em nossos anseios mentais?

Com o polegar, pressione delicadamente este ponto de pesar e amor.

Comece aos poucos a exercer pressão neste ponto. Sinta o esterno, o osso que há embaixo, como se ele fosse o escudo que protege a receptividade do coração. Como se ele fosse aquilo que geralmente bloqueia a entrada de sua natureza espaçosa.

Devagar, sem força alguma, mas com compaixão e firmeza, empurre este ponto.

Pressione com delicadeza, mas firmemente. Deixe a dor atingir seu coração. Respire a dor através deste ponto, em seu coração.

Pare de afastá-la: ao contrário, empurre-a para dentro agora.

205

Deixe-a entrar.

Respire a dor para dentro através do ponto de pesar.

Deixe seu polegar empurrar com firmeza, mas sem força, até aquela amargura, com a percepção penetrando profundamente naquele ponto de sensação no centro do peito. A percepção amorosa, usando a pressão no ponto de pesar para entrar, atravessando anos de sedimentos acumulados de sentimentos não-sentidos, não-ditos, não-examinados. Penetrando na exaustão de nosso pesar habitual e diário, comprimido e rígido como rocha.

Empurre a dor para dentro. Passando pela resistência à vida. Passando pelo medo, pela insegurança e pela desconfiança.

Passando por sentimentos de sentir-se frágil. Passando por todas as fixações em torno do sentir-se não-amado. Passando pelos dez mil momentos de expulsar a si mesmo do próprio coração. O julgamento, o anseio, a raiva.

Passando por anos de pesar mantido oculto. A vergonha dos medos secretos e dos amores não correspondidos, dos quais jamais falamos com alguém.

Permita que por fim a dor entre.

Seja misericordioso com você.

Deixe entrar.

Deixe a vida entrar, por fim. Respire a dor para dentro de seu coração. Passando por todos os escudos e apegos de toda uma vida. Deixe entrar. Deixe entrar finalmente.

Deixe seu coração se partir. Todas estas perdas, todas as dores, todo o pesar de uma vida inteira enterrados ali, camada após camada, impedindo-o de viver a vida. Mantendo-o afastado de seu coração.

Empurre para dentro. Respire isto para dentro de seu coração.

Permita que seu coração por fim vivencie todas aquelas partes de sua vida que você havia afastado.

É pequeno o espaço em nossos corações para nossa dor. Permita que ela entre. Receba-a com compaixão em vez de medo ou julgamento.

Embale sua dor em seu coração. Permita que cada onda de respiração balance delicadamente o berço.

Toda a dor em nosso coração, que por tanto tempo procuramos não sentir, agora é levada para dentro com cada onda de respiração.

O medo manda parar, mas com delicadeza continue a ter compaixão por você mesmo e prossiga a cura profunda.

Empurre com delicadeza para dentro em direção ao medo. Delicada porém firmemente. Não como uma punição, mas como a vontade de ultrapassar as antigas proteções e esquemas de fuga. Passando os antigos medos. Tenha compaixão por você. Permita que a dor que há tanto tempo você vem tentando evitar, penetre no âmago da cura.

Tanta dor.

Tantas atitudes.

Tantas tentativas de esconder.

Toda uma vida de medo, raiva, desconfiança.

Deixe entrar, deixe entrar.

É difícil viver com nossos corações fechados. É difícil viver assustado e cheio de armaduras. Sem estar disponível para a vida, para nós mesmos. Tenha misericórdia.

Permita que o coração meigo receba todas aquelas partes de você que afirmam ser comodismo perdoar a si mesmo. A mente cruel, impiedosa e crítica. Esta fria indiferença em relação ao sofrimento seu e dos outros. Permita que estes pesares se dissolvam na receptividade do coração.

Respire-os para dentro de seu coração. Deixe-os derreter. Permita que eles se curem.

Toda a dor deste mundo, todo o medo deste mundo. Todos os momentos em que nos odiamos. Todos os momentos em que preferiríamos ter estado mortos, protegidos pela armadura, bem ali no centro do peito, tudo isso desfazendo-se.

Todas as vezes em que não pudemos dizer aquilo que desejaríamos ter dito, pois tínhamos medo de perder o amor. Todas as vezes em que ficamos a imaginar o que seria o amor realmente. Todas as vezes em que nos desapontamos, bem ali no centro do peito.

Tantos apegos. Respire toda a dor para dentro de seu coração. Deixe-a entrar.

Cada respiração penetrando pelo ponto de pesar carrega a dor bem para o centro de nosso coração.

Há lugar suficiente no coração para nossa dor, quando nos desvencilhamos destes escudos e resistências. É difícil abrir-se para esta dorpesar em nosso minúsculo corpo, em nossa mente frágil, então respire isso no amplo coração.

Este coração de compaixão bebe da fonte de nossa dor. Deixe entrar.

Todo o medo de que não somos bons aos olhos de Deus, de que não somos os bem-amados. Respire isso para dentro.

Todos os medos de que possamos cair em desgraça, de que estamos amaldiçoados e não mais amados, todos mantidos bem ali no ponto de pesar. Inspire. Inspire.

Toda uma vida de dor. Inspire.

Empurre este ponto. Observe que parte de nosso pesar advém da tentativa de manternos o pesar sob controle. A falta de compaixão com a qual repetidas vezes nos rejeitamos. Esta mente, com tanta freqüência indelicada, esta criança amedrontada que carregamos.

Tenha compaixão por você. Deixe-a entrar em seu coração Permita que isto parta seu coração abrindo-o afinal.

Deixe entrar.

Há tanto de nós mesmos colocado de lado. Tanta vergonha e impiedade. Todos os lugares que não nos perdoaremos. Todos os lugares em que nos sentimos diminuídos. O desespero, o desamparo, inspire.

Inspire.

Permita que a respiração conduza a dor para o centro de seu coração.

No coração há lugar para tudo isso. Deixe entrar.

Seja misericordioso com você. Permita que a dor ingresse, passando pelo medo.

Todos os momentos em que não fomos amados e não fomos amáveis.

Todas as partes de nós mesmos, das quais friamente descuidamos, encaradas agora com compaixão no ponto de pesar, calorosamente conduzidas até o coração curador. Toda a nossa crueldade. Toda a nossa falta de vontade de amarmos a nós mesmos. Todo o nosso julgamento.

Cada onda de respiração, trazendo a mente antiga para dentro do coração, desfazendo-se ao ser envolvida por tamanha bondade e atenção.

O medo desfazendo-se.

A dúvida desfazendo-se.

A armadura desfazendo-se, deixando aparecer o luminescente torvelinho do centro do coração. Nossa natureza bruxuleante revelada mais além de nossa dor. O senso de perda vacilando na enormidade.

Cada onda de respiração, carregando consigo a gratidão pelos momentos compartilhados com aqueles a quem amamos e perdemos. E a gratidão pelo mistério da conexão.

O medo de toda uma vida desfazendo-se no coração. Empurre com ainda mais delicadeza. Inspire a compaixão curadora bem para o interior de seu coração. Uma energia enorme. Deixe-a entrar.

Deixe a energia entrar em seu coração.

Arraste as sombras para a luz.

A armadura se desmancha.

O ponto de pesar dissolvendo-se, transformando-se no ponto de toque, o ponto sensível do coração. Sensações de arestas endurecidas, suavizando-se. Dissolvendo-se em amorosidade.

Trazendo de volta para casa a criança abandonada. O coração abraçando a mente com a suave inspiração da compaixão e o terno carinho do perdão.

À medida que o ponto de pesar se transforma no ponto do coração, o corpo começa a sussurrar. Sinta as células absorvendo, como uma esponja seca, a compaixão e a bondade profundas.

À medida que o ponto rende sua dor ao coração, os conteúdos dolorosos da mente flutuam no amplo espaço da compaixão e da percepção.

Os sentimentos de separação cada vez mais se tornam um senso de inseparabilidade daquele ser amado, de nós mesmos.

Deixe agora que sua mão se afaste delicadamente do ponto de pesar, permita que as mãos descansem em seu colo.

Tire a pressão deste ponto.

E observe que parece haver uma receptividade onde costumava estar a amargura.

Você pode sentir o ponto de toque do coração, quando você retira a mão.

Inspire e expire neste ponto. Esta é a respiração do coração. Permita que a percepção do fluir entre o mundo e seu coração seja seu companheiro constante.

Deixe que a dor que atraiu sua atenção para o coração seja uma iniciação à cura que se propôs a fazer.

Que todos os seres se libertem do sofrimento.

Que todos os seres focalizem o amplo coração na mente dolorida.

Que todos os seres conheçam a alegria de sua grande e imortal natureza.

TENHA MISERICÓRDIA DE SI MESMO

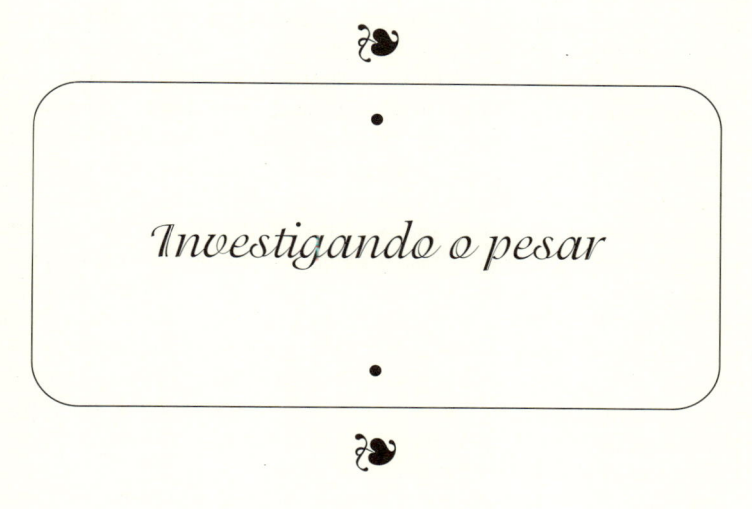

Investigando o pesar

A aplicação da meditação do pesar, o trabalho intenso de abrir nosso coração, pode ser de grande utilidade. Encontrando o ponto de toque do pesar, descobre-se o ponto de toque do coração. Mais uma vez, nosso enorme sofrimento nos conduz à possibilidade de nossa grande libertação. Não existe qualquer outro lugar para onde se ir. Estamos continuamente chegando. Todo o trabalho é feito com o "apenas isto".

Todos nós temos algum pesar para ser investigado. O pesar da não-inteireza, de não ter o que se deseja, a perda da dignidade ou, na realidade, a perda da fachada externa o desespero de não ter controle nas areias movediças da impermanência, nos ventos sempre mutáveis do universo desconhecido. É a morte de amigos. É a perda de um animal querido quando se é criança. É o fato de amigos íntimos mudarem-se para longe e de dores antigas retornarem. São todos os momentos de sentir-se não amado. São os milhões de indivíduos dominados pelos detentores do poder. É aquela metade do mundo que vai dormir com fome. É o corpo impermanente. É a perda da fé. É todo o cansaço do mundo, a fadiga da luta, a perda de amor, a negligência em certas ações que se congelam em volta do coração. É a dor habitual, nossos problemas mal resovidos, nosso cotidiano morrer para a vida. É tudo aquilo que permanece não-vivido na preciosidade do "apenas isto".

Muitas vezes, entretanto, é necessário que ocorra a perda de ente querido para que notemos o pesar que sempre existiu. Mas mesmo no intenso pesar sentido na perda de alguém querido, percebemos que nada no pesar é original. O pesar é apenas a mente antiga jamais vivenciada com tamanha intensidade. Os antigos guardiões de nossa auto-imagem e os bloqueios do coração tornam-se bem evidentes. O medo, a autocensura, o peso do corpo impregnado de dúvidas, o sentimento de culpa e a raiva por tantos momentos perdidos, sentimentos de fracasso, agitação, aversão, terror e o desamparo, surgem logo abaixo da superfície, apresentando-se em labaredas de emoções angustiadas. Nenhuma destas experiências ou qualidades é nova, embora poucas tenham aparecido antes com tal intensidade. Reconhecemos uma pequena parcela de nosso pesar habitual.

Sob intenso pesar provocado por uma perda, redescobrimos, indubitavelmente, o pesar que sempre carregamos, o pesar habitual que habita em nossa vida e que a inibe. Alguns dão a este pesar habitual o nome de "angústia". Inúmeras pessoas a vivenciam como autoconsciência desconfortável. Alguns a vivem como ciúmes, outros como nacionalismo. Mas ela vem sempre acompanhada por profunda sensação de isolamento e separação. Trata-se do estreitamento cotidiano da percepção, que impede que as coisas penetrem. É a inveja e a censura de toda uma vida, este senso de perda cotidiano. É nossa "saudades de casa".

Temos conversado com muita gente que tende a equiparar a morte a Deus. A morte não é Deus. Vir para casa não é algo que só podemos fazer mais tarde, mas algo que se encontra à nossa disposição desde já, em cada momento para o qual nos abrirmos. O tanto que valorizamos a luz agora, permaneceremos com a luz lá na frente. A morte não é Deus, assim como um truque de mágica não é o mágico. E assim como só talvez o mágico pudesse mostrar depois do espetáculo como foi executado o truque, talvez depois da morte poderíamos vir a obter um *insight* do próprio truque. À medida que o truque da morte perde seu mistério, ele nos sintoniza ainda mais intensamente com uma entrada sem limites para o próprio mistério. Deus não é alguém ou algo separado, mas é a similitude absoluta de cada momento. A realidade subjacente. Tal como o nascimento, ou a doença, ou a velhice, a morte tem uma característica universal — não é nada especial. É tão comum quanto Deus, inerente a cada momento.

Não tome a morte pelo divino. Não fique a procurar em todas as partes para encontrar sua verdadeira natureza. Não pense nela como algo que se aproxima, mas, ao contrário, veja nela a possibilidade sempre presente de cada momento. Se não examinarmos o pesar da "melancolia" por Deus agora, ficaremos sempre a procurar nossa cura em outros lugares. Morte não quer dizer voltar para casa. Nossa casa é nosso coração, nossa verdadeira natureza. Deus é "apenas isto", o amplo espaço de nossa natureza inerente, luminosa e integral, o âmago do momento.

O pesar usa inúmeros disfarces. Não se trata de um único estado mental, mas de um rótulo genérico a designar um processo específico. No final de um *workshop* na hora das despedidas, depois de uma exaustiva manhã em que se examinou o pesar, algumas pessoas se aproximaram para partilhar suas experiências. O primeiro, que parecia bastante agitado, disse: "Eu não estou chorando a morte de meu pai, não estou triste por isso. Estou com uma raiva dos diabos". Em seguida, foi a vez de uma mulher que disse: "Não estou sentindo pesar, estou angustiada". O próximo declarou: "Bem, não sei se é pesar, mas parece que estou meio perdido". Uma mulher afirmou: "O que estou sentindo não é pesar, é sentimento de culpa". Um outro falou de vergonha, e a pessoa seguinte tinha profundas dúvidas sobre ela mesma, que se seguiram ao suicídio de seu irmão. Cada um deles sentia que não estava com o "pesar correto", mas, para cada um, aquele era o seu processo. Estes diferentes estados eram a armadura com a qual o pesar nos faz entrar em contato. Cada pessoa estava expressando a qualidade de mente que sempre bloqueara sua entrada, impedindo-a de ir fundo. Para a maioria, o pesar é mais uma palavra usada para descrever o sentimento de se viver tomado pela perda, do que a definição dos múltiplos estados de espírito que constituem este processo bastante natural. Todos os seus sentimentos e todos os seus estados mentais eram aspectos do pesar. Não existe o "fazer certo"; existe só o estar com "o que é" da maneira mais plena e de todo coração, sempre que o momento permitir.

Acreditamos que nosso pesar é algo especial. De fato, nosso pesar é tão velho quanto nossa auto-imagem e tão familiar, que com freqüência não o percebemos quando ele nos afeta. Ele esteve conosco a vida toda, mas somente sob o impacto da perda irreparável tomamos consciência de sua presença. Talvez, se identificássemos mais cedo nosso pesar habitual, não nos deixaríamos ficar tão tomados por tudo aquilo que negamos durante tanto tempo. Abrindo-nos aos pequenos pesares, às pequenas perdas e às pequenas mortes, criamos lugar para os grandes pesares, as grandes perdas, a maior das mortes. Criando lugar em nosso coração para os menores apegos, estimulamos a força e a presença para a maior de todas.

Das inúmeras de pessoas com quem já tivemos oportunidade de trabalhar e que se achavam imersas em grande pesar, nenhuma delas jamais afirmou que sua experiência era nova. Era a mesma tristeza, só que mais intensa. Era a mesma raiva, a mesma frustração, a mesma ansiedade. A única coisa que parecia ser nova era que estes sentimentos agora tão poderosamente presentes na mente não mais podiam ser negados.

Temos, de certa forma, lutado a vida inteira para deixar nosso pesar submisso, o que, para ser exato, representa deixá-lo submerso. Aprendemos a lidar com ele. Isto quer dizer: "Não vou sentir muito desde que eu não machuque muito". É quase que uma barganha, e nós lamentamos isso.

Mas, quando surge alguma perda que não podemos negar, quando quem morreu foi um de nossos pais, ou marido, esposa, amante, ou filhos, ou um de nossos amigos, quando nosso próprio corpo vem passando por doenças e decadência, então a amargura que temos carregado por tanto tempo não mais pode ser ignorada. Então, a dor de toda uma vida não mais pode ser suprimida. Sentimentos de separação, dúvida ou medo, que tanto fizeram para que nos retirássemos da vida e nos escondêssemos em território seguro, são vividos em sua realidade dolorosa.

O pesar é um processo. Não se trata de uma emoção única, assim como também a raiva ou o medo ou a dúvida não o são. Estes não passam de rótulos imprecisos, que usamos para embotar-nos e retirar-nos do trabalho tão intenso e ainda inacabado, e para nos afastar de todo o medo, dor e remorso não investigados. Alguém perguntou: "Será que preciso me livrar primeiro de minha raiva antes de poder entrar em meu pesar?". A raiva é nosso pesar, e até que seja identificada e investigada, pode ser difícil penetrar nestes sentimentos que estão além dela. Para alguns, talvez, enquanto não investigarem toda e qualquer raiva surgida contra o indivíduo que morreu, não haverá possibilidade de experimentar as profundas curas que acompanham a percepção generosa que mergulha nos níveis mais sutis de nosso pesar. A ira desconhecida pode separá-los dos níveis mais profundos de seu pesar, da mesma maneira que sempre os separou dos níveis mais profundos daquela pessoa que agora é pranteada.

Na realidade, aquele sentimento de não prantear corretamente, de viver separado do pesar, é o próprio pesar. É aquela sensação de separação de nós mesmos e dos outros, para quem a palavra "pesar" pode ser aplicada de modo mais adequado.

Em nossa investigação quanto à natureza da mente, percebemos rapidamente que um senso de separação reside ali. É naqueles sentimentos de solidão que o *self* imaginado se incorpora com afirmativas tais como "Eu sou *este* corpo, eu sou *esta* mente", que nosso pesar habitual mostra-se mais evidente. No interior de nosso pesar e de nossa dor, reside o não-examinado, a ânsia não articulada pela plenitude.

Quando começamos a tomar ciência de nosso senso cotidiano de isolamento daqueles a quem mais amamos, e com os quais queremos tanto nos fundir, começamos a "deixar sair" o pesar e a dor que tantas vezes formam uma crosta em torno do coração.

Quando algumas pessoas afirmam que não podem entrar em seu pesar, talvez o que eles estejam dizendo é que eles não podem abrir-se à sua raiva, seu medo, suas dúvidas. Deixaram tantas partes delas mesmas fora de seus corações, e por tanto tempo vêm lidando com a mente, que agora, com a morte de um ente querido, elas se sentem afogadas pela intensidade de tais sentimentos e encontram bem pouco lugar neles para analisar, vivenciar e permitir que a história de seu pesar se manifeste.

Tomar conhecimento deste sofrimento por tanto tempo sufocado é o passo inicial do tratamento em direção ao pesar. Não se pode mais negar a realidade daquilo que há tanto tempo encontra-se submerso e, como em qualquer cura, o primeiro passo é a aceitação. Não podemos deixar sair nada que não aceitemos. A investigação intensifica nosso deixar sair. O medo, que durante tanto tempo impediu a investigação destas fortes emoções, torna-se agora objeto de exame e age como nosso guia no novo território. O medo torna-se um aliado que murmura que estamos chegando à nossa fronteira, às profundidades não obscurecidas, atingindo o espaço no qual se dá todo o crescimento. Descobre-se então que jamais aprendemos a nos permitir ser tomados, a deixar sair o controle, a ultrapassar a dor à qual ficamos acostumados. Continuamos, pois, a examinar nossa resistência à vida, e os antigos pesares que embotaram profundamente nossa percepção e limitaram nossa experiência a apenas antigos caminhos de desespero silencioso. De maneira bastante verdadeira, quando tomados pelo pesar, não estamos mais tão cegos à nossa cegueira.

É neste estágio de identificação, de tomada de consciência, e desta aceitação lenta da condição em que nos encontramos, que se faz necessária grande ternura. É a ternura que nos permite sentir o que sentimos, a compaixão com a qual permitimos que o processo evolua o quanto puder.

Caminhe devagar e com toda a delicadeza, até a escura noite da mente que se deparou com a perda, com todas as perdas com as quais cada perda nos faz entrar em contato. Entrando por inteiro em nosso pesar, enxergamos com grande nitidez, talvez como em nenhum outro processo, nossa capacidade de curar o passado. Cada perda nos proporciona magnífica oportunidade de curar cada perda. Em todas as perdas, as perdas anteriores são recapituladas.

Nosso pesar é o reservatório de perda, grande lago de todas as perdas passadas e todas as confusões presentes armazenadas sem resolução. Muitas vezes, a partir deste imenso manancial subterrâneo de perdas, surgem sentimentos de desamparo e talvez o próprio desamparo. Nosso pesar nos suga e nos deixa sentindo meio vivos, só parcialmente capazes de curar.

Com freqüência nos indagamos se seríamos capazes de sentir o sofrimento atenuado chamado "condoer-se", caso não existisse nenhum pesar residual sob ele. Não é como se não fôssemos sentir falta da pessoa amada, mas como se pudéssemos eliminar o intermediário da mente e entrar por inteiro na sensação de eterna-conexão do coração.

O pesar tem o potencial de permitir-nos ver quanto nos tornamos rígidos. Ao tomar ciência da dor, podemos nos abrir atravessando nossa resistência ao desagradável, de há muito profundamente instalada à vida propriamente dita. Dissolvemos a antiga parcialidade em nova plenitude, capaz de aceitar as velhas dores, de deixá-las sair, sem apego nem repressão. Isto limpa o caminho para que a vida reencontre uma vontade, uma não-condenação que permite à cura aprofundar-se. Significa encontrar o "apenas isto" com compaixão e percepção, verificando que não precisamos mudar nada, e que basta acrescentar compaixão e percepção a este momento de maneira que "o que é" possa ser "o que é".

Quando permitimos os sentimentos que surgem em torno da perda do ente amado, notamos, sem possibilidade de engano, o sentimento de estar distante dele ou dela. O primeiro estágio do pesar é caracterizado pela experiência de separação, da pessoa amada não mais estar aqui, da ausência da pessoa amada. Dentro desta experiência de separação, notamos uma condição criada não somente pela morte, mas por nosso pesar habitual diário. Temos encontrado inúmeras pessoas que nos dizem: "Não estou seguro se estou lamentando a ausência deles agora, ou minha ausência anterior". Neste ponto podemos verificar que não são só *nossos* sentimentos de separação, mas *os* sentimentos de separação — o pesar habitual.

Sob vários aspectos o pesar, em seu impacto inicial, nos liga ao lugar onde a separação sempre ocorreu. Nos faz mergulhar na mente, naquele nível em que pensávamos naquela pessoa, mais do que a vivenciávamos. Por exemplo, no pesar que se segue à perda de nosso filho, pode ocorrer de repetidamente imaginarmos que não iremos ver aquela criança crescer, que não iremos vê-la casar-se, que não iremos ter netos. Se se tratar de nosso amante, nossa esposa, nossos filhos, nosso grande amigo, podemos sentir que não iremos compartilhar de seu crescimento, que não iremos vê-los se tornarem aquilo que sempre desejaram ser. Há um sentimento profundo de não ter. Pode-se ver que os seres amados agem como espelhos para nossos corações, que eles nos permitem acesso a nós mesmos, refletindo de volta para nós o amor interior. Percebemos que eles são uma conexão com nosso lugar interior que é o amor. Quando se perdeu este ser amado, lamentamos profundamente a perda de conexão conosco mesmos.

Sendo assim, na investigação preliminar do pesar, nos deparamos com sentimentos de separação, da consciência de "Eu e o outro". Estes sentimentos foram sempre sentidos, mas raramente identificados, a não ser quando estados mentais carregados, como raiva, medo, inveja ou dúvida, aumentam a distância entre o coração e a mente. Damos de frente com os níveis de remorso, de culpa, de insegurança que inevitavelmente se seguem. Não somos tomados de surpresa, mas, pelo contrário, podemos observar cada estado em seu desenvolvimento, permitindo *insights* cada vez mais profundos acerca do processo. É possível ver que também o pesar tem sua própria natureza, seu próprio tom de voz, sua própria textura, seus próprios padrões no corpo e pontos "críticos" na mente. Embora difícil, começamos a fazer amizade com nosso pesar, e assim terminamos por perceber algo de que pouco nos lembramos: há quanto tempo fomos esquecidos, trancafiados em nossas pequenas gaiolas, só nos comunicando através das grades, dificilmente estabelecendo contato com os demais. Começando a enxergar desta forma, estamos libertos. O passado agora não cria mais o futuro de forma compulsiva, e enxergamos ainda outra alternativa para nosso sofrimento. Certificamo-nos, com doce misericórdia, de quanta compaixão consigo mesmo é preciso para estar plenamente vivo, e o quanto é difícil viver só na mente e ainda assim ser capaz de conduzir o outro, pela inspiração, ao nosso coração.

À medida que o processo do pesar se intensifica, à medida que a mente começa a mergulhar no coração, vemos o poder da receptividade à nossa dor com compaixão e percepção. Pode demorar meses, até anos. O coração tem suas estações, e mesmo enquanto a mente naufraga no coração, pode haver instantes em que somos capazes de tocar nossa dor com carinho e ternura, e ocasiões em que, uma vez mais, a mente interfere com seus "deveria", há muito condicionados, e sua tensão e controle.

À medida que a mente naufraga no coração, há momentos em que sentimos como somos, e sempre fomos, indivisíveis. Talvez um senso de conexão que existiu mesmo antes de termos nascido, um senso da imortalidade de nossa unicidade essencial.

A partir de certo ponto, o pesar afunda com tanta intensidade no coração que podemos aceitar até a enorme dor e tocar aquilo que a mãe de uma garota assassinada chamou de "nossa divindade compartilhada"; e é deste ponto em diante que a cura vem acontecendo no âmago da vida. Ainda que por vezes nos sintamos muito mal, a cura prossegue. Não nos surpreende a pequena capacidade que demonstramos, em certas ocasiões, de permanecermos receptivos, assim como também não nos surpreendem as mudanças, isto é, as idas e vindas da cura. Observamos que existem momentos ou dias inteiros de grande receptividade e profundo senso de conexão, mas logo ao despertar, no dia seguinte, descobrimos que o coração aparentemente não se acha acessível — deparamo-nos com uma densidade, onde apenas poucas horas atrás parecia haver um enorme espaço. À medida que a cura se revela, com inimaginável ternura e afastando-se aos poucos de todos os recursos atrás dos quais se ocultava, criamos lugar em nosso coração para nós mesmos, até quando o coração encontra-se fechado.

Neste estágio de nosso pesar, de nossa cura, nada mais poderá afastar aquele senso de Existência Absoluta. Somos indivisíveis, e nossa conexão é identificada antes do tempo, e para além dele.

Talvez tragédia maior do que a perda de um filho, ou a morte de um amigo querido, seja o fato de com freqüência sentirmos que falta a comunhão com aqueles com os quais compartilhamos nossa vida.

Para cada um de nós, o trabalho é curar o pesar que nos separa daqueles que amamos, de maneira que possamos começar a experimentar nossa plenitude e compartilhá-la agora, neste momento.

Para muitos, a cura que acontece através da investigação e identificação do pesar não começa até que a perda tenha ocorrido. Mas para outros, há o profundo entendimento do "trabalho que precisa ser feito", de ir ao encontro da dor, agora do sofrimento, agora; de resolver nossos problemas e permitir que cada momento seja original. Romper o *continuum* da antiga dor, da antiga separação e pesar que tantas vezes limitou nossa experiência de vida, nossa experiência de nós mesmos e com os demais.

Indo ao encontro da dor na mente, encontrando o mundo do pesar com mais sabedoria e capacidade de perdoar, penetramos no momento da cura inteiramente vivos.

A meditação mãe de misericórdia

(Para ser lida lentamente para um amigo ou, em silêncio, para si mesmo.)

À medida que o ponto de pesar se torna o ponto de toque do coração, continue a sentir a receptividade no centro do peito e respire dentro dele.

Focalize a respiração do coração.

Cada inspiração, carregando amorosidade através do ponto de pesar até o canal que conduz ao coração. Cada expiração, "deixando sair" a dor.

Inspire compaixão neste ponto. Expire o sofrimento, o apego, os escudos.

Permita que tudo flutue no oceano infindável do coração.

Permita que venha a dor. Permita que a dor se vá.

Deixe-a flutuar. Sem apego. Sem tentar afastar. Deixando-a ficar como criança assustada que se aninha no abraço acolhedor da mãe.

Inspire na profundeza da compaixão que é maior do que nossa dor. A amorosidade que tem lugar para tudo, para nossa vida, para nossa mente, em nosso coração.

Inspire amorosidade no ponto sensível do coração.

Suavizando o coração, permita que a mente anteveja no ambiente uma presença amorosa. Um ser bondoso que cuida de você de todo coração. É a Mãe de Misericórdia.

Sinta sua delicada aproximação, o ventre inteiro suavizando-se para receber sua bênção.

Ventre macio.

Coração macio.

Os braços da Mãe de Misericórdia o envolvem. Tudo o que você precisa fazer é encostar sua cabeça nos ombros dela.

Ela se acha envolta por uma luz dourada.

Sinta a luz que cerca a Mãe de Misericórdia. Veja-a a emanar de seu coração magnífico. É a luz do Grande Coração da Compaixão visto bem ali à sua frente, brilhando na forma de bondade e carinho por todo o seu bem-estar.

Inspire a luz dourada até o ponto sensível do coração que ultrapassa a dor. Inspire a luz.

Expire as sombras.

As sombras se desfazem na névoa dourada. A dor flutua livre no âmago da Mãe de Misericórdia.

Entregue tudo a ela. Ela tem lugar para tudo.

Deixe sua dor flutuar no âmago da amorosidade.

No cálido abraço da Mãe de Misericórdia, sua compaixão penetra em seu coração como regato de luz. Logo se torna um rio. E logo se transforma num oceano bem ali no centro de seu peito.

Inundando de luz o corpo.

É grande a quantidade de luz que se expande. Soltando os apegos, libertando o pesar. Deixando penetrar a cura.

O passado, tal qual uma onda, se desvanece na superfície imperturbável deste oceano de misericórdia e compaixão.

Deixe a onda passar. Deixe-a perder-se delicadamente na placidez.

A dor se dissolve na luz.

Inspire a luz da cura, da compaixão, da amorosidade.

Expire a escuridão enevoada dos pesares que há séculos ardem em fogo lento. Pequenos cachos negros encaracolados diluem-se nas beiradas, absorvidos pela luz.

Deixando sair em cada expiração a dor retida há séculos.

Inspirando a aura dourada da Mãe de Misericórdia.

Expirando a dor manchada e escura. A armadura se desfaz.

Permita que a névoa dourada que se derrama sobre você disperse a dor oculta.

Expire o antigo sofrimento, inspire a luz.

Expire a sombra, permita que ela se vá finalmente. Não se fixe no sofrimento.

Deixar sair nosso sofrimento é o trabalho mais árduo que temos por fazer.

Inspire a luz, expire a dor.

Deixe entrar a luz. Deixe sair a dor.

Expirando a fixação, a falta de compaixão, a dor oculta, à medida que a mente se funde com o coração, curando nosso pesar cotidiano.

Os seres amados que pranteamos não mais perdidos na distância, mas sim imersos inseparavelmente no coração.

Todas as partes de nós mesmos e de nossos sonhos passados dissolvendo-se juntos na luz. Cansados das poses e dos fingimentos. Querendo muito sair do esconderijo. Deixe sair, por fim, no amplo espaço tremulante de sua verdadeira natureza, postado à sua frente na forma da Mãe de Misericórdia.

Inspire o coração dela para dentro de seu coração. Deixe seu coração explodir no dela.

Inspire a luminescência curadora para o coração. Expire a falta de bondade, o terror, o pesar não-aceito. Deixe tudo passar, por fim.

Respire o cálido fogo dourado de sua compaixão por inteiro para dentro do coração.

O sopro do amor.

À medida que você inspira a luz, a expiração torna-se cada vez mais pálida e mais transparente e a "deixamos sair".

O apego enfraquecido com cada expiração. A cura nutrida com cada inspiração dirigida por inteiro para o coração. Inspirando a divina misericórdia, a fixação suaviza-se.

A expiração torna-se cada vez mais clara.

A inspiração e a expiração igualmente repletas de luz.

A luz que é conduzida para dentro torna-se cada vez mais brilhante. O foco é agora ponto dourado no centro do coração. A dor envolvida por profunda segurança e percepção amorosa.

À medida que a expiração se torna clara, uma luminescência intensa é trazida para dentro e jogada para fora em cada onda de respiração. Compartilhamos da cura.

Gradualmente, a luz de misericórdia e da compaixão é expirada em direção a todos os necessitados. Compartilhe desta cura com todos aqueles seres cheios de pesar por toda parte.

Inspire a luz. Expire a luz.

Respire a luz para todos os seres por toda parte. Envie amorosidade a todos os seres sensíveis em cada plano de existência.

Banhe a dor de todos eles com a luz dourada da Mãe de Misericórdia. Respire a profunda bondade dela para todos aqueles ainda perdidos na mente dividida e na dor. Não se fixando na dor deles mas deixando que esta flutue em compaixão e carinho. Envie-lhes de volta, pela respiração, a luz da cura para os corações.

Possam todos os seres libertar-se do sofrimento.

Possam os corações de todos os seres estar receptivos às suas dores.

A luz inundando seus corações compartilhados.
Cada coração estimulando a terra a curar.
Cada expiração conduzindo de volta à luz todos os seres sensíveis.
Possam todos os seres se libertar do sofrimento.
Possam todos os seres viver em paz.
Possam todos os seres dissolver as sombras do passado na luz do presente curador.

Possamos todos nós viver em compaixão e cuidado uns com os outros e conosco mesmos.

Possamos todos ter em alta estima a nós mesmos e aos outros. E que possamos todos vir-a-ter em alta estima cada um dos outros em nós mesmos.

O cálido e paciente sopro do coração

Uma vez estabelecido o ponto sensível do coração, é possível simplificar a meditação da respiração do coração, transformando-a numa prática de respiração quente e paciente. Inspirando e expirando pelo ponto sensível do coração. Inspirando calor. Lentamente abrindo-se à paciência na expiração.

Dirigindo para o interior o agradável calor e a compaixão (da Mãe de Misericórdia). Estimulando a paciência. (Não se trata de esperar pacientemente. Isto não existe. Ou a pessoa está esperando ou é paciente. A paciência é a presença no presente.) À medida que expiramos, vagarosamente.

Assim como a meditação do pesar conduz ao coração, o sopro cálido e paciente mantém aquela receptividade. E começamos a suavizar e libertar até mesmo nosso pesar habitual, diário e de olhar embotado. Nós nos abrimos para o espaço onde a libertação pode ter lugar.

Inspirando o calor.
A paciência, lenta e delicadamente, na expiração.
Deixando entrar a cura.
Deixando sair o sofrimento.

Afastando-se do caminho

Mais uma vez, a sabedoria profunda inclina-se para nos fazer lembrar que "deixar sair" o sofrimento é o trabalho mais difícil que teremos pela frente. E que devemos ser delicados com o processo, e permitir-lhe a livre evolução, embora por vezes esta seja desajeitada e hesitante.

A prática, assim como a vida, evolui em ciclos. Às vezes, a pessoa medita diariamente. Outras vezes, a pessoa fica sobrecarregada com seus afazeres. Algumas vezes, o coração encontra-se aberto. Outras, não.

A meditação dirige a mente para o coração. Durante semanas, meses ou anos nos mantemos receptivos. Mas nossa cura parece ser uma espiral ascendente. E retornamos invariavelmente ao mesmo ensinamento em outro nível. É, como disse Buda, "O trabalho que precisa ser feito". Algumas vezes, nos abrimos para este trabalho. Outras vezes não.

Certas ocasiões, em nossa prática, o trabalho parece tornar-se tão difícil, a cura tão profunda, que precisamos nos sentar com um enorme "não sei", olhar em torno e procurar nos ajustar. Algumas vezes, precisamos de um intervalo antes de prosseguir.

Na realidade, em toda uma vida de prática podem ocorrer ocasiões em que a meditação retrocede para os ruídos históricos das necessidades de nossas vidas. E então nos preocupamos por havermos nos "afastado do caminho". Mas o caminho não é o budismo, nem o cristianismo, ou judaísmo ou hinduísmo. O caminho é o solo abaixo de seus pés. É a cura que precisa ser efetuada. Uma vez que você tenha se comprometido com seu coração, não há outro lugar para onde ir. Embora as formas possam se alterar, você continua rumando para casa.

Embora algumas pessoas, aqueles que se ocultam em suas práticas, possam afirmar que você "afastou-se da graça", confie em seu processo de crescimento, mesmo quando o antigo já foi afastado e o novo ainda não tenha se apresentado.

Parte do caminho inclui as vezes em que pisamos fora do caminho. São instantes de integração e reflexão. Isto produz uma perspectiva. "Uma oportunidade para pensar", como dizem. E para notar também que isto pode ser às vezes insatisfatório.

Afastar-se da prática formal pode também nos ajudar a ver que nossa vida não é um método. Que estamos buscando libertação, e não nos tornarmos especialistas em certa técnica. Tomar conhecimento de como ficamos habilidosos nas técnicas espirituais nos faz pensar no que o mestre zen, Suzuki Roshi, chamou de "mente de principiante". Retomamos o caminho, assegurando-nos de que o objetivo não é ser bom meditador, mas apenas *ser* com tanta compaixão e percepção quanto for possível. Afastar-se do caminho, geralmente, não passa de outro passo na caminhada.

Numa vida de prática o significado da palavra "prática" muda de maneira notável. A prática é processo. Praticar é aproveitar cada oportunidade para mais sabedoria, para prestar atenção. É estabelecer prioridades em direção à verdade.

Abrir o coração do útero — uma investigação regeneradora

Estas são meditações curadoras. Elas surgiram do trabalho que Ondrea e eu partilhamos ao longo de dez anos com mulheres que haviam sofrido abuso sexual.

Ao longo de investigação intensiva do pesar, que durou dez dias, pesquisando "vivendo conscientemente/morrendo conscientemente" o pesar que é partilhado por todos nós, tornou-se bastante evidente que muitas das mulheres naquela sala experimentavam um pesar profundo que não era resultado da morte de algum ente querido. Elas choravam a perda da confiança e do bem-estar desde que tinham sido sexualmente agredidas.

Ao final de meditação particularmente intensa, uma mulher levantou-se cheia de júbilo para participar com o grupo de sua experiência fora-do-corpo durante a meditação. Embora esta não fosse a intenção da meditação, ocasionalmente tais experiências surgiam espontaneamente. Ela estava radiante com a sensação de ser mais do que o corpo, de flutuar livre e sem peso, quando outra mulher parecendo ansiosa ergueu a mão: "Não quero interromper, mas tenho uma coisa importante para dizer". Ela levantou-se. "Sabe, acho que toda esta história do fora-do-corpo é bacana, espetacular, mas eu gostaria de ter uma experiência dentro-do-corpo, só para variar! Gostaria que meu corpo fosse um lugar seguro para estar, não só um alvo. Gostaria que meu corpo fosse meu lar, mas nunca me sinto à vontade em meu corpo, porque meu corpo foi invadido, foi brutalizado. Eu tranquei todas as portas e agora não posso voltar para dentro." Várias mulheres do grupo começaram a soluçar ao ouvir a verdade — que era delas também — de que o corpo não era um local seguro para estar. Outras que trabalhavam suas doenças choraram também.

Ao cabo desta sessão, intensa e incrivelmente mobilizadora, uma mulher aproximou-me e confessou-me: "Sabe, o espaço que tenho em meu coração agora não é maior do que eu tinha em meu corpo, aos dois anos de idade, quando meu pai me violentou". No mesmo instante ficou clara a conexão entre o coração superior e o coração inferior.* Além disso, ficou claro também que inúmeras mulheres haviam achado difícil o acesso ao coração superior, devido à necessidade de fechar o coração inferior, o útero, os genitais, para autoproteção e sobrevivência. Muitas vezes, eram incapazes de tomar a próxima onda de respiração com paz e segurança. Ficou claro que as mulheres possuem dois corações: o coração no peito e o coração no útero. E que, em função do abuso sofrido no coração do útero, o "outro coração", o medo, a desconfiança, a ira, a dúvida, até mesmo o ódio contra si mesma, haviam limitado o acesso ao espaço e à serenidade que eternamente habitam o coração superior.

E a partir de suas palavras, a meditação Abrindo o Coração do Útero surgiu como que por uma graça. Foi inspirada pela dor de que todos compartilhamos. Ela nos permite participar na cura pela qual todos precisamos nos responsabilizar. Nenhum de nós é distinto da dor que qualquer outro carrega.

Nos dias em que o aborto seguro não era ainda legalizado, as mulheres por vezes usavam uma substância chamada *ergot*, um espasmódico para a musculatura lisa do corpo que podia interromper uma gravidez. Mas se o produto químico não fosse cuidadosamente dosado e ajustado perfeitamente ao peso da pessoa, bem como às suas necessidades e metabolismo, às vezes ocorriam palpitações de coração. E isto porque as mulheres possuem dois conjuntos de músculos lisos no corpo: o coração e o útero.

A base desta meditação é, como de resto acontece com todas as curas, começar a se aproximar com compaixão e amorosidade daquilo que foi rejeitado pela ira e pelo medo e abandonado ao desamparo. Significa reabitar o que ficou deserto e sem coração. É o preenchimento do útero amedrontado com a luz do coração. É a profunda compaixão dirigida para si mesmo. Um profundo "deixar sair" da dor numa ampla bondade, com percepção amorosa.

---

* "Inferior" aqui não é usado em sentido depreciativo ou tentando estabelecer qualquer sentido comparativo de importância, mas apenas como uma realidade anatômica. (N. do T.)

À medida que a prática se espalha entre centenas, quem sabe milhares de mulheres, muitas começam a aplicar a meditação para outras condições do coração inferior. Algumas descobriram que a meditação não apenas curava a dor mental que ali residia, mas passaram também a tratar de tumores fibróides ou diminuir os efeitos da síndrome pré-menstrual. Algumas, usando seu grande dom curador, começaram a aplicar este processo para problemas mal resolvidos no útero, para o tratamento de marcas residuais (inesperadas mas ainda assim presentes) do aborto. Ou para dizer adeus e liquidar assuntos depois de uma histerectomia. Algumas disseram que ela afetou seu câncer. Outras afirmam que ajudou a preparar, para a criança no útero, um nascimento tranqüilo.

E, por fim, algumas poucas mencionaram que ela mudou a natureza de sua infertilidade. Um dos primeiros relatos de tais curas foi o de uma mulher que um dia se aproximou e disse: "Stephen, estou grávida e é tudo culpa sua". Ondrea e eu rimos bastante. A mulher tinha estado grávida e perdido a criança por oito vezes nos últimos dez anos. Quando ela acreditou que a meditação poderia ser usada para "obrigar o útero a ser mais hospitaleiro para com a vida", a prática ajudou-a a deixar sair parte de seu medo, parte da raiva, e substituí-los com nova suavidade, nova bondade, condições que ela jamais acreditara que fossem possíveis. Sua cura retomou todo o caminho desde seu nascimento e promoveu o nascimento propriamente dito.

Embora alguns falem com entusiasmo acerca desta prática, para muitas mulheres que foram assediadas sexualmente, ela pode ser bastante difícil. Temos ouvido de muitas mulheres a afirmação de que, trabalhar com a prática uma vez por dia, uma vez por semana ou uma vez por mês, é a parte difícil do dia. E há também um aspecto importante a ser considerado em sua cura: não é nada fácil aproximar-se de dor tão intensa. Pode levar bastante tempo, mas não temos escolha a não ser curar, ter compaixão conosco mesmos e prosseguir deixando sair a enormidade da dor que carregamos.

Esta prática desenvolveu-se a partir de uma meditação (ver "Grande Sofrimento", capítulo do livro *Healing into life and death*), inspirada pela alegoria que uma mulher estabeleceu entre o coração e o útero, e transformou-se numa progressão em três partes. A cura do coração do útero personifica a própria essência do processo de cura. A tomada de conhecimento. "A reversão do destino", na qual a compaixão aborda tudo aquilo que o medo retirou. A entrada intensa da compaixão, a interligação do coração com o sem-coração. O deixar sair que representa de forma aguda a enorme capacidade que tem o coração de deixar ficar, a magia de nossa dor aparentemente não-manejável, a flutuar finalmente em algo maior. E o compartilhar desta cura com todos os seres confrontados com este mesmo dilema.

O primeiro passo é a meditação Curando o Corpo. É um varrer de percepção através do corpo, começando pela cabeça e prosseguindo até a ponta dos pés, focalizando cada área de sensação. Ela nos permite voltar para o corpo com nova compaixão, com nova segurança, a partir de maior plenitude. Esta meditação pode de início levar cerca de vinte a trinta minutos, dependendo de como cada indivíduo irá relacioná-la à sua situação. Se houver a menor evidência de que não se sente melhor, mude-a, sinceramente, de forma a fazê-la atender às suas necessidades. Se a linguagem não for adequada ou não tiver um ritmo bom, grave as palavras que lhe parecem apropriadas com sua própria voz ou a de uma pessoa querida, de maneira a que elas se ajustem perfeitamente às suas necessidades, sua cura. Você é o caminho da cura, e ninguém pode libertá-lo com tanta leveza e compaixão quanto seu próprio coração. Acredite em sua própria e perfeita convicção sobre o que é bom para você. Adapte estas meditações de acordo com seu próprio dom para a cura.

Uma mulher contou que depois de trabalhar com o corpo (meditação Curando o Corpo), durante várias semanas, ela ainda não podia ir além dos olhos. Mal a percepção chegava até ali, uma enorme onda de medo e resistência acabava com ela. Era, pois, grande sua dúvida em voltar a um território inseguro. Eu lhe perguntei como lhe era possível suportar tanta dor. E ela respondeu: "Não sei. É por isso que estou fazendo a meditação". O que ela estava vivenciando, mesmo dentro dos limites de sua grande dúvida, era o fato de que onde quer que a percepção amorosa entrasse, a cura tornava-se possível. Ela notou que onde ela havia retirado a percepção — devido ao medo ou a um sentimento de desamparo — um entorpecimento, uma sensação de coisa morta, era deixada para trás. À medida que ela prosseguiu com a prática, partes rejeitadas dela mesmo aos poucos tornavam-se acessíveis. E depois de certo tempo ela sentiu uma reintegração de seu coração em seu corpo.

Pode ser difícil dirigir a compaixão em direção àqueles que foram tratados de forma tão impiedosa. Mas o milagre é que, mesmo nesta dor imensa, a cura é possível. Centenas de pessoas têm-nos dito que estas ferramentas acham-se entre as mais poderosas que eles já puderam conhecer "para voltar para a vida" em sua mente/corpo, e para trazê-los de volta vivos para a vida, com nova confiança e compaixão por eles mesmos e carinho para com todos aqueles que os amam e são por eles amados.

A segunda meditação é a prática Abrindo o Coração do Útero. Ela se baseia numa percepção bastante sutil e misericordiosa, uma bondade delicada que cura e fortalece o que quer que ela abrace. É a voz de nosso próprio coração reentrando no próprio coração, abrindo-o com delicadeza para a cura, movendo-se com ternura através da vagina até a grande cúpula do útero, trazendo a cura a cada instante para as sensações ali existentes. Cada sensação é recebida com compaixão, capacidade de perdoar e carinho. Preenchendo com amor aquilo que ficara dolorido pela fria indiferença de alguém. Tratando do coração inferior, achando caminhos mais amplos para o coração que todos nós compartilhamos. O âmago da cura, o âmago da compaixão e da misericórdia. Na meditação Abrindo o Coração do Útero é necessário que a pessoa caminhe segundo seu próprio ritmo, traçando seu próprio caminho. Tomando a meditação para sua cura e encorajando os outros a fazerem o mesmo.

É possível que não existam duas pessoas que façam a meditação da mesma maneira. Cada qual precisa escutar de forma bastante individual seu modo de entrar no próprio coração. E o faz escutando o coração de seu útero. Renascendo por fim na segurança da amorosidade, no corpo sagrado do ser.

Uma mulher, depois de ter trabalhado durante alguns meses com a meditação, disse que embora esta fosse a parte "mais pesada" do dia, cada dia parecia mais leve do que o anterior. A cada dia ela descobria um milionésimo de segundo mais de confiança, de amor por si mesma, de compaixão. Certo dia, enquanto arrumava a mesa do café da manhã para as crianças, ela ergueu os olhos e viu a parede. "Eu vi *apenas* a parede", disse ela, com as lágrimas escorrendo em sua face. "Foi milagre, eu estava ali, apenas. Não havia nenhuma sombra de medo, de dúvida ou de raiva. Eu só estava ali — eu via apenas a parede. Eu não precisava viver em *outro lugar*, ser *ninguém diferente*, ou *nada diferente*. A sala onde eu estava era meu lar. O mundo finalmente era meu lar." Nos anos seguintes ela ajudou muitas pessoas a trabalhar com a meditação e a encontrar seu próprio caminho para atingir seu coração perfeito.

A última meditação, a Cura Compartilhada, é uma meditação de amorosidade. Ela assume o trabalho de cura que estamos executando em nós mesmos e começa a dirigi-lo a todos aqueles que também sofrem do mesmo mal. Embora quando estamos com dor possamos nos sentir mais sós do que nunca, na realidade somos parte de uma enorme linhagem de sofrimento que vem ocorrendo neste mesmo instante com milhares, dezenas de milhares, quem sabe até milhões de outras pessoas sensíveis que, também, tanto desejam não mais sofrer. Que também desejam somente viver em paz neste mundo confuso e violento.

Muitas das mulheres que trabalham com essas meditações disseram após o término de algumas sessões de varrer o corpo, de tornar a entrar, que elas podiam ir com rapidez para o segundo estágio, a meditação Abrindo o Coração do Útero. Tendo já sentido certa reintegração, elas descobriram que bastavam alguns minutos de abrir o corpo para poder prosseguir com a prática. É claro que por vezes a mente achava-se aberta, o corpo estava relaxado e a compaixão era permitida, enquanto em outros momentos elas se sentiam como se jamais houvessem experimentado antes aquela prática. Esta é bem a natureza da mente sempre em transformação, com suas qualidades cambiantes de concentração, energia, paciência e decisão. Mas quando estas qualidades estão equilibradas, elas permitem que a cura seja direcionada. A partir desta capacidade interior de dirigir surge uma sensação, de poder trabalhar a vida, jamais antes imaginada.

É como disse uma mulher: "Se for possível trabalhar com isso, será possível trabalhar com qualquer coisa! Jamais pensei que pudesse voltar a amar, e agora amo praticamente tudo o que vejo e ouço. Foi doloroso passar por este trabalho, entretanto, jamais me senti tão feliz em toda a minha vida".

Se a pessoa é levada a estas práticas, pode ser aconselhável trabalhar ligada a um terapeuta ou a alguém em quem se confie plenamente e a quem se possa falar de coração no processo de espalhar a dor e de descobrir sua enorme capacidade de curar. Se você vem trabalhando com uma terapeuta, você pode, quem sabe, compartilhar com ela essas meditações, de maneira que ela possa ter noção do método e de como ele funciona para você.

Essas meditações acham-se ainda em processo de evolução. Somente o coração conhece bem sua aplicação. Por favor, utilize-as em seu próprio benefício e no de todos os seres sensíveis. Esta é a alegria da terceira destas práticas, a Cura Compartilhada na Meditação da Amorosidade. A marca da verdadeira cura é o fato de que nós a passamos para outros.

Essas meditações parecem ser também benéficas para homens que tenham trabalhado com elas. Um homem nos procurou após ter feito uma tentativa com essas meditações e, banhado em lágrimas, nos disse: "Sabem, eu não sou 'tarado', jamais machuquei ou violentei ninguém. Não passo de um homem com um condicionamento de macho, e essas meditações me tocaram profundamente. Jamais tocarei uma mulher descuidada e inconscientemente outra vez". Quando os homens encontram seus úteros, eles descobrem um local mais profundo em seus corações para as mulheres e para a paz.

Se esta prática parece útil, talvez você aproveite a leitura do capítulo "O Grande Sofrimento" em *Healing into life and death*. Lá se encontra uma noção ampliada de como a prática tem sido abordada por várias pessoas e as muitas variações do tema.

Por favor, faça dessa prática algo de seu e saiba que a cura é seu direito inato.

Uma nota sobre a meditação curando o corpo

A meditação Curando o Corpo permite que uma percepção regeneradora investigue seu corpo. É uma forma bastante aconselhável de principiar a meditação Receptividade do Coração do Útero. É um modo seguro de retornar ao corpo. Como em qualquer meditação de cura, procura fazer com que a compaixão e a percepção voltem a morar nas áreas desertas da mente/corpo.

Dedicando-se à meditação por vinte minutos ou mais por dia, diversas pessoas puderam notar no corpo uma limpeza de dores existentes há muito tempo. E também um suavizar do antigo endurecimento. Ela preenche nossos pontos insensíveis com nova vivacidade. Ela permite o contato direto com a força da vida.

A prática de inundar o corpo com percepção regeneradora, aperfeiçoada pela compaixão e autoperdão, permite a recepção direta da sensação. Então, este contato com a sensação torna-se um veículo para as energias do coração. Começamos finalmente a nascer por inteiro. Tocando a dor, bem como aquelas partes obscurecidas pela dor, agora com nova compaixão e um curar mais intenso.

Talvez seja esta a alquimia à qual se referiu Jesus quando sugeriu que se renascesse. Que tínhamos necessidade de retomar a vida repetidamente. De começar outra vez, e outra vez. De lutar para chegar à superfície (e às profundezas) para novamente tomar fôlego, como aquele primeiro sopro de vida. De nascer outra vez para a vida. De entrar no corpo, de nascer, a fim de curar a nós e a todos os seres sensíveis. De tomar um fôlego sagrado, de nascer ultrapassando a dor. De tornar-se plenamente vivo.

Meditação curando o corpo

(Para ser lida lentamente para um amigo ou, em silêncio, para si mesmo.)

Descubra um lugar confortável para sentar-se em ambiente silencioso e instale-se numa cadeira ou almofada.

Sinta o que está sentado ali. Sinta o corpo que sua verdadeira natureza habita.

Comece por concentrar sua atenção no ponto mais alto da cabeça.

Sinta as sensações começando a surgir na percepção.

Podem passar-se um momento ou dois antes que a percepção agrupe-se ali.

Permita que a percepção da sensação investigue a suavidade do couro cabeludo sobre o topo do crânio.

À medida que a percepção se instala no corpo, amplie a área da investigação. Receba as sensações geradas pelo macio couro cabeludo em contato com o crânio duro. Note como estas sensações seguem a curva do crânio de maneira a formar o todo da cabeça.

Permita que a percepção se mova lentamente para a testa. Quaisquer que sejam as sensações a surgir ali na testa, sinta-as por completo, em sua plenitude.

Sinta que a testa se alarga formando as têmporas, as laterais da cabeça.

Qualquer que seja a sensação surgida ali, receba-a com suave disposição de apenas deixar ser.

Soltando qualquer tensão em volta dos olhos, permita que a delicada percepção sinta os olhos em suas cavidades, o osso que os circunda.

À medida que a percepção investiga, estas sensações movem-se para a suavidade das bochechas.

Perceba os dentes no interior da boca, sentindo os dentes presos às gengivas.

A sensação surge momento a momento, onde a percepção encontra-se focalizada.

Note como fica a língua na boca. Fica pressionando o palato superior? Fica apoiando-se no assoalho da boca? Está enrolada contra os dentes?

Receba a vida no corpo como sensação.

Encontrando sensação após sensação, área após área, com percepção amorosa que entra na vida de todo coração.

Observe o tremular na ponta do nariz. O calor, a suavidade dos lábios.

Sinta os músculos do queixo começando a amolecer, à medida que eles deixam a vida entrar com compaixão e amorosidade.

Receba as sensações que surgem atrás das orelhas. E a presença das orelhas também, nos lados da cabeça.

Sinta toda sua face, a cabeça toda, sua carne macia, seu osso duro, sua condição vibratória, notando lugares de calor, quem sabe também lugares de frio.

Nada para criar. Apenas receber a sensação tal como ela é gerada pela força-da-vida no corpo.

Permita que a percepção receba as múltiplas sensações que surgem nas várias partes da cabeça e da face, à medida que a percepção continua descendo pelo pescoço.

À medida que a percepção passa pela garganta, deixe-a suavizar-se ainda mais para receber qualquer tensão ali detectada. Talvez o medo doloroso ou o nó espesso do há muito não-dito. Talvez apenas o espaço aberto. Mas observe quaisquer segredos enterrados ali. A ira e o medo com freqüência engolidos podem ser sentidos como uma espécie de dureza.

Deixe a percepção que recebe as antigas dores ser amorosa e delicada.

Outra vez, nada a criar, somente um delicado receber desta mente/corpo que quer tanto ser inteira, curar.

Preste atenção a qualquer tendência a fechar ou abrir que se mostre aparente na garganta. Deixe-a ser tocada por nova compaixão, por uma bondade que envia uma sensação de bem-estar para aquilo que há muito não é cuidado, o que muitas vezes se teve de engolir, a armadura impressa neste corpo de alegria e dor.

Sinta o peso da cabeça perfeitamente equilibrado nos músculos cheios de vigor do pescoço. E como o pescoço se alarga com perfeição, formando os ombros.

Sinta os longos músculos que se estendem a partir do ombro, sensações flutuando em delicada e confortadora percepção que recebe estes ombros, este osso e este tecido, como uma similitude absoluta viva, pulsante, vibrante e cheia de vivacidade, a cabeça sustentada em cima, os braços mantidos abaixo.

Sinta que os ombros suportam os braços e que os braços se ajustam às laterais do corpo.

Sinta a força nos ombros, a musculatura, os ossos, os tendões que tão prontamente permitem a notável capacidade de movimento, de agir, de servir.

Sinta a sensação nos ombros à medida que eles se alargam até a extremidade dos braços, e descendo passando pelos bíceps. Sinta toda e qualquer sensação que surja no cotovelo.

Permita que a percepção se mova ao longo do antebraço. Sinta que este milagre da vida se estende para baixo em cada braço, preenchendo a palma, vibrando até a ponta de cada dedo.

Sinta que a qualidade vibrante anima os músculos, o tecido, a carne que constitui os braços, os ombros, as mãos.

Permitindo que a percepção receba a mais sutil das energias que surgir, continue agora a descer pelo outro braço, sentindo o ombro, o antebraço, a mão. Múltiplas sensações surgem e se dissolvem, a força-da-vida recebida como sensação a cada momento.

Investigue com compaixão o campo de sensação que chamamos de corpo.

Cada braço cheio de vida com a similitude absoluta, a vibração do ser num corpo, retornando à vida para aprender, para servir, para ser. Note como estes braços envolvem este corpo.

Sinta o peito subindo e descendo com cada onda de respiração natural. Sem controlar a respiração, deixando estar em espaço suave.

Sinta a respiração se dando por si mesma com confiança, cada onda de respiração seguindo-se à anterior sem esforço.

Sinta o coração batendo no interior. Sinta os pulmões delicadamente abrindo-se para receber a vida em cada respiração.

A respiração acontecendo por sua própria conta no amplo domínio da sensação.

Sinta o tronco inteiro, a frente, os lados, as costas, o corpo inteiro flutuando como sensação na percepção.

Note que onde quer que a percepção entre, a vida será encontrada.

Sinta as densidades variáveis nas diferentes áreas do tronco, calor aqui, frio ali. Cheio de sensação em uma parte, talvez embotado, quase que sem sensações em outra parte. E ainda em outra, a dor, o medo solidificado, a dúvida concretizada, colocando fogo nas sensações, em seguida tremulando e se apagando na luz fria de uma percepção amorosa. Na direção em que estiver dirigida a percepção, surge a cura.

Sinta aqui e ali a pressão e a libertação que a percepção permite à medida que ela abre o corpo.

Este milagre do corpo tocado pela magia de uma percepção amorosa, de mente clara, de um coração aberto.

Permita agora que a percepção delicada se mova pelas costas, começando no alto da espinha dorsal onde o pescoço tem suas raízes perto dos ombros. Permita que a percepção curadora aos poucos se movimente, descendo a espinha dorsal, recebendo vértebra após vértebra, em amorosidade, movendo-se devagar até a base da coluna.

O prodígio que é a coluna ser sustentada com tanta perfeição pelos músculos planos da parte superior das costas, estendendo-se para baixo nos grandes músculos laterais da parte inferior das costas.

Sinta os tecidos, as sensações surgindo e se dissolvendo na carne, nos ossos, no tecido desse milagre.

Deixe sua atenção mover-se delicadamente até a base da coluna, aproximando-se com grande percepção da parte inferior do tronco.

Enquanto a investigação da cura move-se em direção à parte inferior do tronco, observe com delicadeza quaisquer sensações, pensamentos ou emoções que apareçam. Quais os sentimentos, se é que existem, que predominam, à medida que a percepção entra no corpo na parte inferior?

Prossiga agora a mesma investigação do tronco, seguindo delicadamente a partir da frente do corpo. Recebendo os ossos duros à medida que eles se espalham como manto protetor sobre a suavidade aberta do estômago e do ventre. Permita que o ventre amoleça, para receber a cura.

Com o ventre macio aumentam as possibilidades de inteireza. Sinta a respiração se dando por si mesma no ventre macio.

Os músculos subindo e descendo por sua própria conta em cada onda de respiração, tal como a vida respirando por si mesma em ventre macio, tal como a vida continuando a curar-se a si mesma.

Sentindo este ventre inferior, o abdômen, note mais uma vez quaisquer sensações sutis ou pensamentos que porventura surjam, à medida que a percepção se aproxima da região pélvica. Quaisquer tensões ou pensamentos, qualquer alegria, qualquer canção, medo, qualquer qualidade da mente/corpo que apareça, permita que seja recebida por uma percepção delicada que cuida só de sua cura.

Tocando o medo, a censura, a dúvida, a raiva, com nova compaixão. Deixando a vida entrar, permitindo a possibilidade de cura.

Deixando a cura entrar, permita que quaisquer sensações que surjam na área pélvica sejam recebidas por esta percepção amorosa.

Perceba toda a área com suavidade e compaixão. Sem força, ou pressa; permita com delicadeza que as sensações se apresentem como quiserem. Não existe impaciência. A percepção cura por si só assim que penetra em níveis cada vez mais sutis de nossa fixação, de nosso sofrimento.

A inteireza aumenta gradualmente, à medida que a percepção de sentimentos de não-inteireza são acatados com a atitude suave e não-crítica de amor total.

Uma percepção que encontra a dor da mente e do corpo com novo tipo de carinho, com amorosidade e com a sensação de seu grande poder próprio de curar. A cura que é nosso direito inato.

Relaxe o ventre inferior, as nádegas e os quadris. Permita que a delicada percepção se mova, passando com ternura por entre os genitais, continuando até a parte superior das pernas através das coxas, recebendo o joelho como sensação, a barriga da perna como vibração. Sensações de pressão, sensações de frio ou de calor, de aspereza ou maciez vivenciada, à medida que estão no âmago do momento.

À medida que a percepção se move pelas pernas descendo até as solas dos pés, uma perna por vez, devagar, em seu próprio ritmo, recebendo as sensações do corpo, a percepção acaba de abrir caminho. Sinta a força e a solidez das pernas e dos joelhos, dos calcanhares e dos pés, a capacidade de movimento, a preciosidade de cada passo que eles são capazes de proporcionar.

Sinta a vibração na parte inferior do corpo. Sinta ambas as pernas agora, ambos os pés, quadris, como algo vivo, uma presença no corpo.

Sinta as raízes fincadas no solo no fundo de cada pé.

Sinta a confiança crescendo no fundo de cada pé. A gratidão por esta oportunidade, mesmo no meio de tais lições árduas, abre o coração, para tornar-lo plenamente vivo a cada instante.

Sinta agora todo este corpo como campo de sensação, tremor, uma vivacidade de ser, o corpo inteiro repleto de vibrante similitude absoluta.

A sensação tocada pela percepção e pela compaixão. Cada momento de sensação preenchido, inundado com amorosidade.

Sinta todo este corpo formando uma unidade com o coração.

Sinta que as áreas de intensa sensação e as áreas de sensações menores começam a fazer contato umas com as outras. Cada parte alimentando a outra. Uma osmose de amorosidade em que aquilo de que se necessita é fornecido por si só com bondade e carinho. O coração iluminando o corpo todo, cada sensação brilhando como estrela num céu escuro.

A luz de ser, tremulando neste corpo curador. Neste corpo de generosidade e de servir. Neste corpo de amorosidade e de percepção. Neste corpo que quer a vida e a cura para todos aqueles que sentem estas mesmas dores neste mesmo instante.

Que possamos todos nos libertar do sofrimento, tirar de nossa dor a cura que nos faz transcender a dor e o sofrimento, atingindo o cerne de nossa verdadeira natureza, o direito inato de nossa cura e plenitude.

Que possam todos os seres se libertar do sofrimento.

Que possam todos os seres viver em paz.

Uma nota sobre a meditação coração do útero

A meditação é o âmago desta prática de cura. É aquele aspecto mais internalizado e repetido. Para alguns, sua variação pessoal tornou-se companheira de todas as ocasiões — a chave da porta da libertação.

Uma mulher, que trabalhava há poucos dias a meditação, notou que era mais difícil ter acesso à cura em algumas áreas do que em outras, e que elas requeriam também atenção especial. Usando sua intuição para a cura, ela recriou a meditação à sua própria imagem e semelhança, em sua própria voz, adicionando ênfase especial nas áreas que ela achou que necessitavam de maior atenção. Ela "a modificou para melhor se ajustar" às suas necessidades específicas. Ela tateou seu caminho em direção ao coração. E permitiu que sua vida fosse uma experiência acerca da verdade.

Meditação abrindo o coração do útero

(Para ser lida lentamente para um amigo ou, em silêncio, para si mesmo.)

Num espaço seguro e silencioso, encontre um lugar confortável para sentar e instale-se ali, enquanto deixa que a percepção comece a alcançar o nível da sensação no corpo.

Perceba apenas o que está sentado aqui.

Perceba as múltiplas sensações surgindo e se dissolvendo no corpo, tremores aqui e ali.

Sensação de calor e de frio.

Sensação, quem sabe, da pressão do traseiro na almofada em que está sentado.

Deixe a percepção alcançar os múltiplos tremores e movimentos do campo de sensação que chamamos de corpo.

E comece a dirigir a percepção em direção à área onde as pernas se encontram.

Gradualmente, a percepção delicadamente se concentra aqui, na parte interior da coxa, no lugar em que a parte superior da perna junta-se ao corpo.

Com grande delicadeza agora, a percepção recebendo a sensação, surgindo nesta poderosa área da vida, do nascimento, do ser.

Recebendo apenas com grande ternura quaisquer sensações que sejam produzidas ali, e notando também quaisquer sentimentos ou emoções que apareçam ao aproximar-se desta área sagrada.

Permita que a suave percepção receba as sensações nos lábios. Encontre cada momento de sensação com compaixão e carinho que se derrama do coração para o corpo.

Perceba este lugar sagrado de poder, vivenciado como sensação a flutuar em percepção amorosa, com ternura, absorvendo momento a momento cada sensação que surge.

Permita que a percepção se agrupe como quiser, sem a menor sensação de urgência. Permita uma investigação cuidadosa nesta área.

Sinta a película enrugada de carne que protege a área tenra. Permitindo que a percepção se agrupe ali delicadamente com compaixão curadora, recebendo a sensação momento a momento em suavidade e cuidado consigo mesmo cada vez mais intensos.

Mova-se com ternura através das sombras e da luz até a área da vulva.

Sinta os músculos desta área, em sua força, poder e plenitude.

Note as múltiplas sensações que aparecem, à medida que a percepção recebe a vagina. Deixe-as flutuar em compaixão curadora que recebe o momento com amorosidade e nova força.

Sinta a luz da percepção preenchendo o corpo divino da vagina.

Delicadamente, permitindo com brandura que a luz de sua compaixão ilumine este úmido berço da vida, do amor, da cura.

Tocando com grande ternura as dobras sutis, bem como os poderosos músculos da vagina.

Deixe a vagina encher-se de sua luz bondosa, brilho suave, cintilando a cada instante com cada sensação aqui recebida. A cura desfazendo qualquer dor, qualquer medo que aí possam residir.

Permitindo que a percepção suavize e receba a vida, à medida que ela preenche o corpo. Permitindo que a compaixão se desmanche nas sensações que surgem na vagina.

A percepção amorosa movendo-se com grande ternura até o colo do útero e os músculos. Os tecidos suavizando-se para receber a compaixão curadora, a luz expandindo-se até a grande cúpula do útero.

O útero enchendo-se de luz dourada, com infinita misericórdia e compaixão por si mesmo.

A luz iluminando a caverna da vida, o útero sagrado.

Perceba como é espaçoso, aberto, acolhedor.

Deixe a percepção receber o útero com amorosidade por você mesmo, por este coração terno.

Deixe seu útero encher-se gradualmente com a luz dourada brilhando a partir de sua compaixão, produzindo luz e iluminando este coração de vida e de ser.

Deixe o coração do útero abrir-se para receber outra vez sua própria natureza, para voltar para casa, para si mesmo, e criar lugar para você neste grande coração do útero.

Deixe a suave luz deste coração brilhar ali, abrindo o útero generoso à capacidade de perdoar, à compaixão por você mesmo.

Deixando o útero suavizar-se, deixe seu coração aberto.

Deixando que ele por fim esteja em amorosidade, numa delicada compaixão curadora.

E sinta as trompas de Falópio estendendo-se como galhos que saem do tronco desta árvore sagrada de vida. O tronco vivo da vagina estendendo-se através do colo do útero, espalhando-se no manto do útero, seus galhos parecendo braços que abraçam a si mesmo.

Sinta a amorosidade lentamente expandindo-se no útero fluir até os canais falopianos através dos quais toda vida tem passagem.

Permita que a luz do útero se mova gradualmente até cada um dos robustos galhos da árvore da vida.

Permita que a luz deste grande coração traga a compaixão para si mesmo, cure-se a si mesmo em amorosidade, permita a si mesmo seu próprio abraço, sua própria satisfação, que ele mesmo se complete.

Sinta a luz quente e dourada a fluir através dos galhos da árvore, penetrando como luz em seus ovários. Brilhando em cada semente que há no interior.

Sinta toda a árvore de luz, de vida, preenchida com seu próprio poder curador. Preenchida com terna compaixão.

Sinta as pontas emplumadas das trompas de Falópio e o fruto brilhante na extremidade de cada galho. Todo o útero curando-se, conquistando nova compaixão e bondade para consigo mesmo, repleto de ternura.

Deixe o útero encher-se de amor por si mesmo e por todos os seres sensíveis por toda parte.

À medida que o coração aos poucos mergulha no útero, o coração superior e o coração inferior fundem-se, formando o coração compartilhado.

O coração superior e o coração inferior formando uma única estrela cintilante, o coração partilhado do ser, a essência de se completar.

Deixe estar. Permita que a cura dissolva em nova alegria qualquer dor que permaneça, em nova sensação de nosso próprio e imenso poder de curar e de finalmente vir a ser.

Deixe o coração mergulhar no útero, recebendo a si mesmo na plenitude, compaixão e alegria.

À medida que a luz da cura envolve o útero, recebendo a cada momento cada sensação e sentimento em profunda gratidão pela cura, pense em todas as outras mulheres que neste mesmo instante anseiam *também por se libertar das dores do passado. E deixe a luz do coração do útero irradiar-se para este mundo, compartilhando desta cura com todas as mulheres que querem tanto se libertar destas mesmas dores e medos.*

Deixe a luz do coração de seu útero inundar este mundo de dor e confusão, compartilhando a cura com todos os outros seres.

À medida que a luz de seu útero se intensifica, deixe-a atingir todos os outros úteros, todas as outras mulheres em todos os lugares que partilham deste mesmo caminho de cura, que também neste instante renascem.

Compartilhe da cura com todos aqueles que se tornam completos.

Permita que a luz exista.

Que possamos todos nos libertar do passado de dor e confusão.

Que possamos todos preencher nossos úteros, nossos corações, com sua luz natural.

Que possamos todos estar inteiros em nós mesmos.

Que possamos viver em paz.

Que possam todos ficar livres do sofrimento.

Que possam todos conhecer a alegria, a cura, de sua verdadeira natureza luminescente.

Que possamos todos nos encontrar em paz, em não-sofrimento, em compaixão.

Que possamos todos estar curados.

Que possamos todos viver em paz.

Que todos os seres possam ser livres.

Que possamos todos ser livres.

Uma nota sobre a cura compartilhada na meditação da amorosidade

Compartilhar da cura ou, como dizem os budistas, "compartilhar o mérito", é o estágio final da cura. É também o estágio inicial de estar curado. Obviamente, a amorosidade é o princípio e o fim deste processo de se completar.

Esta meditação é a variação da meditação da amorosidade com a qual este livro começou. Ela aprofunda também a respiração do coração desenvolvida nos estágios finais da meditação do pesar e é uma das mais poderosas de nossas curas. Mais do que somente remover a dor, ela alcança o fim do sofrimento. Integra a mente e o coração. Permite-nos inspirar a respiração sagrada. Ela cultiva a percepção do sagrado compartilhado.

A cura compartilhada na meditação da amorosidade

(Para ser lida lentamente para um amigo ou, em silêncio, para si mesmo.)

Encontre um lugar confortável para sentar e acomode-se.
Deixe o corpo relaxar.
E deixe sua atenção vir para o coração.
Deixe cada onda de respiração atingir o coração.
Permita que cada expiração deixe sair a dor ali existente.
Tanto apego, tanta armadura, envolvendo o coração.
Tanta vida não vivida, não amada.
À medida que você inspira até o coração, sinta a compaixão penetrá-lo.
Lentamente, o coração começa a se encher com amorosidade.
Carregamos muita dor, muita censura e enorme falta de bondade para conosco mesmo.
Deixe a respiração do coração dissipar a dor. À medida que você inspira diga em seu coração: "Que eu possa ser feliz, que eu possa me libertar do sofrimento e possa viver em paz".
À medida que você delicadamente deixa sair a respiração, pela expiração, diga: "Possa minha dor ficar curada, possa eu entrar na alegria da verdadeira natureza, ultrapassando até mesmo este anseio de liberdade".

246

"Que eu possa me libertar do sofrimento. Que eu possa ser feliz. Que eu possa viver em paz."

Cada onda de respiração dirigindo-se para o interior de si mesmo numa sensação de bem-estar, vontade de se completar e se curar.

Que eu possa ser feliz. Que eu possa viver em paz. Que eu possa estar liberto do sofrimento.

Deixe o coração olhar por você como se você fosse seu único filho. Permita que ele lhe envie sentimentos de bem-estar. Permita que ele o abrace. Receba a si mesmo.

Respire rumo a seu coração com compaixão e amorosidade.

Observe o que quer que a mente antiga e descontente procure fazer para bloquear isto: a autocensura, a desconfiança, a falta de compaixão consigo mesmo — permita que tudo isso saia com a respiração, permita que tudo isso seja desalojado pela amorosidade que cada onda de respiração traz para o coração.

Que eu possa ser feliz.

Que eu possa curar a raiva, o julgamento, a dor, a indiferença. Meu esquecimento.

Que eu possa me libertar do sofrimento.

Que eu possa viver em paz.

Cada onda de respiração suavizando o corpo, limpando a mente, abrindo o coração.

Cada onda de respiração nos curando, trazendo-nos de volta a nós mesmos, a nossa beleza ilimitada, na amplidão sem fronteiras de nossa verdadeira natureza.

Que eu possa ser feliz.

Que eu possa me libertar ao sofrimento.

Que eu possa viver em paz.

Permitindo a você mesmo que deixe sair tudo aquilo que bloqueia a entrada a seu coração, tudo aquilo que bloqueia seu direito inato de cura, compaixão e amorosidade.

Cada onda de respiração conduzindo para a cura.

Cada expiração soltando a dor, a armadura.

A paz chega ao coração como o sol da manhã se derramando sobre o oceano. É o oceano da compaixão. É a luz brilhante da compaixão inundando o coração. E vindo à tona no corpo. Todo o corpo suavizando-se em compaixão e amorosidade. Abraçando-se a si mesmo.

Tenha compaixão por você.

Deixe o amor entrar.

Permita a você mesmo ser curado por sua própria capacidade de perdoar e amorosidade.

Reconhecendo que assim como você quer ser feliz, o mesmo se dá com todos os outros seres por toda parte; comece a enviar a bondade curadora e a compaixão para o outro. Talvez para um amigo querido, uma pessoa amada, um companheiro, uma pessoa importante em sua vida, toque-os agora. Envie-lhes agora esse mesmo desejo de bem-estar que está absorvendo em seu corpo.

Deixe-os flutuar neste oceano de compaixão que é seu coração.

Deixe este ser amado submergir em sua amorosidade.

E inspirando até o coração, conduza a compaixão para o seu interior, uma preocupação pelo seu bem-estar, e respire de volta para eles. Murmurando em silêncio: "Que possam vocês todos ser felizes, ficar livres do sofrimento, viver em paz. Tal como eu desejo ser feliz, sei que também vocês o desejam. Que sua vida seja preenchida pela luz, amorosidade e capacidade de perdoar a vocês mesmos e aos demais. Que você possa se libertar do sofrimento, viver em paz, ser feliz".

Dirigindo a amorosidade para seu coração, envie-a por inteiro de volta a eles. "Que vocês possam estar curados de quaisquer bloqueios que a dor estabeleça em seus corações. Possam suas vidas mover-se rumo à cura a cada dia em compaixão e carinho. Que você possa ser feliz, se libertar do sofrimento e conhecer a absoluta alegria de sua verdadeira natureza. Que você possa estar curado atingindo a paz que é direito inato seu."

Cada onda de respiração enviando energia a seus corações, preenchendo-os com sua amorosidade. Preenchendo-os com seu carinho e bondade.

E deixe este amor estender-se a todos aqueles que habitam a casa na qual você está agora ou na sala na qual você se encontra com a meditação crescendo em seu coração.

Deixe a amorosidade irradiar-se a todos aqueles que você ama e pelos quais se preocupa.

Que possam todos estes seres ficar livres do sofrimento.

Que possam todos estes seres se preencher com aquela felicidade luminescente de sua natureza original. Que possam estar curados na paz que todos buscam.

E continue a expandir a energia de amor. Deixe-a irradiar-se do coração até englobar todos na cidade, no estado onde você mora.

Abraçando igualmente todos aqueles que sofrem. Todos aqueles cujo coração não podem ainda enxergar. Todos aqueles cuja dor é bastante grande para imaginar a possibilidade da cura. Respirando compaixão para todos que sofrem, que necessitam de amor, que necessitam tanto de cura.

Deixe-os ser envolvidos pela radiação de seu coração. Que possam todos se libertar do sofrimento.

O planeta inteiro flutuando como bolha no oceano da compaixão que é seu coração.

Que possam todos os seres se libertar do sofrimento.

Que possam todos vivenciar a receptividade do coração de sua natureza milagrosa e viver livres do sofrimento.

Que possam todos viver em paz.

O mundo todo como bolha flutuando no oceano da compaixão que é seu coração.

Que possam todos os seres estar curados na luz de sua alegria, de sua compaixão, de sua amorosidade.

Todos os seres em paz.

Libertos do sofrimento.

Que possamos todos nos abrir para o coração compartilhado, o coração único vivenciado por todos.

E continue a expansão de amorosidade, inspirando todos os seres para o interior de seu coração com compaixão, bondade curadora, de forma completa, em paz.

Deixe a amorosidade expandir-se a todos os planos de realidade, os vistos e os não vistos.

Que possam todos os seres, independentemente da forma que assumam, não importa que tipo de dor os assalte, ficar livres do sofrimento.

Que todos os seres possam ser abençoados, desde os antigos santos até aqueles ainda por nascer, para viver em paz.

Que possam todos os seres viver livres do sofrimento e receber a cura que é sua por direito. Despertando para a libertação do verdadeiro coração.

Que todos, por toda parte, possam libertar-se do sofrimento e viver em paz.

Seja seu próprio tolo

Seja seu próprio tolo. Acredite em seu processo. Ninguém **sabe** o que precisa ser feito por sua cura melhor do que você mesmo. Kabir **afirma** que possuímos caminhos dentro de nós mesmos que jamais serão conhecidos por ninguém. Acredite nesses caminhos. Você é o caminho.

Não seja o bobo de ninguém mais — de Buda, de Maria, de Moisés —, caminhe por você mesmo com leveza.

A mente comparativa com freqüência tenta ajustar o passo, tenta navegar segundo as estrelas de um outro. E nós nos perdemos.

Até os discípulos de Buda tinham, cada um, que descobrir seu próprio caminho através dos ensinamentos. Um monge, que tinha a tendência de perder a autoconsciência da fala, quando deixava o monastério em suas rondas por donativos, usava seu próprio dom para curar e, colocando um pouco de água na boca, ele a mantinha ali até que voltasse com sua sacola cheia de esmolas. Se ele começasse a perder a autoconsciência e instintivamente passasse a mencionar a beleza de uma flor ou de uma árvore, o mecanismo involuntário de engolir iria ocorrer e quando a água desaparecesse de sua boca ele parava bem onde estava, para sentar, meditar e esperar que o restante dos monges passasse por ele para ir à cidade e voltar. Ele descobriu seu próprio caminho. Outro monge, também nestas rondas de donativos, notou que ele ia perder a autoconsciência enquanto caminhava. Assim, ele manteve um pedregulho sob os dedos do pé, sabendo que se ele se distraísse com um lindo passarinho ou com a vontade de comer, seus dedos automaticamente deixariam cair a pedra, o que imediatamente o traria de volta a seus sentidos. (É claro que nossa meditação é mais solicitada quando não estamos numa postura especial, quando estamos em nossa vida diária seguindo nossa vida.) Cada um desses seres, embora discípulo de grande mestre, teve de descobrir uma forma adequada à sua própria natureza para aplicar esses ensinamentos.

Para que cada um de nós venha a usar o que acreditamos seja adequado, precisamos nos tornar o bobo de Deus. Precisamos estar totalmente receptivos para tudo aquilo que surja. Ultrapassando o racional, no âmago da questão, permitindo que o mistério nos conduza com senso intuitivo ao que é adequado. Talvez ultrapassando tudo aquilo que "conhecemos" anteriormente.

Mais de uma vez me vi em posição difícil para fazer contato com um paciente terminal numa maneira que pudesse parecer bastante tola para quem estivesse no quarto mas que encontrasse passagem até o coração do paciente. Vários exemplos de tais tolices são narrados em livros anteriores.

Para ser seu próprio bobo você precisa engolir a mente crítica e entregá-la a Deus, ou ao grande "não sei", o que chegar primeiro. A mente que compara é a mente que censura. Ela não acredita no solo que se acha sob seus pés. Ela quer ser melhor do que é, e assim jamais chega a conhecer sua imensidão cheia de alegria. Imaginando que um estado mental é preferível a outro, raramente distingue a enorme satisfação na qual até o insatisfatório flutua.

Nosso amigo Wavy Gravy costumava oferecer-se para bobo de Deus num pavilhão de crianças com câncer. Ele entrava vestido com roupa de palhaço, enorme nariz vermelho e carregando tesourões de plástico, e dizia para as crianças numa voz aguda: "Eu vim para arrancar suas costuras!!!", e as crianças riam e pediam que ele se aproximasse. E ele sentava na beirada de suas camas e ouvia e tocava, e quando elas choravam ele comia suas lágrimas. Ele era a "leveza do ser" em sapatilhas. Ele era o Bobo de Ninguém.

Jesus disse que você não precisa distorcer sua face para que venha a conhecer Deus. Mas para muitos que aspiram à espiritualidade há uma espécie de constipação fruto do medo e um senso de não se bastar, que limita seu progresso. Eles tentam com bastante empenho ser suaves, mas a força fecha o coração. Na realidade, é necessário muito trabalho para "deixar correr com leveza", mas há muita alegria no processo.

Você está se divertindo com ele?

O trabalho espiritual pede brincadeira espiritual. Talvez os 10% de "tolices" que Aldous Huxley indicava como parte essencial de crescimento. E não se trata de fazer das tolices assunto sério, como o caso de um participante de um *workshop* que perguntou, quando mencionamos a cifra

10%: "Isto é o mínimo ou o máximo?". Não pude responder. Parece estar sempre variando.

A tolice e a amorosidade são requintadas parceiras para o trabalho sério que é curar. A brincadeira suaviza o corpo e abre a garganta do coração. Ela nos permite cantar nossa canção tal como a lembramos, "produzir um som alegre" e dançar nos domínios do espírito.

Seja seu próprio bobo. Não caminhe o caminho de ninguém, somente o seu próprio. Acredite em sua visão. Seja uma lanterna para você mesmo.

Que este seja seu último aniversário —
uma experiência de consciência

Quando fazia minha iniciação, durante um de meus primeiros e prolongados retiros para meditação, voltei ao meu quarto no meu aniversário e encontrei no travesseiro um bilhete do mestre que dizia: "Que este seja seu último aniversário". Fiquei confuso com aquilo e pensei: "Puxa, esta prática exige mais do que eu imaginava!". Mas em seguida verifiquei que o desejo era uma bênção, não uma maldição. Pretendia me fazer recordar da qualidade inata e imortal de nossa verdadeira natureza.

Celebramos o corpo físico a cada aniversário. Quando, por exemplo, dizemos: "Tenho vinte e cinco anos de idade", quem fala é o "eu sou", que se identifica com o corpo. Daí decorre nosso medo da morte. É um caso de erro de identidade.

O "eu" celebra corpos e aniversários. Mas a plenitude do ser é a celebração contínua de nossa natureza original.

Não leve seu próximo aniversário tão a sério. Pule um ano. Festeje mais a vida do que o seu corpinho.

Quando começamos a celebrar o Corpo Verdadeiro, não mais sopramos as velinhas, e sim juntamos todas as pequenas chamas separadas em um único fulgor que faz com que o coração se expanda em chamas e a mente se torne um espaço vazio.

Através desta luz singular é que investigamos aquilo que existiu antes de nosso nascimento e sobrevive à nossa morte. A existência em si mesma.

O "Eu" sopra as velinhas. A plenitude do ser é a respiração. E o amor é a respiração dentro da respiração.

Com leveza, querida, com leveza, mesmo quando se trata de morrer. Nada de peso ou portentoso ou enfático. Nada de retórica, sem vibratos, sem persona autoconsciente vestindo sua célebre Imitação de Cristo, ou Goethe, ou Little Nell. E, é claro, nada de teologia ou metafísica. Apenas o simples fato de morrer e a luz brilhante.

— A. Huxley

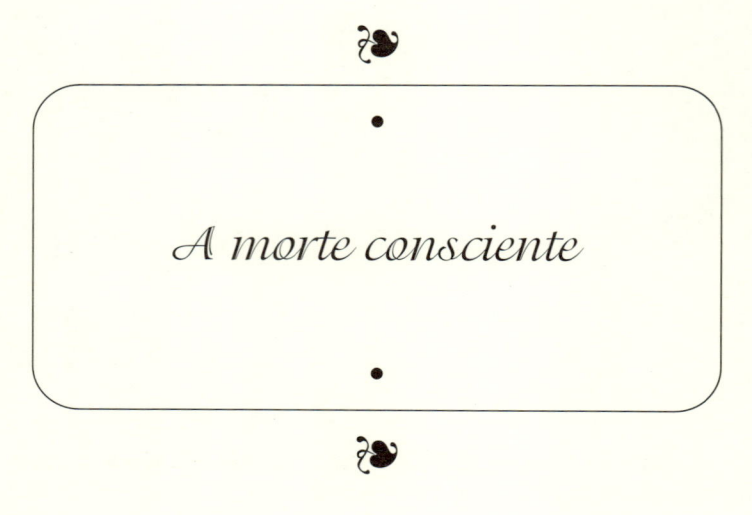

A morte consciente

Talvez o primeiro *insight* no estudo de morrer de maneira consciente seja aquela tomada de consciência, aquela receptividade, aquele desapego que sugere que nada é original. É o "apenas isto" outra vez. Grande surpresa!

O segundo é o de que nós não somos o corpo.

E o último é que somos pura percepção — por uma fração de segundo disfarçada como "criação no ato de vir-a-ser".

É um curso rápido, mas com currículo pesado. Significa nada menos do que nascer finalmente. Abrindo-se às dores do parto. Aceitando o primeiro sopro. E permitindo o último. Por certo, morrer conscientemente é pura personificação do viver consciente. Não há diferença.

Temos um corpo, mas ele não é quem somos. É como se usássemos um sobretudo. Nós o estimamos, como algo dado no momento, e porque seria bastante injusto ofendê-lo ou deixá-lo em farrapos, quando ele poderia ainda nos ajudar a prosseguir na longa jornada de inverno, de sabedoria e amor. Na primavera, ninguém precisa mais do sobretudo. Ele é posto de lado ou mandado para a lavanderia.

Neste ponto do livro, tendo praticado inúmeros exercícios de percepção e talvez obtido um lampejo, uma sensação, da importância mais profunda, subjacente a este processo da mente/corpo, o coração bem pode tomar ciência de que uma percepção aprofundada da própria percepção, uma consciência mais ampla do ser, é a prática ideal para viver conscientemente, bem como para morrer conscientemente. É a mesma coisa.

Assim como a morte é a ilusão na qual todos nós parecemos acreditar, da mesma forma precisamos verificar que até os conceitos mais elevados como "morrer de forma consciente" podem se tornar armadilha ainda maior se criam um modelo de quem, ou como, *deveríamos* ser. Qualquer coisa, mesmo a idéia de "ir ao encontro de Deus", pode se tornar empecilho, se sutilmente reforça a tendência do apego ao momento seguinte.

Ouvimos falar da morte dos mestres zen, de santos, daqueles que imaginamos serem "pessoas notáveis", morrendo sem grande resistência, e parece que isso pode estar além de nossas possibilidades. Mas a morte, tal como o que quer que atraia a atenção do coração, pode trazer à tona o que há de melhor em nós. Já vimos muitas pessoas, à medida que se aproximam da confusão que cerca a morte, ultrapassar este desânimo e virem a se tornar um só com o processo. Elas parecem passar pelo que quase se pode chamar de "encarnações" nos últimos meses de suas vidas. Elas aprofundam o trabalho que talvez nasceram para realizar. Elas não são mais pessoas separadas, alguém que "morre conscientemente". Elas são meramente espaço no espaço, luz dentro da luz.

Introdução à meditação do morrer

Walt Whitman escreveu: "Morrer é diferente do que todos pensam, e de mais sorte". E mais simples também.

Embora a aproximação do fim de uma vida na realidade possa ser difícil, dolorosa e confusa, o término deste "jogo final" tem uma qualidade bastante diferente.

A morte é um processo de expansão. É a libertação progressiva do domínio das qualidades que compõe todas as substâncias, e das características da terra, da água, do fogo e do ar que na antiga literatura sagrada, bem como em diversos métodos holísticos de cura, constituem a matéria. Os estágios de morrer são os estágios de passar do estado sólido para o do amplo espaço. Cada passo do processo é de maior expansividade.

No primeiro estágio do ato de morrer, depois de você ter dado seu último suspiro, o elemento terra, a experiência de solidez no corpo, começa a se dissolver. Assim, o primeiro aspecto notado por alguém examinando o processo é que a resistência não mais predomina; a pessoa acha-se imóvel. Esta é a experiência exterior de alguém vendo a morte, mas não é a experiência interior da pessoa que se encontra morrendo. A experiência interior é a de não ser mais limitado pelo denso. A experiência interna, segundo um depoimento, é como tirar um sapato apertado.

À medida que os sentimentos de solidez se diluem, e a dor não é mais vivenciada, o elemento água, a qualidade de fluidez, afirma-se para criar um senso de fluxo e de graciosidade crescentes.

À medida que a qualidade fluida de força-da-vida, não mais limitada ao corpo sólido, é cada vez mais vivenciada, há uma sensação de intensa maciez, até mesmo de alegria.

Neste sentido interior de fluidez, a pessoa se sente mais como oceano do que como rochedo.

Por ironia, aos olhos do espectador sem alegria, só o que marca externamente esse estágio é o fato de que a circulação parou por completo. Entretanto, no ser amado, cujo corpo permaneceu deitado de costas, nota-se o aparecimento de boa quantidade de sangue, à medida que as costas tingem-se de vermelho-escuro.

É talvez neste ponto do processo que a pessoa percebe que ninguém morre sozinho. Na realidade, o movimento da morte do separado para o universal fica na direção oposta à que provoca a solidão. Cada estágio do morrer é uma sensação crescente de movimento em direção a espaços cada vez maiores.

O importante a ser considerado, é que as características externas de desconexão, que nós observadores lamentamos, são bastante diferentes da experiência interna, na qual se passa a estar mais bem suprido para se relacionar com o outro — uma expansividade pela qual se sente muita gratidão. Obviamente, a natureza do corpo físico, o corpo denso, é bem diferente daquele corpo de percepção, o corpo com a luz interior. O físico se decompõe enquanto o espírito continua sua peregrinação.

À medida que o elemento água se dissolve no elemento fogo, aquilo que aquecia o corpo e "punha fogo nos sentidos", a experiência interna, é de uma radiação brilhante como aquela que se vê erguer num dia de verão da estrada asfaltada. O elemento fogo não é uma chama. Ele é a radiação que permanece quando a fonte de calor foi removida. Na realidade, tal como ocorre com todas essas expansões progressivas, esta sensação de radiação, de espaço cintilante, aumenta o sentimento de equanimidade, que não torna a experiência nem um pouco desagradável.

A experiência externa desta dissolução no elemento calor é, certamente, o fato de que o corpo esfria. Se alguém já teve a oportunidade de estar com um ente querido depois de sua morte deve ter notado, colocando a mão no coração da pessoa que morreu, que o calor permanece ali bem depois de se ter dissipado do resto do corpo.

A experiência interna é a de alguém a flutuar, de mais e mais espaço, de cada vez menos limites. Movendo-se do separado em direção ao universal. Do limitado para o ilimitado.

Como você pode imaginar, a experiência interior desses estágios é a de alívio e uma sensação expansiva de placidez. Os medos que foram mantidos por tanto tempo para proteger o corpo caem por terra com a noção de que há algum corpo por proteger. O elemento calor dissolve-se então no elemento ar. E experimenta-se por inteiro a luminosidade do ser, o sopro no interior da respiração agora livre do ato de respirar.

À medida que o elemento ar predomina, a pessoa se vivencia como espaço, dissolvendo-se em espaço. A tendência ao apego agora flutua livre. E a mente é vista da mesma forma que o corpo do qual acabamos de partir. Nada mais do que um acúmulo de história pessoal, um momento no passado. E o passado flutua na enormidade do presente.

A visão externa que se tem desse estágio é a de algo pesado e inerte, empalidecido pela perda da força-da-vida. Mais uma vez o peso externo contradiz a leveza interna.

E então se diz que todos os elementos se dissolvem em consciência propriamente dita. Este é o estágio da Grande Luz à qual tantos livros sagrados se referem. A pessoa vivencia por completo "que os inúmeros fragmentos da mente" são cada um deles aspectos da unicidade do coração.

Poderíamos mencionar que em todas as histórias que temos ouvido acerca de experiências de proximidade da morte, em que a pessoa deixa o corpo, às vezes conseguindo vê-lo do alto, dirigindo-se a outros domínios ao encontro da Grande Luz, poucos identificaram naquela luz sua própria e verdadeira natureza. A Grande Luz é você mesmo. É sua consciência usual e difusa brilhando concentrada num único ponto. Como o sol de inverno amplamente disperso, brilhando através de lente de aumento, ela se torna uma única chama capaz de pôr fogo no mundo frio.

Mesmo depois da morte nos encontramos conosco mesmo e é raro identificarmos nossa própria grandeza. Mas então o que há de novo nisso?! Kabir afirmou: "O que encontramos agora, encontramos depois". Seremos capazes de identificar depois nossa luz sagrada na medida em que a louvamos agora. Nós vivemos a tomar nossa verdadeira natureza por Buda, por Jesus, Maria, Sareda Devi. É outro exemplo de engano de identidade. Nós nos vendemos baratíssimo. Quando Jesus disse: "Eu sou a Luz", ele se referia ao "Eu sou" do ser puro, a luz propriamente dita. Não exclui nada nem ninguém.

Uma boa analogia para o processo de morrer são os estágios por que passa um cubo de gelo quando colocado numa sala quente. Em sua forma original ele parece sólido, o contorno de suas bordas é bem definido. Sua dureza, sua solidez, são as qualidades predominantes que podem ser notadas.

E então ele começa a se desfazer. As bordas tornam-se menos definidas. O elemento fluido passa a predominar em relação ao sólido. Desaparece a solidez e domina a fluidez. Ele se torna uma poça d'água. A poça d'água é parte de um processo. À medida que a forma líquida se espalha sobre a mesa, a qualidade de seus elementos quentes se altera. Ele passa à temperatura da sala. E começa a evaporar. O que implica dizer passar do estado líquido — elemento água — para o estado gasoso — elemento ar.

Por fim, tal qual outro gás qualquer, ele ocupa o recipiente por inteiro, por igual e em todas as partes.

É claro que a essência deste material, H_2O, não se modificou em nada. Apenas suas formas sofreram alterações ao longo de processo natural. A essência não se altera jamais, somente as formas que ela assume.

Imagine, principalmente se você estiver doente ou já tiver certa idade, como poderia ser maravilhoso esse processo. Um sentimento de alívio da densidade da dor no corpo físico. Uma sensação de não se ter limites fundindo-se no espaço. De espaço extraordinário dissolvendo-se em si mesmo. A luz dissolvendo-se em luz. Nenhum problema. Profunda sensação de libertação. E imagine-se ciente de sua divindade e aproximando-se da Grande Luz, tomando ciência de que a luz é sua própria verdadeira natureza. Imagine a sensação de alívio e de alegria transbordante. Imagine-se tão preparado para sua grandeza, seu poder e sua beleza que, ao deparar-se com elas, você não as atribui a nada ou a ninguém fundindo-se com elas de todo coração. Nenhuma separação, nenhuma distinção. Que cura maravilhosa!

Talvez o que ouvimos falar acerca da extraordinária paz de espírito e da receptividade do coração experimentados por aqueles que passaram por experiências de proximidade-da-morte possa ser atribuído ao fato de que, no instante da morte, a concentração da pessoa é dez a quinze vezes maior. A luz habitual é extraordinariamente focalizada. Não se trata de alterar a natureza da luz, e sim vivenciar sua natureza concentrada. Não é de surpreender a existência de calma tão grande. A calma é um subproduto da concentração. O processo todo é bem natural, é a afirmação da vida.

Na verdade, o livro *Who Dies?* baseia-se nesta investigação. Se uma pessoa é levada a ultrapassar aquela condição em que se vê somente o que se deseja ser, e investiga e analisa o milagre de quem temos sido o tempo todo, essas meditações podem ser de grande utilidade.

Quando aceitamos interiormente a morte, a vida se torna clara e mais fácil de ser conduzida. Uma das coisas notáveis acerca desse confronto com a morte é a profundidade à qual ela "atrai nosso olhar". A arte de estar plenamente vivo é a arte de atrair nossa atenção. É a percepção que nos liberta, não o objeto da percepção. Se pudéssemos vivenciar por completo apenas um breve instante de existir em plenitude, descobriríamos aquilo que temos procurado sempre. Se dedicássemos tanta atenção à torrada saltando da torradeira, quanto a que dedicamos à morte, nos libertaríamos com grande rapidez.

Essas meditações foram largamente empregadas por pessoas próximas da morte, bem como por aqueles que procuravam ajudar um ser amado prestes a morrer. E, no entanto, mais importante do que nos preparar para a morte, essa experiência tem a capacidade de nos fazer concentrar na vida. "Deixar ir" o último momento e abrir-se para o seguinte equivale a morrer conscientemente, momento a momento.

Em certo sentido, toda esta conversa sobre a morte é na realidade uma manobra. Porque aquilo que entendemos por morte ocorre apenas no corpo. Ela ameaça nossa existência aparente só até o ponto que imaginamos e queremos que ela o faça. Mas, se a morte atrai nosso olhar, focalizá-la pode ser um modo hábil de nos tornarmos mais vivos. Onde quer que esteja nossa atenção, onde quer que esteja a percepção, ali estará toda nossa capacidade de viver.

Quando nos sentimos plenamente vivos, transcendemos a própria morte. Entra-se no espaço da existência no qual também a morte flutua. É como entrar numa sala e descobrir que ela não tem paredes, nem portas, nada em seu interior. É despertar de um sonho e perceber que não se estava dormindo (e que também dormir era parte do sonho). Significa ultrapassar a criação e a destruição. Você não é nem o dançarino, nem a dança. Nem mesmo o solo no qual a dança é executada. Nem a música. Nem os elétrons ou o espaço existente entre eles, nem mesmo a percepção deles, nem a consciência de que você não é nenhum deles, nem os sentimentos que acompanham a descoberta. Nem mesmo o "não sei" que nos permitiu navegar até esta distância. Você verifica que você não pode saber quem você é, você pode apenas ser.

Quando nos transformamos na própria força-da-vida, na existência, nós transcendemos até mesmo A Roda do Nascimento e da Morte. Nós ultrapassamos a compreensão limitada da mente e atingimos a gigantesca intuição do coração. A existência jamais morre, apenas as formas que ela temporariamente ocupa. Tudo sobrevive à morte. A morte não passa de uma mudança no estilo de vida.

Uma nota acerca de uma meditação dirigida sobre o morrer

Antes que você dê início a esta meditação, procure em sua casa um local para morrer. Vá de quarto em quarto examinando o ambiente e procurando sentir, caso você chegasse em casa para morrer, em que lugar e de que modo seria mais confortável. Vá até esse lugar e, apenas pelo exercício de faz-de-conta, sente-se ali para tentar a meditação.

Mais tarde, à medida que a meditação for incorporada, você será capaz de morrer em qualquer lugar.

Uma meditação dirigida sobre o morrer

(Para ser lida lentamente para um amigo ou, em silêncio, para si mesmo.)

Encontre um local confortável para sentar e feche os olhos.

Concentre sua atenção no nível da sensação. Sinta o corpo em que você está.

Deixe o corpo permanecer imóvel.

Focalize a sensação de ser num corpo.

Note a qualidade substancial do corpo. Sinta seu peso, como a gravidade o puxa em sua substância.

Receba a qualidade de solidez.

Sinta o peso da cabeça descansando sobre o pescoço. Sinta a musculatura do pescoço, sua força, sua espessura.

Sinta os compridos ossos dos ombros e os espessos encaixes ósseos que sustentam o peso dos braços.

Sinta o peso dos braços enquanto eles descansam nos lados do corpo. Sinta as mãos pesadas.

Sinta o tronco, sua espessura, seu peso. A qualidade terrena deste corpo.

Sinta este corpo denso no qual você vive.

Note a solidez, a densidade e o elemento terra, do corpo denso.

A força da gravidade pressiona as nádegas contra a almofada ou cadeira, enquanto os pés fazem pressão contra o solo.

Note a ação da gravidade neste corpo terreno.

Neste corpo sólido, surgem as sensações. Tremores, calor e frio, aspereza e maciez, suavidade e rigidez. As sensações aparecem no corpo.

Identifique este campo de sensações.

Não se prenda a nenhuma sensação. Permita que estas sensações sejam recebidas logo que elas surgem no corpo que habitamos.

Abra-se para as sensações nas pernas, sua densidade, seu peso. Sinta a solidez deste corpo.

Investigue este recipiente de força-da-vida.

E, à proporção que você nota estas sensações, note também que embora elas surjam num corpo elas parecem ser recebidas por algo mais sutil no interior. Algo mais leve dentro desta forma mais pesada.

Dentro deste corpo denso há um corpo de percepção, corpo leve que vivencia o escutar, o enxergar, apalpar, tocar, cheirar, recebidos através do corpo externo.

Sinta este corpo de percepção, este corpo interior, este corpo leve, perfeitamente aninhado dentro da forma mais pesada, recebendo experiência — vivenciando.

Sinta o corpo mais leve no interior. O corpo de percepção que vivencia tudo aquilo que entra através dos sentidos. Ele distingue o som pelo ouvir. Ele se encanta com a música. Ele vivencia as imagens pelo ver. E percebe grande beleza. Ele vivencia o alimento pelo paladar. Ele sabe que está vivo.

Entre neste corpo leve de percepção.

Observe que cada respiração conduzida para o interior através das narinas do corpo denso é vivenciada como sensação pelo corpo leve, pela percepção que há no interior do corpo leve. Cada respiração mantém o corpo leve no interior.

Cada respiração permite que a vida e a percepção permaneçam no recipiente terreno.

Observe o corpo leve recebendo o corpo denso.

Sinta este contato entre o corpo denso e o corpo leve que cada respiração provoca. Sinta que cada onda de respiração mantém o corpo leve perfeitamente equilibrado no interior.

Respire a conexão existente entre o corpo exterior e o corpo interior, levada para dentro na forma de ar, recebida como sensação. Cada onda de respiração é preciosa. Cada onda de respiração mantendo a conexão, permitindo que a vida permaneça no corpo.

Sinta que a respiração une o corpo sólido ao corpo leve.

Vivencie cada onda de respiração.

Apenas percepção e sensação. Em cada onda de respiração. Vivencie este delicado equilíbrio, a cada instante, na forma de sensação ou de percepção propriamente dita.

E inspire cada respiração como se fosse a última vez.

Vivencie cada inspiração como se ela não fosse mais ser seguida por outra.

Cada respiração é a última.

A última respiração da encarnação.

Deixe a respiração vir. Deixe a respiração ir.

O último sopro de vida deixando o corpo denso para trás.

Cada onda de respiração terminando. A conexão entre o corpo denso e o corpo leve agora destacada.

O final de toda uma vida. O suspiro final.

Cada onda de respiração é a última.

Deixe estar. Não se apegue a isto.

Deixe cada onda de respiração sair, finalmente e para sempre. Nem mesmo se apegue à próxima onda de respiração.

E quando a última respiração se vai, vá com ela. Não se apegue. Deixe-se morrer. Deixe agora o corpo leve flutuar livre.

Deixe-se morrer.

Deixe ir agora.

Delicadamente, delicadamente, deixe tudo sair. Deixe tudo flutuar livre. Deixe-se morrer.

Deixe o corpo para trás e siga a luz até o espaço luminoso.

Entre nele. Deixe-se morrer no espaço.

Cada onda de respiração se desvanece. Cada pensamento se dissolve no espaço. Não se fixe agora. Deixe sair de uma vez por todas. Deixe sair o medo. Deixe sair os anseios. Abra-se ao encantamento.

Deixe-se morrer. Abra-se para a morte. Não se apegue a nada. Tudo é passado. Morra delicadamente neste mesmo instante.

Sem se apegar a nada, deixe-se morrer.

Deixe sair seu nome. Deixe sair sua face. Deixe sair sua reputação. Flutue livre neste vazio.

Deixe o corpo para trás. Mova-se no amplo espaço da existência.

A luz dissolvendo-se em luz. Apenas o amplo espaço luminoso. Deixe ir agora. Tenha compaixão por você, deixe-se flutuar livremente.

Fundindo-se com o espaço. O espaço dissolvendo-se no espaço. A luz dissolvendo-se em luz.

Espaço amplo, sem fronteiras, expandindo-se no espaço.

Nuvens cintilantes dissolvendo-se nas bordas. Nuvens dissolvendo-se no espaço. Dissipando-se. Dissolvendo-se. Fundindo-se com o espaço.

Deixe ir para este enorme espaço. Não se apegue a nada. Deixe seu coração fundir-se em seu próprio fogo fantástico.

Dissolvendo. Irradiando-se para o espaço. Fundindo-se com a luz. Dissolvendo-se no espaço luminoso.

Deixe entrar na luz. Nesta ampla luminosidade acha-se tudo aquilo que você há muito tempo vem procurando. Dissolvendo-se no Grande Coração.

Deixe ir completamente. Morra delicadamente nesta luz.

Flutuando livre no amplo espaço.

Deixe ir seu conhecimento. Deixe ir o que você não conhece. Tudo aquilo que chega à mente é velho. Qualquer pensamento é só antigo pensamento. Nada a que se apegar.

"Apenas o simples fato de morrer e o fato da luz clara."

Somente a luz penetrando na luz.

Não existe o interior, nem o exterior, apenas a plenitude do ser. Existência sem limites num espaço ilimitado.

Dissolva-se nisto. Flutuando livre do corpo, livre da mente. Fundindo-se num espaço sem fronteiras.

Espaço expandindo-se em espaço. Dissolvendo-se em espaço. Flutuando no vazio.

Paz. Compaixão. Espaço.

E lá do amplo espaço observe agora que algo se aproxima lentamente. É o primeiro sopro de vida.

Observe a respiração se aproximando como se viesse de bem longe. Vivencie sua entrada no corpo.

Cada onda de respiração é a primeira. Cada inspiração, o primeiro sopro de vida.

Cada onda de respiração completamente nova.

Cada respiração trazendo-nos de volta para o corpo.

Nascendo novamente.

Nascido outra vez no corpo.

Nascendo outra vez para servir e ser servido. Para aprender. Para ensinar. Para cuidar e ser cuidado.

A percepção outra vez entra no corpo na forma de consciência.

A pura percepção voltando a habitar a forma pura. Nascimento.

Nascido outra vez no corpo. Cada onda de respiração é a primeira. Nascido outra vez para trazer a compaixão e a cura para o mundo sofrido.

Nascendo em benefício de todos os seres sensíveis.

Nascendo para curar.

O corpo leve mais uma vez reanimando o corpo denso. Cada respiração ligando e mantendo o corpo leve no interior de seu veículo momentâneo.

Mais uma vez a luz se fecha em torno de si mesma como forma, a fim de agir e completar o que resta de cura.

Tenha compaixão. Nascido novamente para o mundo. Nascido para trazer paz, para trazer bondade. Para trazer a cura para nossas dores e para as dores de todos os seres sensíveis, até a folhinha mais ínfima.

Nascido para aprender, para ser.

Cada onda de respiração é preciosa, permitindo-nos permanecer um momento mais. Permitindo-nos a cura para a qual nascemos.

Nascidos para ensinar. Nascidos para trazer compaixão.

Possam todos os seres que vêm e que vão conhecer a paz de sua própria e extraordinária verdadeira natureza. Possam todos os seres estar libertos do sofrimento.

Abra delicadamente os olhos.

Olhe a seu redor. Aqui está você.

Introdução à meditação da transição da morte

A próxima meditação dirigida foi inspirada no *Livro Tibetano dos Mortos* e em textos semelhantes. Ela não é apresentada como "o que será", mas só como valioso "cenário de investigação". Temos conhecido pessoas que fizeram uso desta meditação como preparação para a morte ou para ajudar outra pessoa a se preparar. Outros ainda a leram para o ser amado após estes terem deixado o corpo para trás.

Acreditamos que não basta ler a meditação para alguém que se prepara para a morte ou para alguém que já morreu; a pessoa internaliza estas palavras, meditando acerca delas. O suporte que a prática fornece não vem da mente intelectual e sim do coração engajado.

Conduzir desta forma através de terreno não mapeado é uma escalada em fila indiana em que duas mentes focalizam o coração compartilhado do ser.

À medida que você trabalha/brinca com esta meditação, lembre-se de isso não é como a morte — isto é como uma meditação sobre a morte. A verdade é experiência direta, não seu reflexo em conceitos e palavras. Encontra-se na palma de nossas mãos. "Deixe sair" e ali está. Essa meditação é apenas um treino em "deixar sair". A autoconsciência é a preparação perfeita para esta prática.

Faça deste material algo de seu, de maneira que quando outra pessoa dela necessitar, ela aflore por si mesma. Deixe-a jorrar de seu coração.

Permita que ela apareça com sua intuição e amor. Acredite que a pessoa querida descobrirá seu próprio caminho com auxílio de sua compaixão e estímulo.

Se pretende utilizar a meditação com alguém que acaba de morrer, é recomendável que você comece por absorver e repetir em seu coração os primeiros parágrafos ou páginas logo depois da morte e prossiga este compartilhar durante os próximos dias para senti-la de modo adequado. Na realidade, se acredita em seu senso intuitivo, você poderá querer repetir, quem sabe, diversas vezes por dia, certos parágrafos que acredita serem úteis. Mantenha-se em contato amoroso e deixe que a conexão no coração seja compartilhada em harmonia com as necessidades daquela pessoa.

Deixe sua concentração vir do coração, centralizando sua atenção na preocupação com a libertação do outro. É a energia do coração que dirige ao outro a meditação. Não a siga parágrafo por parágrafo, palavra por palavra. Permita que o coração se renda ao que julgar apropriado. Não simplesmente lendo, mas relembrando e compartilhando esta lembrança de modo que se torne útil no ato de abrir o coração e "deixar sair" com leveza. Permita-se amplificar e expandir qualquer das meditações que lhe pareça particularmente útil para aquela pessoa. Faça da conexão do coração o caminho para atingir um amor mais profundo e mais confiança na verdadeira natureza de cada pessoa.

Uma meditação dirigida da transição da morte

(Para ser lida lentamente para um amigo ou, em silêncio, para si mesmo.)

Imagine que seu corpo não tem mais força e energia para manter sua conexão com a força-da-vida, com o corpo de percepção interior. E imagine agora que você começa a vivenciar o processo de se dissolver abandonando este corpo. Devagar, o elemento terra começa a se fundir. O sentimento de solidez desaparece, fundindo-se no elemento água, transformando-se num fluir contínuo. As bordas estão agora mal definidas. O elemento água dissolve-se, dissolvendo-se no elemento fogo. As sensações vindas do corpo não são mais bem definidas, desfazendo-se, deixando só um vazio. Dissolvendo-se e abandonando o corpo. Deixando aquela forma mais pesada para trás. Dissolvendo-se na própria consciência. Apenas espaço a flutuar no espaço.

Meu amigo, escute bem, pois isto a que se chama morte acaba de chegar. Sendo assim, deixe sair lentamente, com grande delicadeza, tudo aquilo que o prende. Tudo que o afasta deste momento precioso. Saiba que agora você chegou ao momento de transição chamado morte. Abra-se a ele. Deixe-se entrar nele.
Perceba a experiência da transformação da mente, à medida que ela se destaca do corpo, dissolvendo-se.

Dissolvendo-se agora nos domínios da pura luz. Sua verdadeira natureza brilhando por toda parte à sua frente.

Meu amigo, a luz clara de sua natureza original revela-se agora neste libertar-se da forma mais pesada. Penetre no brilho desta luz. Aproxime-se dela com reverência e compaixão. Dirija-a para você mesmo e passe a ser aquilo que você sempre foi.

Amigo, mantenha grande receptividade no coração, uma expansão de existência que não se apega a nada. Deixe as coisas serem como elas são sem a menor tentativa de interferir. Não afaste nada. Não se apegue a nada.

Penetre na natureza essencial de sua própria existência brilhando à sua frente, uma grande luminosidade. Descanse na existência. Conhecendo-a como ela é: esta luz a brilhar, a luminosidade à sua frente é a sua própria e extraordinária verdadeira natureza.

Amigo, neste momento sua mente é puro vazio luminoso. Sua mente original, a essência do ser, brilha à sua frente. Sua natureza é compaixão e amor, vibrante e luminosa.

Esta é a mesma luz que brilha no coração aberto de Jesus. É a pura luz de Buda. É a mente essencial, luminosidade indivisível e vazio na forma de uma grande luz. Sem se apegar a nada, "deixe sair" neste imenso vazio. Dissolva-se na luz de sua verdadeira existência.

"Deixe sair", delicadamente, sem o mínimo esforço. À sua frente brilha seu verdadeiro ser. Sem nascimento, sem morte. É a luminescência inata e imortal da existência. É uma emanação de seu Corpo Verdadeiro. É a luz imortal brilhando nos olhos dos recém-nascidos. Tome ciência disso. É o brilho-Eterno.

Deixe sair tudo aquilo que distrai ou confunde a mente, tudo o que criou densidade na vida. Deixe entrar na sua natureza indiferenciada que brilha à sua frente. Você foi sempre esta luz agora revelada.

Entre nela com delicadeza. Deixe sair o medo e o assombro. Não se afaste da imensidão de sua verdadeira natureza. Agora é o momento da libertação.

Amigo, escute atentamente, pois escutar estas palavras à medida que você experimenta a transição pode libertá-lo das fixações que lhe provocaram tantas dores no passado.

Estas palavras podem libertá-lo de toda a confusão que possa surgir de qualquer ilusão de separatividade que lhe foi tão preciosa na vida que passou.

Escute sem se distrair, pois aquilo que tem o nome de morte acaba de ocorrer. Você não se encontra sozinho ao deixar este mundo. Isto ocorre com todos. Deixe sair o corpo que você acaba de abandonar. Você não pode ficar. Na realidade, tentar forçar a vida de volta só vai obrigá-lo a vaguear em confusão e assombro, tropeçando nas antigas ilusões da mente. Imaginando maravilhas e criando terrores que são irreais. Abra-se à verdade. Confie em sua própria e extraordinária natureza.

Meu amigo, se a luz esmaecer ou se você começar a se sentir fraco, identifique quaisquer anseios que se apresentem a você. Observe-os. Deixe sair. Solte-os no processo que evolui. E traga sua atenção de volta para a Grande Luz à sua frente. É a pura luz branca da existência pura, antes que antigos condicionamentos e medos a dividam em imagens e pensamentos separados ou preferências pessoais. Esta é a luz da unicidade, a natureza subjacente de todas as coisas.

Mergulhe nela, deixando sair tudo aquilo que por longo tempo o manteve separado. Esta é a luz cuja pura reflexão é a verdade.

Veja a natureza dos anseios que despedaçam a unicidade em ruptura e medo, vivenciando como se fossem reais as milhares de imagens belas e assustadoras que a mente carregou por tanto tempo. Não permaneça confuso ou pasmado.

Identifique qualquer objeto que se interponham entre você e a luz para se tornar apenas a oca projeção da mente antiga, emanação de desejos e anseios.

Agora, atingindo este momento pleno de encantamento, não se apegue nem aos pacíficos nem aos aflitivos estados mentais com os quais você se familiarizou no passado. Permita-se abandonar, com compaixão qualquer resistência que possa retê-lo.

Agora é a hora de não se apegar a nada, de se fundir na grande luz de sua natureza original. Dissolva-se no puro ser.

Observe tudo isso do ponto imóvel do coração, desejando todas as formas que a grande alegria da libertação se apresentem a você à medida que elas surgem e se vão.

Siga em frente. Deixe tudo aquilo que surgir ir também.

Veja cada imagem distintamente. Lembre-se: cada uma delas não passa de projeções da mente antiga, aparentemente sólidas, aparentemente existindo fora de você. Mas elas são meras sombras vazias. Sonhos da mente acumulados ao longo de nascimento após nascimento.

Não permita que nada o distraia. Não permita que nada desvie você da luz de sua verdadeira natureza.

Amigo, quando o corpo e a mente se separam surge a luz brilhando com tanta intensidade que o antigo medo pode obrigá-lo a se retirar, tentando fugir de seu incrível brilho .

Deixe ir os medos ou anseios do passado. Deixe o coração navegar rumo à radiação natural de ser que brilha à sua frente. Identifique-a. Penetre-a.

Um som surpreendente pode surgir de dentro desta luz, como o trovão, ou o ruído surdo de um trem. Este é o grande som de sua natureza original.

Você não possui mais o corpo físico que durante tanto tempo assumiu como sendo seu corpo verdadeiro, o corpo da percepção, o corpo leve agora a flutuar livremente. Um corpo brilhante de percepção que vivencia os pensamentos como se eles fossem objetos externos. Esteja vigilante às tendências inconscientes, que ao longo de toda a vida o dirigiram e o conduziram, criando áreas dolorosas de prazer ou medo quando a claridade não se fazia presente.

Descubra-se como percepção pura e sem fronteiras. A verdadeira similitude absoluta da verdade. Acredite nesta verdade, deixe sair tudo o que a obscurece.

Você não possui corpo físico de carne e osso; nenhum som, cor, luz ou criação mental podem machucá-lo. Nada que você tenha temido no passado pode fisicamente fazer mal a você. Na realidade, você não pode morrer, pois o que se chama morte já aconteceu em seu corpo. Agora você se move através dos domínios existentes entre os nascimentos.

Deixe sair seu antigo medo de danos corporais nestes domínios que transcendem a vida. Embora o corpo tenha se desfeito, a mente ainda pode manter o medo da morte. Veja a ilusão de tais pensamentos.

Medos antigos. Ligações antigas. Deixe sair. Deixe sair para a luz. Vivenciando com receptividade e amor o desdobramento. Sem se apegar a nada.

Dissolva-se na luz que parece brilhar do coração sagrado de Jesus, da ampla testa de Buda, da mão aberta de Maria. Mergulhe nesta luz, ultrapasse as personificações da verdade até a verdade brilhante propriamente dita. Ultrapasse até mesmo a mais bonita e a mais assustadora das projeções mentais.

Identifique os sons e as luzes apenas como estados mentais. Veja-os como veria uma fogueira queimando, com as formas de suas labaredas em constante mudança, existindo num momento, desaparecendo em seguida, sem nenhuma solidez ou substância. Não tenha medo. Como uma mariposa, deixe-se atrair por seu enorme ser, ali, brilhando à sua frente.

Meu amigo, se você está amedrontado ou distante, pode continuar a vagar, dividindo a unidade em muitos. Esquecido de sua própria e fantástica natureza.

Se você se deixou seduzir pelas imagens de seus desejos sexuais, à medida que eles se apresentam, ansiando por prazer, você pode ser levado por luzes sem brilho até as sombras que elas criam e esquecer sua própria e fulgarante luz. Lembre-se de sua verdade mais profunda e entre nela.

À medida que o tempo passa, se surgirem sentimentos de ira ou de agressividade, tentando guiá-lo falsamente, desviando-o de seu caminho, identifique-as como obstáculos à sua liberdade essencial. Vendo sua natureza densa e aflitiva, observe-os como nuvens passageiras que por uma fração de segundo obscurecem o sol. E trate de fundir-se por inteiro com a estrela solar.

Com delicadeza e compaixão, lembre-se do poder que têm tais sentimentos de desviar o âmago da luz. Delicadamente deixe ir tudo aquilo que obscurece a amplidão da existência.

Saiba que todos os pensamentos, todas as visões, todos os sentimentos, não passam de emanações da mente.

Deixe ir o falso conhecimento. Deixe ir os antigos modelos e superstições. Mergulhe totalmente em você mesmo. Abra-se para a plenitude do ser. Tudo aquilo que é visto forma uma coisa só com a mente. Funda-se com esta unicidade. Passe a ser a essência de tudo o que é. Sinta a você mesmo além das formas da mente. Além das próprias formas. Não mais se apegando a antigos vícios de prazer e de dor, deixe sua mente partir e descanse na luz pura.

Esteja atento ao poder dos antigos desejos de arrastá-lo em direção ao renascimento inconsciente. Confie na devoção do coração à verdade.

Não se aborreça ao percorrer estes domínios brilhantes, talvez diferentes de tudo o que você imaginou. Você é a essência da própria percepção.

Perceba a si mesmo como percepção presente em cada momento de consciência, vivenciando tudo aquilo que se apresenta tal como se apresenta.

Se você for atraído por antigos pensamentos, visões de velhos amigos, sentimentos que o atraíram em direção a antigas situações, saiba que tudo isso não é mais do que a sombra projetada pela mente condicionada. Ultrapasse o condicionado atingindo o amor incondicional. Funda-se com a luz de seu imenso coração.

À medida que o tempo transcorre, se você se sentir impelido a encarnar novamente, escolha cuidadosamente o nascimento que parecer adequado. O nascimento que estimula as verdades que você descobriu após a morte. Lembre-se da essência da existência de maneira a não ser empurrado de cabeça para outro nascimento inconscientemente. Mantenha-se desperto e sagaz. Permita que seu coração navegue pela luz de sua enorme compaixão. Seja bastante paciente.

Meu amigo, você percebe agora que mesmo a morte é impermanente. E que quem você é, a percepção propriamente dita, não depende de um corpo global ou sutil, ou mesmo da vida ou da morte, para existir.

Descanse em seu estado supremo, livre de atividade ou cuidados, livre do isolamento e do medo. Descanse na imortalidade de sua grande natureza, livre de julgamentos, livre da dualidade que provoca esquecimento. Entre no vazio essencial do ser. Dissolva-se em sua própria verdadeira natureza, ampla, espaço luminoso.

Note qualquer tendência, fruto do medo, de tentar manter o controle, e a contração dolorosa que ela pode criar. Tire vantagem desta maravilhosa oportunidade. Flutue livremente no vasto espaço. Sua devoção à verdade o ajudará na jornada.

Meu amigo, vários dias transcorreram desde que você deixou seu corpo. Saiba agora a verdade como ela é, e vá em frente, refugiando-se na amplidão de sua natureza original. Saiba que seu amor e sua compaixão são os seus guias. Você é a essência de todas as coisas. Você é a luz.

Quando eu estava tentando criar uma meditação dirigida aplicável a partir das várias traduções do *Livro Tibetano dos Mortos,* em especial com auxílio das interpretações de Chogyam Trungpa e Freemantle, havia muita coisa no texto que eu não compreendia, seu uso, e as possibilidades de alterações, pensando em ajustá-lo às necessidades dos pacientes às portas da morte, com os quais eu estava trabalhando. Sabendo que a "coisa verdadeira" vivia não longe dali, eu procurei Lama Yeshe, um Lama tibetano de primeira magnitude, colaborador maravilhoso no caminho, e pedi que fizesse uma revisão daquilo que eu estava fazendo e que me respondesse algumas perguntas. Rimos tanto que morremos.

Esta meditação é dedicada ao Lama Yeshe, que muito ajudou com sua instruída compreensão do texto e com o coração para colocá-lo em prática.

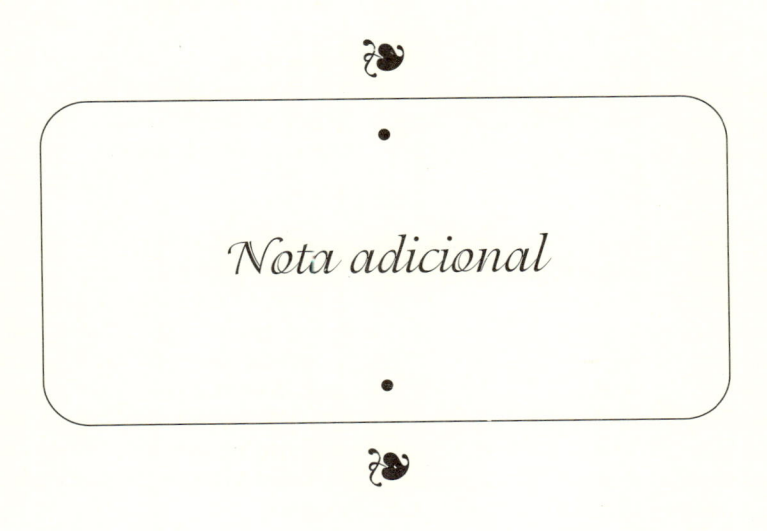

Nota adicional

Ao contemplar o que pode ocorrer depois que a vida deixa o corpo, a tendência é acreditar que o que se segue é o encontro com a verdade total. Que a luz e os possíveis mundos cintilantes do além definem nossa plenitude. Mas, é bom relembrar que tudo aquilo de que falamos é o processo de aprendizagem de que é tomado o corpo — que assume uma forma — de maneira a completar sua cura atingindo assim a similitude absoluta incondicional e indiferenciada. Para a maior parte de nós, não há muita coisa acontecendo. É sempre o não-danificado e o não-danificável, da inata e imortal amplidão do ser. É o lugar em que estes incessantes dramas do nascimento, envelhecimento e morte, representam eles mesmos seus papéis até que somente o "coração que não precisa de nada mais" permanece e se funde inseparavelmente no "*ah*" de sua verdadeira natureza.

Nascemos para nos encontrar novamente num mundo tão marcado pela dor que não podemos perder a lição. Nascemos para aprender a manter nosso coração aberto ao sofrimento. Para aperfeiçoar a compaixão e a sabedoria. E para lembrar que até mesmo estes constantes ciclos de nascimento e morte, mesmo estes inúmeros corpos e mundos que habitamos, estão acontecendo somente num nível relativamente denso em que predominam as leis físicas e psicológicas. E para descobrir aquilo que é maior do que o mais sutil dos corpos. É a cura para a qual nascemos. Nós nos vestimos como pede a ocasião.

Sobre o autor

O professor de meditação e escritor Stephen Levine é mundialmente conhecido por seu trabalho com doentes terminais.

Ele foi discípulo e colega de Elizabeth Kübler Ross, psicóloga que se especializou nas pesquisas sobre a morte.

A partir de 1979, Levine passou a trabalhar com sua esposa, Ondrea, e juntos fundaram a Hanuman Foundation Dying Project, na qual deram continuidade ao atendimento de doentes graves e pessoas afetadas por perdas.

Ao longo desses anos, eles aprimoraram e criaram novas técnicas de meditação, publicaram vários livros e fizeram palestras e *workshops* por todo o país.

Atualmente, o casal vive nas montanhas do Sudoeste americano "tentando praticar o que pregam", no silêncio das florestas.

CADASTRO PARA MALA-DIRETA

Recorte ou reproduza esta ficha de cadastro, envie completamente preenchida por correio ou fax, e receba informações atualizadas sobre nossos livros.

Nome:_____ Empresa:_____

Endereço: ☐ Res. ☐ Coml._____ Bairro:_____

CEP:_____-_____ Cidade:_____ Estado:_____ Tel.: ( )_____

Fax: ( )_____ E-mail:_____ Data de nascimento:_____

Profissão:_____ Professor? ☐ Sim ☐ Não Disciplina:_____

1. Você compra livros:

☐ Livrarias ☐ Feiras ☐ Comportamento
☐ Telefone ☐ Correios ☐ Saúde
☐ Internet ☐ Outros. Especificar:_____ ☐ Vivências, Depoimentos

2. Onde você comprou este livro?

3. Você busca informações para adquirir livros:

☐ Jornais ☐ Amigos
☐ Revistas ☐ Internet
☐ Professores ☐ Outros. Especificar:_____

4. Áreas de interesse:

☐ Psicologia ☐ Comportamento
☐ Crescimento Interior ☐ Saúde
☐ Astrologia ☐ Vivências, Depoimentos

5. Nestas áreas, alguma sugestão para novos títulos?

_____

6. Gostaria de receber o catálogo da editora? ☐ Sim ☐ Não

7. Gostaria de receber o Ágora Notícias? ☐ Sim ☐ Não

Indique um amigo que gostaria de receber a nossa mala-direta

Nome:_____ Empresa:_____

Endereço: ☐ Res. ☐ Coml._____ Bairro:_____

CEP:_____-_____ Cidade:_____ Estado:_____ Tel.: ( )_____

Fax: ( )_____ E-mail:_____ Data de nascimento:_____

Profissão:_____ Professor? ☐ Sim ☐ Não Disciplina:_____

Editora Ágora

Rua Itapicuru, 613 7º andar 05006-000 São Paulo - SP Brasil Tel (11) 3872 3322 Fax (11) 3872 7476
Internet: http://www.editoraagora.com.br e-mail: agora@editoraagora.com.br

cole aqui